W.-D. Jägel
GRUNDLAGEN DEUTSCH

Herausgegeben von Johannes Diekhans
Erarbeitet von Annette Kirchhoff und Isabel Kirchhoff

Rechtschreibung üben

6. Schuljahr

westermann GRUPPE

© 2007 Bildungshaus Schulbuchverlage
Westermann Schroedel Diesterweg Schöningh Winklers GmbH,
Braunschweig, www.westermann.de

Das Werk und seine Teile sind urheberrechtlich geschützt.
Jede Nutzung in anderen als den gesetzlich zugelassenen bzw. vertraglich zugestandenen
Fällen bedarf der vorherigen schriftlichen Einwilligung des Verlages. Nähere Informationen
zur vertraglich gestatteten Anzahl von Kopien finden Sie auf www.schulbuchkopie.de.

Für Verweise (Links) auf Internet-Adressen gilt folgender Haftungshinweis: Trotz sorgfältiger
inhaltlicher Kontrolle wird die Haftung für die Inhalte der externen Seiten ausgeschlossen.
Für den Inhalt dieser externen Seiten sind ausschließlich deren Betreiber verantwortlich.
Sollten Sie daher auf kostenpflichtige, illegale oder anstößige Inhalte treffen, so bedauern
wir dies ausdrücklich und bitten Sie, uns umgehend per E-Mail davon in Kenntnis zu setzen,
damit beim Nachdruck der Verweis gelöscht wird.

Druck A^7 / Jahr 2021
Alle Drucke der Serie A sind im Unterricht parallel verwendbar.

Illustrationen: Matthias Berghahn, Bielefeld
Umschlaggestaltung: INNOVA, Borchen
Druck und Bindung: Westermann Druck GmbH, Braunschweig

ISBN 978-3-14-**025190**-7

Inhaltsverzeichnis

Vorwort 7

Tipps zur Rechtschreibung 8

Vokale (Selbstlaute), Doppellaute und Konsonanten (Mitlaute) unterscheiden 8

Genau zuhören und deutlich sprechen: Vokale (Selbstlaute) lang und kurz aussprechen 11

Schreibweisen durch Verlängern und Ableiten erklären 14

Auf die Wortfamilie achten 15

Auf die Wortart achten 17

    Nomen/Substantive erkennen 18

    Verben (Tätigkeitswörter) erkennen 20

    Adjektive (Eigenschaftswörter) erkennen 21

Mit dem Wörterbuch arbeiten 23

Mit Kopfwörtern arbeiten 29

Teste dein Wissen 1 33

Gleich klingende Vokale (Selbstlaute) und Doppellaute 35

ä/e und äu/eu unterscheiden 35

Teste dein Wissen 2 39

Haltestelle: Gleich klingende Vokale (Selbstlaute) und Doppellaute 41

Schwierige Konsonanten (Mitlaute) 42

b – p, d – t, g – k am Wortende unterscheiden 42

-ig und -lich am Wortende unterscheiden 45

Teste dein Wissen 3 47

Die Wortbausteine end und ent unterscheiden 49

Teste dein Wissen 4 52

Der ks-Laut 53

    ks sprechen – x, chs, cks, ks oder gs schreiben 53

    x schreiben 54

    gs, ks oder cks schreiben 56

    chs schreiben 58

Teste dein Wissen 5 59

Der Buchstabe v 60

    f oder w sprechen – v schreiben 60

    Die Vorsilben ver- und vor- erkennen 63

Teste dein Wissen 6 66

Haltestelle: Schwierige Konsonanten (Mitlaute) 67

Konsonanten (Mitlaute) nach kurz ausgesprochenen, betonten Vokalen (Selbstlauten) 69

Konsonanten (Mitlaute) verdoppeln 69

    k und z nach einem kurz ausgesprochenen, betonten Vokal (Selbstlaut) 72

Verschiedene Konsonanten (Mitlaute) nach einem kurz ausgesprochenen, betonten Vokal (Selbstlaut) 75

Teste dein Wissen 7 79

Haltestelle: Kurz ausgesprochene, betonte Vokale 81

Lang ausgesprochene, betonte Vokale (Selbstlaute) 82

Vokale (Selbstlaute) verdoppeln 82

Vom Doppelvokal (verdoppelten Selbstlaut) zum einfachen Umlaut 87

Teste dein Wissen 8 88

Lang ausgesprochene, betonte Vokale (Selbstlaute) ohne Dehnungszeichen 89

Lang ausgesprochene, betonte Vokale (Selbstlaute) mit h als Dehnungszeichen 94

Wörter mit den Buchstaben sch, qu und t 100

Teste dein Wissen 9 102

Haltestelle: Lang ausgesprochene, betonte Vokale (Selbstlaute) 104

Das lang ausgesprochene i 105

    ie schreiben 105

    -ie, -ier, -ieren als Endungen von Fremdwörtern 107

    i schreiben 110

    ih schreiben 113

    wieder oder wider? 114

Teste dein Wissen 10 116

Haltestelle: Das lang ausgesprochene i 117

Die s-Laute 118

Gesummt oder gezischt? 118

    s und ß nach einem lang ausgesprochenen, betonten Vokal (Selbstlaut) 120

    ss nach einem kurz ausgesprochenen, betonten Vokal (Selbstlaut) 126

    s nach einem kurz ausgesprochenen, betonten Vokal (Selbstlaut) 128

Wechselnde s-Schreibweise in einer Wortfamilie: Vom ss zum ß und vom ß zum ss 129

Die Endung -nis 130

Teste dein Wissen 11 132

Haltestelle: s-Laute 134

Groß- und Kleinschreibung 135

Nomen/Substantive erkennen und großschreiben 135

Aus Verben (Tätigkeitswörtern) Nomen/Substantive machen 138

    Signale für die Nominalisierung von Verben (Tätigkeitswörtern) erkennen 139

Aus Adjektiven (Eigenschaftswörtern) Nomen/Substantive machen 148

    Signale für die Nominalisierung von Adjektiven (Eigenschaftswörtern) erkennen 148

Teste dein Wissen 12 154

Haltestelle: Großschreibung von Verben (Tätigkeitswörtern) und Adjektiven (Eigenschaftswörtern) 156

Tageszeiten und Wochentage großschreiben **157**

Tageszeiten und Wochentage kleinschreiben **158**

Teste dein Wissen 13 **162**

Haltestelle: Großschreibung von Tageszeiten und Wochentagen **163**

Zusammenschreiben oder getrennt schreiben? **164**

Wortzusammensetzungen zusammenschreiben **164**

Verben (Tätigkeitswörter) mit Vorsilben zusammenschreiben **169**

Getrennt schreiben **171**

    Nomen/Substantiv und Verb (Tätigkeitswort) getrennt schreiben **171**

    Zwei aufeinanderfolgende Verben (Tätigkeitswörter) getrennt schreiben **173**

Wörter mit dem Hilfsverb sein verbinden **174**

Teste dein Wissen 14 **176**

Haltestelle: Zusammenschreiben oder getrennt schreiben? **177**

Zeichensetzung **179**

Satzschlusszeichen setzen **179**

Kommas zwischen Aufzählungen setzen **181**

Kommas bei Anreden und Ausrufen setzen **182**

Die wörtliche Rede durch Anführungszeichen kennzeichnen **183**

Teste dein Wissen 15 **188**

Haltestelle: Zeichensetzung **190**

Textquellenverzeichnis 192
Bildnachweis 192
Lösungen (im Beiheft)

Liebe Schülerinnen und Schüler,

wer Briefe, Aufsätze, Notizen oder auch seine SMS oder Mails richtig schreiben kann, hat es gut. Aber Rechtschreibung lernt man nicht allein dadurch, dass man sich ein Wort immer wieder ansieht oder es abschreibt, man muss oft auch die zugrunde liegende Regel verstanden haben.

„Rechtschreiben üben 6" knüpft an den vorherigen Band für das 5. Schuljahr an. Auch hier könnt ihr euch folgendermaßen orientieren:

Zunächst werden immer einige einfach formulierte Regeln vorgestellt, die euch helfen, die sich anschließenden Aufgaben zu bearbeiten.

Am Schluss der einzelnen Kapitel stehen zunächst ein paar Übungen, mit denen ihr überprüfen könnt, was ihr alles gelernt habt und ob ihr schon sicherer geworden seid. Dazu benötigt ihr manchmal jemanden, der euch einen Text diktiert. Natürlich könnt ihr auch mit einem Rekorder und dem PC arbeiten und die Texte zuvor aufnehmen.

Anschließend werden noch einmal die wichtigsten Regeln zu dem Rechtschreibproblem in einer Haltestelle zusammengefasst. Damit könnt ihr euch schnell einen Überblick verschaffen und nachschlagen, wenn ihr nicht mehr sicher seid, wie etwas geschrieben wird.

Aber es geht nicht nur darum, mit Regeln umzugehen. Es gibt noch weitere Hilfen zur Rechtschreibung. Manchmal kann es wichtig sein, genau hinzuhören und deutlich zu sprechen oder ein Wort zu verlängern und nach weiteren Wörtern aus der Wortfamilie zu suchen. Ein ganz wichtiger Tipp ist es auch, Wörter zu schreiben und sie sich auf diesem Weg einzuprägen. Auch hierzu erhaltet ihr in diesem Buch zahlreiche Übungen.

Ganz wichtig ist, dass ihr euch nicht zu viele Aufgaben auf einmal vornehmt. Teilt euch die Arbeit so ein, dass ihr täglich nur ca. 15 Minuten damit beschäftigt seid. Wenn ihr mit dem Bleistift schreibt, könnt ihr einzelne Aufgaben mehrfach bearbeiten.

Dort, wo neben den Aufgaben dieses Zeichen steht, bitten wir euch, die Lösungen in ein Heft zu schreiben.

Mit dem beigelegten Lösungsheft könnt ihr ganz schnell kontrollieren, ob ihr alles richtig gemacht habt.

Neben diesem Buch benötigt ihr noch ein Wörterbuch, um nachschlagen zu können, wenn ihr euch nicht sicher seid.

Und nun wünschen wir euch viel Spaß und Erfolg bei der Arbeit.

Tipps zur Rechtschreibung

Vokale (Selbstlaute), Doppellaute und Konsonanten (Mitlaute) unterscheiden

Die Buchstaben lassen sich in Vokale (Selbstlaute) und Konsonanten (Mitlaute) unterteilen. Die Vokale a, e, i, o und u kennst du bestimmt. Dazu gehören auch die Umlaute ä, ö und ü. Neben den Vokalen gibt es noch die Doppellaute. Sie setzen sich immer aus zwei Vokalen zusammen. Es gibt die Doppellaute au, äu, ei, eu, ai.

Alle anderen Buchstaben nennt man Konsonanten (Mitlaute).

1 Suche alle Vokale (Selbstlaute) und Umlaute und kreise sie ein.

a q c ö B s g
e n i b v l
h O j m
o U z t l
E p r x d ü f
k u w ü y A ä

2 Finde jeweils drei Wörter, die die folgenden Doppellaute enthalten.

au _____

äu _____

ei _____

eu _____

3 Wörter mit dem Doppellaut ai gibt es nur ganz wenige. Wenn du das folgende Rätsel löst, kennst du die wichtigsten Wörter, die mit dem Doppellaut ai geschrieben werden.

Diese Stadt liegt am Rhein:

Tipps zur Rechtschreibung

Vor diesem Fisch fürchten sich viele Menschen: ☐☐

Ein Kind, das keine Eltern mehr hat, nennt man ☐☐☐☐☐

Dieser große Fluss fließt durch Frankfurt: ☐☐☐

Der 5. Monat des Jahres heißt ☐☐

Dieses ist ein Jungenname: ☐☐

Einen Faden zum Bespannen von Musikinstrumenten nennt man ☐☐☐☐

Der Fachbegriff für Eier von Tieren, die im Wasser abgelegt werden, heißt ☐☐☐☐

Hieraus kann man Popcorn machen: ☐☐☐

Die höchsten Monarchen waren ☐☐☐☐☐☐

Der Fachbegriff für einen Nichtfachmann heißt ☐☐☐☐

Eine ältere Bezeichnung für ein Brot- oder ein Käsestück lautet ☐☐☐

4 Verbinde nun das Lösungswort und die Erklärungen jeweils zu einem vollständigen Satz und schreibe die Sätze in dein Heft.

Die Stadt Mainz liegt am Rhein.

Tipps zur Rechtschreibung

5 Unterstreiche die Vokale (Selbstlaute) in den Wörtern. Verändere die Wörter anschließend, indem du einen Vokal austauschst. Achte dabei auf die Groß- und Kleinschreibung. Setze vor die Nomen/Substantive immer einen Artikel (der, die, das).

der Ober — aber

der Bach

lochen

das Tor

das Teil

der Mais

sagen

rufen

fest

6 Vervollständige die Wörter, indem du die fehlenden Vokale (Selbstlaute) einsetzt. Du musst auch Doppellaute einsetzen. Denke an die Groß- und Kleinschreibung.

Haie

Sch__n seit __b__r 400 M__ll__n__n J__hr__n schwimmen Haie d__rch d__ Meere d__r W__lt.
V__l M__nsch__n h__b__n __ngst v__r H__n, besonders der w__ß__ Hai j__gt ihnen F__rcht und Schr__ck__n ein. Das R__s__k__, v__n einem Hai g__fr__ss__n z__ w__rd__n, ist aber s__hr g__r__ng. Der M__nsch ist k__n__ g__t__ Beute für den H__; an __hm ist z__ w__n__g dran. Haie l__b__n f__tt__ B__t__ wie R__bb__n und S__h__nd__. __ngr__ff__ auf M__nsch__n s__nd eine V__rw__chsl__ng. M__st b__m__rkt d__r Hai den Irrtum n__ch d__m ersten B__ss und l__sst v__n seinem __pf__r ab.
D__r w__ß__ H__ m__ss viel mehr __ngst v__r d__n

Tipps zur Rechtschreibung 11

Menschen h   b   n. Er wird   rb   rm   ngsl   s von ihnen g   j   gt.
S   n   Fl   ss   n gelten in manchen L   nd   rn   ls Delikatesse und seine L   b   r enthält Öle, d   f   r S   lb   n und Cremes v   rw   nd   t w   rden.

Jedes J   hr w   rd   n etwa 100 M   ll   n   n H   v   n   M   nsch   n getötet. Aber n   r   tw   sieben Menschen w   rd   n v   n H   n g   t   t. Der M   nsch ist also f   r d   n H   v   l g   f   hrl   ch   r als der Hai f   r d   n M   nsch   n. Seit f   nf J   hr   n st   ht der w   ß   H   auf der R   t   n L   st   der b   dr   ht   n Arten.

Genau zuhören und deutlich sprechen: Vokale (Selbstlaute) lang und kurz aussprechen

Jedes Wort hat einen betonten Vokal. Dieser betonte Vokal wird entweder kurz oder lang ausgesprochen. Du musst ganz genau auf die Länge oder Kürze des Vokals achten, weil die Länge oder Kürze ganz wichtig für die Rechtschreibung ist.

die Rate   die Ratte
die Hüte   die Hütte
das Beet   das Bett

Doppellaute werden immer lang ausgesprochen.

der Hai, die Seife, die Leute, der Zaun, die Träume

Tipps zur Rechtschreibung

7 Sprich dir die folgenden Wörter laut vor. Entscheide dann, ob der betonte Vokal (Selbstlaut) kurz oder lang ausgesprochen wird. Kennzeichne die lang ausgesprochenen Vokale mit einem Strich und die kurz ausgesprochenen Vokale mit einem Punkt.

die Sonne, rufen, die Katze, rennen, der Zucker, die Stunde, die Haare, die Sahne, die Tage, loben, gefährlich, das Leben, der Lehm, die Wohnung, der Junge, leise, der Onkel, der Mund, die Lupe, die Welt

8 Trage die Wörter anschließend in die Tabelle ein.

Kurz ausgesprochener, betonter Vokal (Selbstlaut)	Lang ausgesprochener, betonter Vokal (Selbstlaut)
Die Sonne	rufen

9 Welche Wörter entstehen durch einen Wechsel von einem langen zum kurzen Vokal (Selbstlaut) und umgekehrt? Sprich die Wörter deutlich aus. Damit du sie auch richtig schreibst, sind die Wörter hier aufgeführt. Trage sie in die Tabelle ein.

bieten, Schal, Kehle, fühlen, Miete, schief, Wohl, Stahl, Robbe, spucken, Pollen, Komma, hacken, satt, Tonne

Tipps zur Rechtschreibung

Wort mit kurzem Vokal (Selbstlaut)	Wort mit langem Vokal (Selbstlaut)
bitten	
Schall	
Kelle	
füllen	
Mitte	
Schiff	
Wolle	
Stall	
	Robe
	spuken
	Polen
	Koma
	Haken
	Saat
	Ton

10 In diesen Sätzen stimmt etwas nicht. Lies sie dir laut vor. Unterstreiche dann das Wort, das nicht in den Satz hineinpasst, und schreibe es daneben.

- Die Richterin trägt eine schwarze Robbe.
- Ich bekomme eine Erkältung und fülle mich nicht gut.
- In manchen Schlössern soll es auch heute noch spucken.
- Die masurischen Seen liegen in Pollen.

- Er erwachte nach zwei Tagen aus dem Komma.
- Ich fahre schrecklich gerne schief.
- Beim Singen treffen viele die Tonne nicht genau.
- Trotzdem singen sie aus voller Kelle.

Schreibweisen durch Verlängern und Ableiten erklären

Wenn du dir unsicher bist, wie ein Wort richtig geschrieben wird, kannst du verschiedene Proben anwenden.

Du kannst zu einem Nomen/Substantiv den Plural (die Mehrzahl) bilden.

das Gla___   die Gläser

Du kannst zu Verben (Tätigkeitswörtern) den Infinitiv (die Grundform) bilden.

(er, sie, es) lie___t   lesen

Ein Adjektiv (Eigenschaftswort) kannst du steigern.

hasti___   hastiger

11 Bilde zu den folgenden Nomen/Substantiven den Plural (die Mehrzahl) und trage dann den fehlenden Buchstaben ein.

das Bild   die Bilder

die Wan___   _____

der Urlau___   _____

der Stran___   _____

das Zel___   _____

der Zu___   _____

das Geschen___   _____

die Lau___   _____

der Kor___   _____

der Freun___   _____

Tipps zur Rechtschreibung 15

12 Bilde zu den folgenden Verben jeweils den Infinitiv (die Grundform) und trage dann den fehlenden Buchstaben ein.

er, sie, es liest — lesen

er, sie, es verrei___t   er, sie, es fra___t

er, sie, es to___t   er, sie, es hin___t

er, sie, es flie___t   er, sie, es lie___t

er, sie, es grin___t   er, sie, es glau___t

es stau___t   er, sie, es stei___t

13 Steigere das Adjektiv (Eigenschaftswort). Dann hörst du, wie es am Wortende geschrieben wird.

lustig — lustiger

muti___   lie___

wil___   gesun___

dursti___   kal___

wichti___   klu___

spä___   fleißi___

Auf die Wortfamilie achten

Viele Wörter gehören zu einer Wortfamilie. Wenn du weißt, wie man ein Wort aus einer Familie schreibt, kannst du auch alle anderen Wörter aus dieser Wortfamilie richtig schreiben.

reisen	die Reise, verreisen, abreisen, das Reisefieber, das Reisebüro, der Reisepass, reiselustig
die Klasse	der Klassenkamerad, das Klassenzimmer, das Klassenbuch, die Klassengemeinschaft, der Klassenraum
ängstlich	die Angst, der Angsthase, angsterfüllt, ängstigen

Tipps zur Rechtschreibung

14 Aus den Wortbausteinen kannst du verwandte Wörter bilden, die alle zur Wortfamilie „fahren" gehören. Setze vor die Nomen/Substantive einen Artikel (der, die, das).

plan ab fahr en Fahr ~~Fahr~~ lässig rad karte gast fahr Fahr fahr Fahr schule stuhl Fahr Fahr ~~bahn~~ en Fahr weg

die Fahrbahn, _____

_____

_____

_____

_____

_____

15 Finde möglichst viele verwandte Wörter. Wenn dir keine Wörter einfallen, nimm einfach das Wörterbuch zu Hilfe.

der Bauch _____

_____

spielen

wohnen

sportlich

die Hand

Auf die Wortart achten

Für die Rechtschreibung ist es wichtig, die Wortarten zu kennen.
Zu den Hauptwortarten gehören Nomen/Substantive (Namenwörter/Hauptwörter), Adjektive (Eigenschaftswörter) und Verben (Tätigkeitswörter). Nomen/Substantive schreibst du immer groß. Adjektive (Eigenschaftswörter) und Verben (Tätigkeitswörter) schreibst du klein.

16 Sortiere die folgende Wörtersammlung nach den drei Grundwortarten und schreibe die Wörter in die entsprechenden Spalten.

Ferien, lachen, Meer, ruhig, ausruhen, Berge, blau, Seen, schwimmen, klettern, schön, hoch, Spaß, niedlich, reiten, Ausflüge, Zoo, Freunde, lesen, lustig, laufen, spannend

Nomen/Substantive	Verben (Tätigkeitswörter)	Adjektive (Eigenschaftswörter)

Nomen/Substantive erkennen

1. Wörter, die Gegenstände, Lebewesen und Pflanzen benennen, heißen Nomen/Substantive.

   der Tisch, das Buch, der Hund, der Vogel, die Nelke, die Rose

2. Nomen/Substantive bezeichnen aber auch Gefühle, Empfindungen und Vorstellungen.

   das Glück, die Liebe, der Neid, die Kälte, die Hitze, die Fantasie, der Glaube

3. Auch jeder Name und alle Wissenschaften sind Nomen.

   die Mathematik, die Kunst, Albert Einstein, Gerhard Richter

4. Vor Nomen kann man meistens einen Begleiter (der, die, das …) setzen.

   der Baum, eine Maus, meine Schule, diese Lehrerin, viele Klassen

   Nomen/Substantive schreibst du immer groß.

17 Ordne die Nomen/Substantive mit dem dazugehörigen Artikel in die drei Gruppen ein. Vor die Namen setzt man keinen Artikel.

Tisch, Mädchen, Buch, Fantasie, Mathematik, Regal, Friedrich Schiller, Freude, Klassenzimmer, Leserin, Glaube, Biologie, Julian, Spannung, Rose, Schriftsteller, Garten, Glück, Geld, Physik, Zeitung, Wasser, Schloss, Bär, Preis, Tier, Fahrrad, Nervosität, Unruhe, Schule, Schwimmbad, Musik, Meer, Pferd, Stift, Hoffnung, Albert Einstein, Theresa

Gegenstände, Lebewesen, Pflanzen:

_____

_____

_____

Gefühle, Empfindungen, Vorstellungen:

_____

_____

Namen und Wissenschaften:

 18 Unterstreiche in dem Text alle Nomen/Substantive und schreibe sie mit ihrem bestimmten Artikel (der, die, das) heraus.

BRUNO, DER BÄR

IM SOMMER 2006 ENTDECKTE MAN IN BAYERN DEN ERSTEN BRAUNBÄREN SEIT 170 JAHREN. WAHRSCHEINLICH WAR ER AUS ÖSTERREICH GEKOMMEN. DORT LEBEN NOCH ETWA 20 BRAUNBÄREN. MAN GAB IHM DEN NAMEN BRUNO. AUF NAHRUNGSSUCHE RISS ER EINIGE SCHAFE, HÜHNER UND TAUBEN. ER KAM SEHR NAHE AN BEWOHNTE GEBIETE HERAN, SODASS SICH VIELE MENSCHEN BEDROHT FÜHLTEN. DENN EIGENTLICH SIND BÄREN SEHR SCHEUE TIERE, DIE KONTAKT MIT MENSCHEN MEIDEN. DESHALB SETZTEN SICH JÄGER UND FÖRSTER AUF DIE SPUR VON BRUNO. ALS ER IHNEN ABER IMMER WIEDER ENTWISCHTE, VERSUCHTE MAN IHN MIT FINNISCHEN SPÜRHUNDEN ZU FINDEN. WEIL MAN BRUNO AUCH NACH MEHREREN WOCHEN NICHT LEBEND GEFANGEN HATTE, WURDE DER BÄR ZUM ABSCHUSS FREIGEGEBEN. VIELE TIERSCHÜTZER PROTESTIERTEN, ABER BRUNO WURDE VON EINEM JÄGER ERLEGT.

Finnischer Jäger mit Spürhund

Tipps zur Rechtschreibung

Verben (Tätigkeitswörter) erkennen

Verben sind Wörter, die angeben, was Menschen, Tiere, Pflanzen oder Dinge tun oder was geschieht. Sie bezeichnen auch einen Zustand. Verben schreibt man in der Regel klein.

Kai spielt Handball.
Der Bär hält einen Winterschlaf.
Die Tulpen blühen.
Das Wetter ist herrlich.

19 Unterstreiche in den folgenden Sätzen das Verb.

- Bären bewohnen die unterschiedlichsten Lebensräume.
- Sie leben in der kalten Arktis, aber auch im tropischen Regenwald.
- Überwiegend sind diese großen Raubtiere auf der nördlichen Halbkugel zu Hause.
- Bären sind Einzelgänger.
- Sie führen ein nachtaktives Leben.
- Bären klettern und schwimmen sehr gut.
- Sie laufen bis zu 50 km/h schnell.
- Meist aber streifen sie gemächlich durch die Wälder.
- Etliche Arten halten während der kalten Monate eine Winterruhe.
- Deshalb fressen sie im Spätsommer und im Herbst so viel, dass sie während der Winterruhe keine Nahrung mehr brauchen.
- Bären sind Allesfresser.
- Alle ein bis vier Jahre bringt ein Weibchen ein Junges zur Welt.
- Sie werden in freier Natur etwa 20 bis 30 Jahre alt.

Adjektive (Eigenschaftswörter) erkennen

Mit einem Adjektiv kannst du beschreiben, wie etwas ist oder wie man etwas tut. Adjektive schreibst du immer klein.

Ich gucke einen spannenden Film.
Jule singt laut unter der Dusche.
Die Sommerferien waren sehr schön.

20 Vervollständige die Gegensatzpaare.

hell	dunkel	groß			kalt
	faul	schwer			schwach
	alt		feige	nass	
traurig			weich	schön	
klug		fern			schwarz
	tief		sauer		böse
dick		kurz		arm	

21 Unterstreiche in dem folgenden Text alle Adjektive.

Bären

Obwohl es ganz unterschiedliche Bärenarten gibt, haben sie doch viele gemeinsame Merkmale: Bären haben einen großen, kräftigen Körper, dichtes Fell, eine lange Schnauze und einen kurzen Schwanz. Ihre stämmigen Beine enden in breiten Tatzen, die lange, gebogene Krallen haben. Obwohl Bären große Tiere sind, wirken sie niedlich. Das kommt wahrscheinlich durch ihre kurzen und dicken Gliedmaßen und durch ihren großen, runden Kopf. Auch ihre tollpatschigen Bewegungen wirken kindlich. Ein Bär wirkt wie ein riesiges Tierkind. Er ist aber ein aggressives Raubtier, er kann seine Beute mit seinem massigen und muskulösen Körper leicht erlegen.

Bären sind scheue Einzelgänger. Sie leben für sich alleine. Die Bärenmütter bleiben nur so lange bei ihren Jungen, bis diese selbstständig sind, dann verlassen sie sie. Die Jungtiere sind leicht und klein. Ein Eisbärenbaby wiegt nur 800 Gramm, während seine Mutter etwa 200 Kilogramm auf die Waage bringt.

Eisbärenmutter mit Jungem

Mit dem Wörterbuch arbeiten

Du weißt bestimmt, dass unser Alphabet aus den folgenden
26 Buchstaben besteht.
a b c d e f g h i j k l m n o p q r s t u v w x y z

Dann gibt es noch die Umlaute ä, ö und ü.

Im Wörterbuch sind alle Wörter nach dem Alphabet geordnet. Die Umlaute werden dabei behandelt wie a, o und u. Damit du dich schnell im Wörterbuch zurechtfindest, musst du das Alphabet gut kennen.

1 Schreibe zu jedem Buchstaben mindestens ein Tier auf.
Vielleicht fallen dir aber auch noch mehr Tiere ein.

Yak

A Adler, Affe, Alligator, Ameise, Amsel, Antilope, Assel	**N**
B	**O**
C Chamäleon, Clownfisch	**P**
D	**Q**
E	**R**
F	**S**
G	**T**
H	**U**
I	**V** Viper, Vampirfledermaus, Vielfraß
J Jaguar	**W**
K	**X** (Es gibt kein Tier, das mit X beginnt – erfinde eins!)
L	**Y**
M	**Z**

24 Mit dem Wörterbuch arbeiten

2 Hier ist einiges durcheinandergeraten. Schreibe die Mädchennamen in der richtigen alphabetischen Reihenfolge auf die Zeilen, die neben dem Gedicht stehen.

A, Be, Ce, die schönen Damen
Aus dem Frauen-Alphabet
Haben wunderhübsche Namen,
Aufgezählt von A bis Zett.

Vera, Olga und **Cäcilie**,   Alma,

Xenia, Emma, Florentin
Sind die Töchter der Familie
Schinkelmann aus Neu-Ruppin.

Suse, Thea, Karin, Jutta,
Quirina, Lisa, Margaret
Kriegen manchmal aus Kalkutta
Von dem Onkel ein Paket.

Alma, Berta und **Paulinchen**,
Die **Inge** und die **Ruth**
Backen Kuchen mit Rosinchen.
Denn der schmeckt besonders gut.

Gina, Herta und die **Ute**,
Nelly und **Walburga** sind
Fast so artig wie der gute,
Sanfte, leise Abendwind.

Dora, Yvonn' und die **Zilla**   .
Wohnen, wo kein Regen fällt,
Nämlich in der Wolkenvilla
Ganz am Ende dieser Welt.

A, Be, Ce, die schönen Damen
Aus dem Frauen-Alphabet
Und die wunderhübschen Namen
Enden leider mit dem Zett!

Mit dem Wörterbuch arbeiten

3 Schreibe nun die Namen der Jungen aus deiner Klasse alphabetisch auf. Jeder Buchstabe darf nur einmal vorkommen.

4 Welche Buchstaben verbergen sich hinter den Zahlen?

A	B	C	4	E	F	7	H	9	J	K	L	M
14	15	P	Q	R	19	20	U	V	23	X	Y	26

5 Entschlüssele den folgenden Satz und schreibe ihn auf.

| 9 | 3 | 8 | | 11 | 1 | 14 | 14 | | 4 | 1 | 19 |

| 1 | 12 | 16 | 8 | 1 | 2 | 5 | 20 |

| 1 | 21 | 19 | 23 | 5 | 14 | 4 | 9 | 7 | .

6 Ordne die folgenden Nomen/Substantive nach dem Alphabet und schreibe sie in der richtigen Reihenfolge auf. Setze immer den Artikel (der, die, das) davor.

Mut Vogel Anmeldung Camping Jubel Furcht
Hängematte Kopfball Opa Papier Wind Zeh
Tor Direktor Ufer Xaver Qualität
Reh Yeti Stimme Indianer Löffel
Nummer Entscheidung Banane Gedicht

die Anmeldung,

Haben Wörter denselben Anfangsbuchstaben, ordnest du sie nach dem zweiten Buchstaben.

Chor, Computer

Ist der dritte Buchstabe derselbe, so ordnest du sie nach dem vierten Buchstaben, sind die ersten vier Buchstaben gleich, ordnest du sie nach dem fünften Buchstaben und so geht es immer weiter.

Fußball, Fußgänger, Fußmatte, Fußstapfen, Fußweg

Mit dem Wörterbuch arbeiten

7 In welcher Reihenfolge stehen die folgenden Wörter im Wörterbuch? Schreibe sie in der richtigen Reihenfolge auf. Du musst immer auf den dritten Buchstaben achten, da die ersten beiden Buchstaben gleich sind.

Tablett   Taxi   Tachometer   Talent   Tafel   Taucher
Tätowierung   Takt   Tanz   Tag   Taifun   Taschentuch

8 Markiere in dem Wörterversteck zehn Wörter, die mit denselben vier Anfangsbuchstaben beginnen. Ordne diese anschließend nach dem Alphabet. Beim Ordnen musst du nun auf den fünften Buchstaben achten. Ein Tipp: Die Wörter beginnen mit einem B.

B	A	C	K	O	B	S	T	A	B	C	E	F	M	N
D	T	X	B	A	C	K	P	U	L	V	E	R	M	Z
B	A	S	D	F	G	H	J	I	M	A	U	T	V	B
M	Ä	D	C	X	B	M	I	O	P	Ä	N	Z	Y	A
B	A	C	L	B	N	A	E	R	T	Z	U	O	Q	C
A	M	N	K	B	B	A	C	K	O	F	E	N	W	K
C	A	S	F	E	G	I	H	K	K	U	N	U	E	E
K	A	M	M	B	R	E	I	N	E	T	M	I	R	N
S	M	L	H	O	K	E	S	A	C	N	I	P	S	Z
T	B	E	R	M	B	N	I	A	H	O	T	A	T	A
E	I	Ä	M	N	B	Ä	C	K	E	R	I	N	I	H
I	W	E	C	R	T	Z	U	J	K	L	L	T	M	N
N	T	R	S	K	M	K	L	I	R	T	Ä	B	O	S
E	M	D	A	B	E	U	B	A	C	K	H	E	F	E
R	A	S	D	F	O	R	T	U	M	N	U	E	L	T

Mit dem Wörterbuch arbeiten

Im Wörterbuch stehen die Wörter in einer bestimmten Form. Nomen/Substantive stehen immer im Singular (in der Einzahl). Verben (Tätigkeitswörter) stehen immer im Infinitiv (in der Grundform). Ein Adjektiv (Eigenschaftswort) steht in der Grundstufe.

die Geschenke	Singular: das Geschenk
die Sommerferien	Zusammensetzung aus: Sommer + Ferien
er, sie, es lacht	Infinitiv: lachen
lustiger	Grundstufe: lustig

9 Schreibe auf, unter welchem Wort du nachschlagen musst.

die Städte   die Stadt

die Bälle

die Klassen

die Kinder

höher

(er hat) geschlafen

(sie ist) geritten

(du) lernst

(sie) lacht

(er) rief

am nettesten

leiser

besser

größer

am fleißigsten

Mit dem Wörterbuch arbeiten

10 Schlage die folgenden Wörter in einem Wörterbuch nach. Notiere das Wort, die Form und die Seitenzahl.

die Bäume   Singular: der Baum, S. XY

am schönsten, (er, sie, es) hat gespielt, die Züge, die Wellen, höher, (er) sprang, (sie) tanzte, die Computerspiele, jünger, (er, sie, es) hat gewonnen, (sie) verreisten, am lautesten, die Pferde, freundlicher, die Weltmeere, die Bücher

11 Überprüfe mithilfe des folgenden Wörterbuchauszuges die richtige Schreibweise. Schreibe das richtig geschriebene Wort mit einem farbigen Stift nach.

Minneralöl
Mineralöl
Minerahlöl

Milsbrand
Milßbrand
Milzbrand

Minnimum
Minimumm
Minimum

Militär	Minus
das **Mi|li|tär** (alle Soldaten eines Landes); des Militärs **mi|li|tä|risch**; eine militärische Ausbildung der **Mi|li|ta|ris|mus** (Vorherrschen militärischen Denkens); des Militarismus **mi|li|ta|ris|tisch**; militaristische Ziele der **Mi|li|tär|schlag** (Kampfeinsatz) die **Mi|liz** (Volksheer); die Millizen **Mill.** = Million, Millionen die **Mil|le** (Tausend; *umgangssprachlich für:* tausend Euro); 5 Mille; ↑ ABER: pro mille das **Mil|len|ni|um** (Jahrtausend); des Millenniums; die Millennien die **Mil|li|ar|de** (1 000 Millionen) das **Mil|li|gramm** ($^1/_{1000}$ g) der *oder* das **Mil|li|li|ter** ($^1/_{1000}$ l) der *oder* das **Mil|li|me|ter** ($^1/_{1000}$ m) **mil|li|me|ter|ge|nau**; ABER: auf den Millimeter genau die **Mil|li|on** (1 000 mal 1 000; *Abkürzungen:* Mill., Mio.); eine Million; ein[und]dreiviertel Millionen; zwei Millionen fünfhunderttausend; mit 0,8 Millionen; Millionen Mal[e]; drei Millionen Mal[e] der **Mil|li|o|när**; des Millionärs; die Millionäre die **Mil|li|o|nä|rin**; die Millionärinnen **mil|li|o|nen|fach** die **Mil|li|o|nen|stadt** die **Milz** der **Milz|brand** (eine gefährliche Krankheit) **mi|men** (schauspielern; so tun, als ob); du mimst; er mimte; er hat gemimt die **Mi|mik** (Gebärden- und Mienenspiel) die **Mi|mi|kry** ['mɪmɪkry] (Anpassung, Schutzfärbung) **min, Min.** = Minute das **Mi|na|rett** (Turm einer Moschee); des Minaretts; die Minaretts *oder* Minarette **min|der**; minder gut; minder wichtig **min|der|be|gabt**; die minderbegabten Schüler; ABER: die Minderbegabten **min|der|be|mit|telt**; die minderbemittelten Leute; ABER: die Minderbemittelten die **Min|der|heit** der **Min|der|hei|ten|schutz** die **Min|der|heits|re|gie|rung** **min|der|jäh|rig** der **Min|der|jäh|ri|ge**; ein Minderjähriger; die Minderjährigen; zwei Minderjährige die **Min|der|jäh|ri|ge**; eine Minderjährige	**min|dern**; ich mindere; du minderst; sie minderte; sie hat die Kosten gemindert die **Min|de|rung** **min|der|wer|tig**; minderwertiges Fleisch das **Min|der|wer|tig|keits|ge|fühl** das **Min|dest|al|ter** das **Min|dest|an|for|de|rung** **min|des|te**; ohne die mindeste Angst; nicht das Mindeste *oder* mindeste (gar nichts); zum Mindesten *oder* mindesten (wenigstens); nicht im Mindesten *oder* mindesten (gar nicht) **min|des|tens** die **Min|dest|ge|schwin|dig|keit** das **Min|dest|maß** die **Mi|ne** (Bergwerk; Sprengkörper; Kugelschreibereinlage); ↑ ABER: Miene das **Mi|ne|ral**; die Mineralle *oder* Mineralien **mi|ne|ra|lisch**; mineralische Getränke das **Mi|ne|ral|öl** das **Mi|ne|ral|was|ser** die **Mi|ni|a|tur** (kleines Bild; kleine Illustration) die **Mi|ni|a|tur|aus|ga|be** das **Mi|ni|golf** der **Mi|ni|golf|platz** der **Mi|ni|job** ([Neben]job, der für den Arbeitenden steuer- und abgabenfrei ist) **mi|ni|mal** (sehr gering; niedrigst) das **Mi|ni|mum** [*auch:* 'mɪnɪmʊm] (das Geringste); des Minimums; die Minima der **Mi|ni|rock** der **Mi|nis|ter**; des Ministers; die Minister **mi|nis|te|ri|ell** die **Mi|nis|te|rin**; die Ministerinnen das **Mi|nis|te|ri|um**; des Ministeriums; die Ministerien der **Mi|nis|ter|prä|si|dent** die **Mi|nis|ter|prä|si|den|tin** der **Mi|nis|t|rant** (Messdiener); des/dem/den Ministranten die **Mi|nis|t|ran|tin**; die Ministrantinnen die **Mi|no|ri|tät** (Minderheit) der **Mi|nu|end** (Zahl, von der etwas abgezogen wird); des/dem/den Minuenden; die Minuenden **mi|nus** (weniger); fünf minus drei ist, macht, gibt zwei; minus 15 Grad *oder* 15 Grad minus das **Mi|nus** (fehlendes Geld; Verlust); des Minus; die Minus; [ein] Minus machen

Mit dem Wörterbuch arbeiten 29

Mit Kopfwörtern arbeiten

In vielen Wörterbüchern steht auf der linken oberen Seite das erste Wort, mit dem eine Seite beginnt, und auf der rechten Seite oben steht das Wort, mit dem eine Seite aufhört. Diese Wörter nennt man Leitwörter oder Kopfwörter. Sie helfen dir, ein Wort schnell zu finden.
Das Nomen/Substantiv Mimik steht zwischen den Leitwörtern Militär und Minus.

12 Welche der folgenden Wörter stehen noch zwischen Militär und Minus? Vier Wörter findest du in dem links stehenden Wörterbuchauszug nicht. Finde sie heraus und streiche sie durch.

mildtätig, minimal, Millionär, missachten, Minijob, militärisch, mindestens, Minderheit, Ministerium, Mitbewohner, minderjährig, Minirock, Minderung, Mindestmaß, Mine, minutenlang

13 Du suchst das Wort Sanitäter in einem Wörterbuch. Zwischen welchen Leitwörtern steht es? Schreibe sie auf und ergänze auch die anderen Leitwörter.

(linkes Leitwort)   (rechtes Leitwort)

Sanitäter

wund

Molekül

bissig

rechts

14 Für dieses Spiel braucht jeder Spieler ein Wörterbuch. Einer nennt einen Begriff, den er vorher bereits nachgeschlagen hat, und notiert sich das linke und rechte Leitwort. Wer den Begriff als Erster findet, nennt die beiden Leitwörter.

Mit dem Wörterbuch arbeiten

In einem Wörterbuch kannst du nicht nur nachschlagen, wie du ein Wort richtig schreibst. Du kannst auch nachschlagen, zu welchem grammatischen Geschlecht (männlich, weiblich, sächlich) ein Nomen/Substantiv gehört. Denn die Nomen/Substantive werden immer mit ihrem Artikel (der, die, das) in das Wörterbuch aufgenommen.

der Minister   männlich
die Mimik   weiblich
das Mineralwasser   sächlich

Im Wörterbuch steht auch, wie du ein Wort richtig trennst. Immer an der Stelle, an der du ein Wort trennen kannst, steht ein senkrechter Strich.

Mi | nis | ter   Mi-nis-ter

Manchmal steht direkt hinter dem Nomen/Substantiv das Wort im Genitiv (2. Fall).

der Minister; des Ministers

Du kannst auch nachschlagen, welche Pluralform (Mehrzahl) ein Nomen/Substantiv hat.

der Minister; die Minister

Schwierige Wörter werden oft noch erklärt.

die Mimik (Gebärden- und Mienenspiel)

15 Wie können die folgenden Wörter getrennt werden? Schlage in einem Wörterbuch nach. Schreibe sie mit Bindestrichen neu auf und notiere die Seitenzahl.

das Fahrrad

die Jungen

der Lehrer

toben

neugierig

der Zucker

die Klassenarbeit

Mit dem Wörterbuch arbeiten

16 Wie heißt der Plural (die Mehrzahl) dieser Nomen/Substantive? Ergänze den Artikel.

der Kaktus

das Geld

das Datum

das Gut

der Globus

der Ski

das Knie

17 Ordne die Nomen/Substantive nach ihrem grammatischen Geschlecht (männlich, weiblich, sächlich) und füge immer den passenden Artikel hinzu.

Saline, Bagatelle, Transfusion, Firmament, Effekt, Substanz, Mohikaner, Immunsystem

männlich (der)	weiblich (die)	sächlich (das)
	die Saline	

18 Schreibe die Erklärungen zu den Nomen/Substantiven aus Aufgabe 17 aus dem Wörterbuch ab.

die Saline, ein Salzwerk;

Mit dem Wörterbuch arbeiten

19 Fülle die unten stehende Tabelle so aus, wie es im Beispiel vorgegeben ist.

Antiquität, Fosburyflop, Haarspalterei, Barke, E-Mail, Gecko, Intercity, Jubiläum, Taunus, Vatikan, Winzer, Zisterne

Nomen/ Substantiv	Silbentrennung	grammatisches Geschlecht/ Artikel	Pluralform (Mehrzahl)	Wortbedeutung
Antiquität	An-ti-qui-tät	weiblich, die	Antiquitäten	altes Möbelstück

Teste dein Wissen 1

1 Wenn du die folgenden Fragen richtig beantwortest, erhältst du jeweils ein Lösungswort.

Wie heißt der Buchstabe vor g?
Wie heißt der zweite Vokal des Alphabets?
Wie heißt der 18. Buchstabe des Alphabets?
Welcher Buchstabe kommt nach dem h?
Wie heißt der 5. Buchstabe des Alphabets?
Wie heißt der Buchstabe zwischen m und o?

Das erste gesuchte Wort heißt: die

Wie heißt der letzte Buchstabe des Alphabets?
Wie lautet der 21. Buchstabe des Alphabets?
Welcher Buchstabe steht nach dem f?
Welcher Buchstabe steht zwischen u und w?
Welcher Umlaut gehört zu o?
Welcher Buchstabe kommt vor dem h?
Wie heißt der zweite Vokal des Alphabets?
Wie heißt der 12. Buchstabe des Alphabets?

Das zweite gesuchte Wort heißt: die

2 Überprüfe die Schreibweise mithilfe des Wörterbuchs. Kreuze anschließend die richtige Schreibweise an.

a) nehmlich ☐
b) nähmlich ☐
c) nämlich ☐

a) widerwillig ☐
b) wiederwillig ☐
c) wider willig ☐

a) Internett ☐
b) Internet ☐
c) Inniternet ☐

3 Welche Erklärung ist richtig? Kreuze an!

Gladiator	Schaukämpfer im alten Rom
	Heizkörper
	Blumensorte

Meerkatze	Katze
	Affe
	Fisch

Lemming	Wühlmaus
	Vogel
	Insekt

Kürschner	Pelzverarbeiter
	Kutscher
	Gärtner

4 In dem folgenden Text gibt es einige Fehler. Schau die unterstrichenen Wörter im Wörterbuch nach und verbessere den Text, indem du die falsch geschriebenen Wörter noch einmal richtig ins Heft schreibst.

Die Erforschung von Haien

In den vergangenen Jahren hat man grosse Fortschritte gemacht und faszinierende Einblicke in das Leben von Haien gewonnen. Das ist vor allem auf technische Erungenschaften zurückzuführen, wie beispielsweise die Entwicklung von Satelitensendern. Diese Gerähte werden an der Haut der Tiere angebracht und liefern Daten zu irem Aufenthaltsort. Im November 2003 hat man einen

weiblichen weissen Hai vor der Küste Südafrikas mit solch einem Satellitensender ausgerüstet. Dann beobachtete man seine Wege durch das Mer. Innerhalb von neun Monaten legte dieser Hai eine Strecke von mehr als zwanzigtausend Kilometern zurück. Er schwamm von der Küste Südafrikas bis zur Westküste Australiens und wieder zurück zur südafrikanischen Küste. Die meiste Zeit verbrachte das Tir dabei direkt unter der Wasseroberfläche. Manchmal tauchte der Hai aber auch in Wassertifen von 500 bis 750 Metern ab, um dort nach Narung zu suchen. Haie haben sehr gute sinnesorgane. Sie sehen im Dunklen besser als Katzen. Sie können Gerüche tausendmal besser als Menschen erkenen. Auch haben Haie einen ausgeprägten Geschmakssinn. So lassen sie meistens auch nach dem ersten Biss von einem Menschen ab, weil sie nur Fische mögen. Außerdem hören Haie ausgezeichnett.

Gleich klingende Vokale (Selbstlaute) und Doppellaute

ä/e und äu/eu unterscheiden

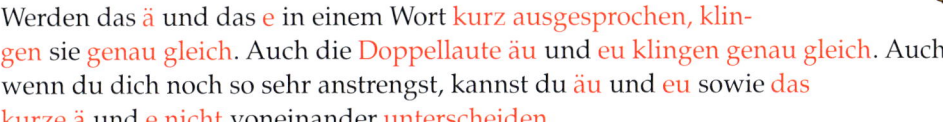

Werden das ä und das e in einem Wort kurz ausgesprochen, klingen sie genau gleich. Auch die Doppellaute äu und eu klingen genau gleich. Auch wenn du dich noch so sehr anstrengst, kannst du äu und eu sowie das kurze ä und e nicht voneinander unterscheiden.

kräftig	heftig
die Hände	das Herz
träumen	seufzen
der Läufer	der Freund

Deshalb musst du dir folgende Regel einprägen:
Gibt es in der Wortfamilie ein verwandtes Wort mit einem a oder mit einem au, so schreibst du ä oder äu.

die Hände	die Hand
träumen	der Traum

Gibt es in der Wortfamilie kein verwandtes Wort mit einem a oder mit einem au, so schreibst du fast immer e oder eu.

das Herz, herzlich, herzhaft, das Herzklopfen, die Herzlichkeit, herzlos, der Herzenswunsch
der Freund, die Freundschaft, freundlich, freudig, die Freude, sich anfreunden, die Freundlichkeit

1 Jeweils zwei Wörter gehören zusammen. Male die Wörter der Wortkarten, die zusammengehören, in derselben Farbe aus. Schreibe die Wortpaare dieser und der nächsten Seite anschließend in dein Heft.

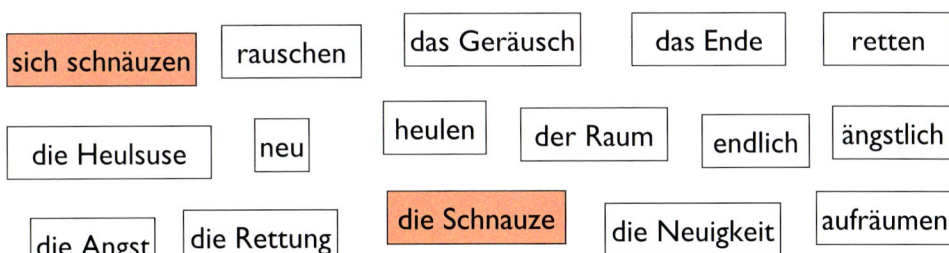

Gleich klingende Vokale (Selbstlaute) und Doppellaute

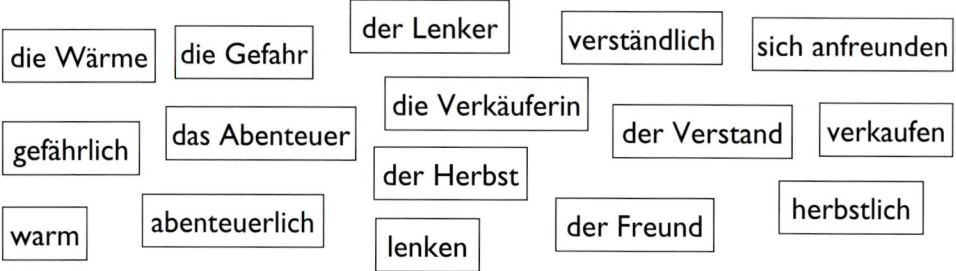

die Schnauze, sich schnäuzen

2 Wörter mit einem ä oder äu im Wortstamm haben in ihrer Wortfamilie fast immer Wörter mit einem a oder einem au. Finde den Singular (die Einzahl) der Nomen/Substantive.

Plural (Mehrzahl)	Singular (Einzahl)
die Ärzte	der Arzt
die Gäste	
die Schweineställe	
die Männer	
die Wände	
die Dächer	
die Großstädte	
die Parkplätze	
die Unfälle	
die Hände	
die Träume	
die Blumensträuße	
die Zäune	
die Schlangenhäute	
die Heilkräuter	
die Fahrradschläuche	
die Bäume	
die Wildsäue	

Gleich klingende Vokale (Selbstlaute) und Doppellaute

3 Entscheide, ob die Wörter mit äu/eu oder mit ä/e geschrieben werden. Führe dazu die Wortfamilienprobe durch und schreibe die Wörter in der richtigen Schreibweise in die Tabelle.
Achtung: Gibt es kein verwandtes Wort mit einem au oder a, so schreibst du eu oder e.

ä/e? äu/eu?	Wortfamilienprobe	richtige Schreibweise
h?fig	der Haufen	häufig
gef?hrlich		
die Fr?ndschaft		
das Ger?sch		
das Abent?er		
bl?lich		
die H?ktik		
tats?chlich		
s?erlich		
?ndlich		
?ngstlich		
der L?fer		
n?gierig		
tr?		

Gleich klingende Vokale (Selbstlaute) und Doppellaute

4 Wenn du das Silbenrätsel gelöst hast, kennst du wichtige Wörter mit einem ä oder äu, in deren Wortfamilie es kein Wort mit einem a oder einem au gibt. Denke daran, die Nomen/Substantive mit ihrem Artikel aufzuschreiben.

Mäd	Trä	täu			
sich sträu	Är	vor	kräch		
Knäu	Säu	ent	sich räus	ver	ne
	stän	Sä	ähn	wärts	dig
pern	~~lich~~	ver	scheln		der
Ge	men	chen	län	ben	März
Lärm	Bär	el	schen	~~gräss~~	le
lich	hät	säu	ger	zen	ge

grässlich, _____

_____

_____

_____

_____

Gleich klingende Vokale (Selbstlaute) und Doppellaute 39

Teste dein Wissen 2

1 ä oder e/äu oder eu? Schreibe die Sätze in der richtigen Schreibweise in dein Heft.

Ein Ausflug in den Kl?tterpark

H?te ist es ?ndlich soweit: Die l?tzte D?tscharbeit ist geschrieben und die Klasse 6c macht mit ihrer Klassenlehrerin einen Ausflug in den Kl?ttergarten. Der Kl?ttergarten liegt inmitten von B?men am Fuße des Hermannsdenkmals. Es ist ein t?rer Ausflug, aber da die Klassenkasse gut gefüllt ist, ist das kein Problem. Keines der n?nundzwanzig Kinder hat es vers?mt, regelm?ßig einzuzahlen.

Das Hermannsdenkmal bei Detmold

In diesem n? eröffneten Kl?tterpark gibt es mehr als sechzig Kl?tterstationen, die in fünf verschiedenen Parcours aufgest?llt sind. Das Kl?ttern ist aber dennoch nicht gef?hrlich, da man einen H?lm aufs?tzen muss und während des Kl?tterns mit einem Kl?ttergurt in ein Führungsseil eingeklinkt ist.

2 Lass dir den Text diktieren oder schreibe ihn als Laufdiktat.

Vor der Bushaltestelle herrscht große Hektik. Der Geräuschpegel ist ohrenbetäubend, da alle ein wenig nervös sind. Laut lärmend stürmen die Schüler in den Bus, die hinteren Plätze werden selbstverständlich zuerst belegt. Die Stimmung im Bus ist ausgelassen, obwohl einige noch schläfrig sind. Natürlich gibt es Ärger um die richtige Musik.

Das Abenteuer beginnt: Es wird nicht nur ein Kletterabenteuer, sondern auch ein Abenteuer für die Klassengemeinschaft. Auf einmal zeigt sich nämlich, dass großmäulige Wortführer ängstlich und zurückhaltend klettern. Man merkt, dass sie gerne ein Geländer hätten. Einige Kinder hingegen lassen sich doch tatsächlich auch von einem schwierigen Parcours nicht abschrecken: Sie kämpfen sich in zwölf Metern Höhe tapfer vorwärts.

Eine wirkliche Enttäuschung ist die Klassenlehrerin: Sie sträubt sich, den schwierigen Parcours zu erklettern und erklärt, sie sei nicht schwindelfrei.

Haltestelle

Gleich klingende Vokale (Selbstlaute) und Doppellaute

Werden das ä und das e in einem Wort kurz ausgesprochen, klingen sie genau gleich. Auch die Doppellaute äu und eu sind nicht voneinander zu unterscheiden.

| kräftig | heftig | träumen | seufzen |
| die Hände | das Herz | der Läufer | der Freund |

1 Deshalb musst du dir folgende Regel einprägen:
Gibt es in der Wortfamilie ein verwandtes Wort mit einem a oder mit einem au, so schreibst du ä oder äu.

die Hände   die Hand   träumen   der Traum

2 Gibt es in der Wortfamilie kein verwandtes Wort mit einem a oder mit einem au, so schreibst du in allen Wortformen ein e oder eu.

das Herz, herzlich, herzhaft, das Herzklopfen, die Herzlichkeit, herzlos, der Herzenswunsch
der Freund, die Freundschaft, freundlich, freudig, die Freude, sich anfreunden, die Freundlichkeit

Schwierige Konsonanten (Mitlaute)

b – p, d – t, g – k am Wortende unterscheiden

Die Buchstaben b, d, und g sind am Wortende/Silbenende schwierig zu unterscheiden: Ein b klingt genauso wie ein p; ein d klingt wie ein t und ein g kannst du nicht von einem k unterscheiden.

der Dieb	das Mikroskop
er übt	sie hupt
das Feld	die Welt
anstrengend	elegant
der Zug	die Bank
klug	schlank

Verlängerst du die Wörter, so hörst du jedoch sofort, ob der Laut b, d, g oder p, t, k geschrieben wird.
Bilde bei Adjektiven (Eigenschaftswörtern) die 1. Steigerungsform (den Komparativ), bei Verben (Tätigkeitswörtern) den Infinitiv (die Grundform) und bei Nomen/Substantiven den Plural (die Mehrzahl).

klug	klüger
schlank	schlanker
er übt	üben
sie hupt	hupen
der Dieb	die Diebe
das Feld	die Felder
der Zug	die Züge

Schwierige Konsonanten (Mitlaute) 43

1 Musst du d oder t, g oder k, b oder p einsetzen? Vervollständige die Tabelle.

d oder t?	Verlängerungsprobe	richtige Schreibweise
das Klei?	die Kleider	das Kleid
das Schwimmba?		
der Kontinen?		
das Zel?		
das Konzer?		
der Hun?		
das Gummiban?		
der Wohnungsbran?		
der Magne?		
das Hem?		

g oder k?	Verlängerungsprobe	richtige Schreibweise
das Geträn?	die Getränke	das Getränk
der Vertra?		
der Anzu?		
der Krie?		
das Geschen?		
die Klini?		
der Erfol?		
der Geburtsta?		
das Flugzeu?		
der Wanderwe?		
der Kleiderschran?		

Schwierige Konsonanten (Mitlaute)

b oder p?	Verlängerungsprobe	richtige Schreibweise
der Antrie?	die Antriebe	der Antrieb
der Bankrau?		
der Strandkor?		
das Horosko?		
der Ty?		
der Sommerurlau?		
das Stethosko?		
das Kal?		
der Die?		
das Mikrosko?		

2 Trage den fehlenden Buchstaben ein. Bilde zunächst den Infinitiv (die Grundform). Du kannst auch eine andere Verbform bilden. Wichtig ist nur, dass immer der Buchstabe e folgt.

b oder p?

Er glaubte ihr.   glauben

Du blie___st lange.   _____

Ihr ha___t Recht.   _____

Sie hu___t ungeduldig.   _____

Er lie___t Schokolade.   _____

Die Grille zir___t.   _____

Ihr erlau___t nichts.   _____

d oder t?

Sie entschied sich schnell.   sich entscheiden

Sie hiel___ durch.   _____

Schwierige Konsonanten (Mitlaute)

Er ba____ um Entschuldigung.

Sie fan____ ihn nett.

Er verban____ ihm die Hand.

Die Hose stan____ ihr gut.

Du rä____st ihr, Vokabeln zu lernen.

Er tra____ heftig auf die Bremse.

g oder k?

Sie trank Tee.   trinken

Er trä____t den Koffer.

Sie den____t nach.

Er lo____ sie an.

Er bo____ rechts ein.

Das Schiff san____ sofort.

Sie san____ schief.

-ig und -lich am Wortende unterscheiden

Die Endungen -ig und -lich klingen manchmal genau gleich. Es ist dennoch nicht schwierig, die richtige Schreibweise herauszufinden. Du musst die Wörter nur verlängern.

Adjektive (Eigenschaftswörter) kannst du steigern oder einem Substantiv/ Nomen voranstellen:

gefährlich	gefährlicher	am gefährlichsten
glücklich	glücklicher	am glücklichsten
langweilig	langweilige Filme	
lustig	lustige Englischstunden	

Schwierige Konsonanten (Mitlaute)

3 Löse das Silbenrätsel. Alle Wortbausteine, die dieselbe Farbe haben, gehören zusammen. Schreibe die Wörter in dein Heft.

ehrlich,

4 Verlängere die Adjektive (Eigenschaftswörter). Dann weißt du, wie man sie richtig schreibt. Zeichne die Endung der Adjektive (Eigenschaftswörter) farbig nach.

-ig oder -lich?	Verlängerungsprobe	richtige Schreibweise
freundlich	freundlicher – der freundliche Busfahrer	freundlich
schwindel?		
nebl?		
schreckl?		
zufäll?		
heiml?		
fröhl?		
ekl?		
bedrohl?		
herzl?		

Schwierige Konsonanten (Mitlaute) 47

Teste dein Wissen 3

1 Das Buch Der Sprachabschneider von Hans Joachim Schädlich erzählt von einem Jungen, der von einem Mann ein sagenhaftes Angebot erhält: Tausche Hausaufgaben gegen Sprache. Lies, was Paul erlebt, und bearbeite folgende Aufgabe:

B oder p, g oder k, d oder t, ich oder ig? Schreibe den Text in der richtigen Schreibweise in dein Heft.

Paul und der Sprachabschneider (Teil I)

Der elfjährige Paul ist meist fröhl? und hat viel Fantasie. Auf seinem We? zur Schule, die er nicht so gern ma?, stellt er sich manchmal vor, dass der Win? aus den Wolken einen Elefan?en macht. Auf diesem Wolkenelefan?en könnte er dann gemütl? zur Schule reiten. Am lie?sten würde er natürlich ins Schwimmba? reiten. Aber das ist leider am Vormitta? nicht erlau?t.
Paul erscheint häuf? unpünktl? zum Unterricht und dies brin?t ihm viel Ärger ein. Er ü?t wen? für Klassenarbeiten und schrei?t deshalb ständ? schlechte Noten. Auch findet er es anstrengen?, Hausaufgaben zu machen; da bekommt er schnell das Faulfieber. So lie?t er auch heute faul im Garten, als ihm ein mer?würdiger Ty? zuwin?t. Der Mann trä?t ein Hem? – gel? und dreck? – und hin?t ein wen?. Er spannt seinen grünen Regenschirm auf, stei?t auf den Holzkasten und macht Paul folgendes Angebo?: „Deine Hausaufgaben werden von mir drei Wochen lan? erledi?t, wenn du mir all deine Artikel und deine Verbformen gi?st. Die Grundform der Verben blei?t dir. Auch möchte ich von Wörtern, die mit zwei Mitlauten beginnen, den ersten haben." Paul den?t nicht lange nach und willi?t begeistert in den Vorschla? ein.

Schwierige Konsonanten (Mitlaute)

2 Nun bist du der Lehrer/die Lehrerin. In den rot unterstrichenen Wörtern haben sich Fehler eingeschlichen. Verbessere sie, indem du die Sätze noch einmal richtig aufschreibst. Denk daran, die Verlängerungsprobe zu machen. Die wörtliche Rede musst du nicht verbessern.

Paul und der Sprachabschneider (Teil II)

- Pauls Sprache klinkt jetzt seltsam. So frakt er seinen Freunt Bruno: „Kommen du mit mir zum Luglatz?"
- Bruno überlekt, was Paul meinen könnte, sagt nichts und begleitet ihn dann zum Flugplatz.
- Auf dem Flugplatz bekommt Paul Hunger und frakt seinen Freunt: „Haben du Lust, mit mir Ratwurst zu essen?"
- Bruno schweikt und Paul kauft zwei Bratwürste. Nach diesem Nachmittag hat Bruno keine Lust mehr, sich mit Paul zu verabreden.
- Auch die anderen nehmen Paul bald nicht mehr ernst und so verbrinkt er viel Zeit allein.
- Traurich bleipt er in seinem Zimmer und dengt über sein Problem nach.
- Dann beschließt er, seine Sprache vom Sprachdiep zurückzuverlangen.
- Obwohl Paul einen Vertrag mit dem Sprachabschneider hat, sagt dieser: „Du bekommst deine Sprache wieder, wenn du herausfindest, was auf diesem Blatt steht."
- Nachdem Paul mühselich Satz für Satz entschlüsselt hat, hat er die deutsche Grammatik neu erlernt und seine Sprache zurückgewonnen.

Schwierige Konsonanten (Mitlaute)

Die Wortbausteine end und ent unterscheiden

Die Schreibweise des Wortbausteins end kannst du dir leicht merken. Denn alle Wörter, in denen er vorkommt, haben etwas mit Ende/Schluss zu tun. Der Wortstamm end ist immer betont.

das Ende, beenden, endlich, die Endung

5 Schreibe aus der Wörterschlange alle Wörter mit *end* heraus. Vergiss nicht, den Artikel (der, die, das) bei den Nomen/Substantiven zu ergänzen.

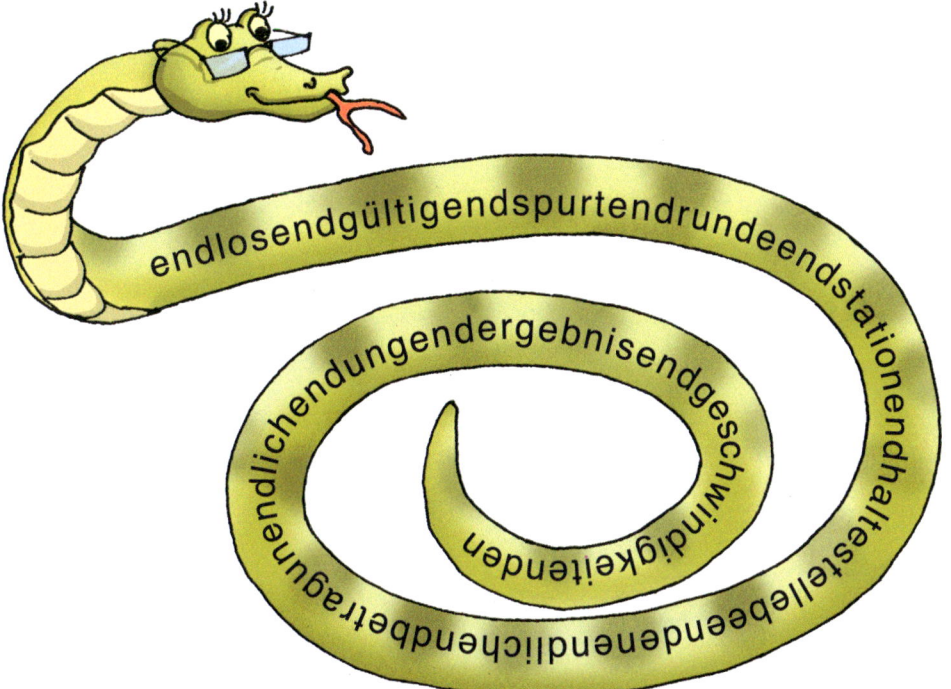

endlos,

Schwierige Konsonanten (Mitlaute)

6 Ordne die Wörter der Wörterschlange in die Tabelle ein. Nimm dir ein Wörterbuch zu Hilfe, schlage unter *end* nach und ergänze die Tabelle durch eigene Wörter.

Nomen/Substantiv	Verben (Tätigkeitswörter)	Adjektive (Eigenschaftswörter) und andere Wortarten
der Endspurt,	beenden,	endlich,

Der Wortbaustein ent hat nichts mit der Bedeutung Ende/Schluss zu tun. Er ist immer unbetont.

kommen   entkommen
täuschen   enttäuschen

Schwierige Konsonanten (Mitlaute) 51

7 Verbinde die Verben (Tätigkeitswörter) der Wortblume mit dem Wortbaustein *ent*.

8 Schreibe aus den beiden Wortblumen alle Wörter mit *ent* heraus. Ergänze bei den Nomen/Substantiven den Artikel (der, die, das).

Schwierige Konsonanten (Mitlaute)

Teste dein Wissen 4

1 E/end oder E/ent? Entscheide dich für die richtige Schreibweise und schreibe den Text noch einmal in dein Heft. Das große Fragezeichen zeigt dir an, dass die Wörter großgeschrieben werden.

Entdeckungsreisen (Teil I)

Die ersten ?decker, die Reisen in fremde Länder unternahmen, waren ?weder Kaufleute, die neue Wege für den Handel suchten oder Seefahrer, die häufig im Dienste ihrer Herrscher un?deckte Länder erforschten. Abenteuerlustig und wild ?schlossen waren sie aufgebrochen, die un?liche Weite der Meere und die Geheimnisse der Welt zu ?schlüsseln. Ihre Leidenschaft, Neues zu ?decken und ihr Forschergeist waren ?fesselt. Aber ihre Reisen waren oftmals voller ?behrungen und ?täuschungen: Viele Seeleute und Matrosen waren nach schier ?loser Zeit auf See völlig ?mutigt, einige auch völlig ?kräftet. Auf den Weltmeeren tobte die Piraterie. Es gab häufig Schiffs?führungen und gruselige ?hauptungen. Doch die Geschichte der ?deckungen ?hält nicht nur ?setzliches, sondern auch großartige Erfolge.

2 Lass dir den Text diktieren oder schreibe ihn als Laufdiktat.

Entdeckungsreisen (Teil II)

Die Reiselust des Kaufmannssohnes Marco Polo war entflammt, als er 1271 mit seinem Vater und seinem Onkel in das weit entfernte China reiste. Dort lebte er lange am Hofe des Herrschers. Marco Polo entschied sich aber, nach Venedig zurückzukehren und geriet bald darauf in die entsetzliche Gefangenschaft Genuas. In seiner vierjährigen Gefangenschaft diktierte er einem Mitgefangenen Reiseberichte, die die Welt entzückten. Diese enthielten vor allem Informationen über die Lebensgewohnheiten der Menschen.
Das eigentliche Zeitalter der Entdeckungen war jedoch das 15. und 16. Jahrhundert. Hier erlebten die Menschen den endgültigen Durchbruch; die Weltkarte vervollständigte sich. Das Kap der guten Hoffnung wurde entdeckt und endlich der Seeweg nach Indien gefunden. Christoph Kolumbus entdeckte 1492 die Westindischen Inseln, 1498 Südamerika und nur wenig später Mittelamerika. 1519 wurde die Erde zum ersten Mal umsegelt. Die Leben der großen Entdecker waren beeindruckend und spannend.

Schwierige Konsonanten (Mitlaute)

Der ks-Laut

ks sprechen – x, chs, cks, ks oder gs schreiben

Der ks-Laut ist schwierig, da es für ihn fünf verschiedene Schreibweisen gibt. Du kannst ihn als x, chs, cks, ks und als gs wiedergeben.

x	die Hexe, die Nixe, die Axt
chs	wachsen, wechseln, die Achse
cks	klecksen, der Klacks, der Knicks
ks	du trinkst, du winkst, links
gs	du fegst, du zeigst, mittags

9 Lies den Text zunächst laut. Unterstreiche dann alle Wörter mit ks-Lauten und ordne sie in die Tabelle auf der nächsten Seite ein. Ergänze bei den Nomen/Substantiven den Artikel (der, die, das). Es gibt 21 Wörter mit ks-Lauten.

Unsere Deutschlehrerin

Frau **Alexandra Maxima Knox** ist eine Frau von großem **schlaksigen Wuchs**.

Sie stakst auf hohen Absätzen schnurstracks über die Schulflure, ist extrem cool gekleidet und wechselt häufig ihre Haarfarbe. Sie ist in Sachsen aufgewachsen. Ihr Lehrerexamen hat sie nach sechsjährigem Studium mit einer hervorragenden Note bestanden.

Sie mag es, in den Bergen herumzukraxeln, angelt aber auch gerne Lachse.
Als Deutschlehrerin mag sie keine Rechtschreibfehler in den Texten ihrer Schüler. Für sie ist die Rechtschreibung ein Klacks; strengstens korrigiert sie all die Fehler ihrer Schüler. Diktiert sie einen Text, so passt sie auf wie ein Luchs, dass niemand abschreibt. Auch mag sie es gar nicht, wenn es in Deutscharbeiten Tintenkleckse gibt. Dafür darf man bei ihr in Aufsätzen ein Lexikon benutzen.

Schüler mag sie übrigens gerne: Sie liebt ihre Faxen und Streiche und bringt ihnen montags häufig leckere Schokokekse mit.

ks-Laut als chs geschrieben	ks-Laut als cks geschrieben	ks-Laut als ks geschrieben	ks-Laut als gs geschrieben	ks-Laut als x geschrieben
der Wuchs,	schnurstracks,			

x schreiben

Du schreibst den ks-Laut nur in wenigen deutschen Wörtern x.

die Axt, die Nixe, die Hexe

In Fremdwörtern und Dialektwörtern schreibst du den ks-Laut meistens x.

der Text, das Lexikon, die Explosion, extrem, extra, das Fax, der Jux, die Buxe

 Löse das Rätsel.

Ärzte arbeiten entweder in einer Klinik oder in einer:

Schwierige Konsonanten (Mitlaute)

Eine Meerjungfrau nennt man auch:

Ein anderes Wort für Albernheiten und dumme Späße lautet:

Mohammed Ali war der wohl berühmteste

der Welt.

Im Physik- und Chemieunterricht machst du spannende

Das Fremdwort für Fachmann heißt:

Es ist meistens weiß und bringt Menschen zum Beispiel zum Bahnhof:

Reiche Leute lieben den

Gerät zum Rühren und Quirlen:

Im Märchen ist sie immer böse:

gs, ks oder cks schreiben

Du schreibst den ks-Laut ks, wenn es in der Wortfamilie Wörter gibt, die auf k enden.

das Werk	des Werks
der Kleiderschrank	des Kleiderschranks
der Streik	des Streiks

Du schreibst den ks-Laut gs, wenn es in der Wortfamilie Wörter gibt, die auf g enden.

der Zwerg	des Zwergs	wenig	wenigstens
der Flug	flugs	Montag	montags
billig	am billigsten		

Du schreibst den ks-Laut cks, wenn es in der Wortfamilie Wörter gibt, in denen es ein ck gibt.

knicken	der Knicks	das Glück	der Glücksfall
kleckern	der Farbklecks	der Trick	tricksen

11 Musst du ks, gs oder cks einsetzen? Vervollständige die Tabelle.

ks, gs oder cks?	Wortfamilienprobe	richtige Schreibweise
vormitta?	der Vormittag	vormittags
lin?		
Glü?tag		
än?tlich		
mu?mäuschenstill		
ta?über		
unterwe?		
Tintenkle?		
Wer?schließung		
am schwieri?ten		
zwe?		

Schwierige Konsonanten (Mitlaute) 57

Du hörst den ks-Laut auch, wenn du die 2. Pers. Singular (du) von Verben (Tätigkeitswörtern) bildest, deren Verbstamm auf g, k oder ck endet.

du erschreckst dich, du nickst, du hinkst, du trinkst, du trägst, du fragst

Der Infinitiv (die Grundform) der Verben verrät dir, ob der ks-Laut ks oder gs geschrieben wird.

du erschreckst dich – sich erschrecken, du nickst – nicken, du hinkst – hinken, du trinkst – trinken, du trägst – tragen, du fragst – fragen

12 Entscheide, ob der ks-Laut ks, gs oder cks geschrieben wird. Bilde zunächst den Infinitiv (die Grundform) der Verben (Tätigkeitswörter).

Du lügst.	lügen	Du denkst viel nach.	nachdenken
Du win___t am Bahnsteig.		Du we___t mich morgen rechtzeitig.	
Du stren___t dich an.		Du mer___t alles.	
Du len___t den Drachen geschickt.		Du schme___t nichts mehr.	
Du fän___t den Ball.		Du flie___t gerne.	
Du verste___t dich.		Du schmin___t dich selten.	
Du klin___t erkältet.		Du sin___t ein Lied.	

Schwierige Konsonanten (Mitlaute)

chs schreiben

Du schreibst den ks-Laut chs in Wörtern, die du nicht ableiten kannst.

der Fuchs, der Ochse, die Achse, das Wachs, wechseln, wachsen

 Löse das Bilderrätsel. Es zeigt dir nur Wörter, in denen der ks-Laut chs geschrieben wird.

 _____    _____

 _____    _____

 _____    _____

14 In diesen Wörtern sind die Buchstaben völlig durcheinandergeraten. Es sind alles Wörter, in denen der ks-Laut chs geschrieben wird. Finde die richtigen Wörter und schreibe sie in dein Heft. Ergänze bei den Nomen/Substantiven den Artikel (der, die, das).

echsA die Achse

wenchsa   umtWachs

eschs   Gehauswächs

zenKerchswa   enSachs

elAchs   Fachsl

fenReichselwe   chsuW

revwechslen   neröffchsBüen

Schwierige Konsonanten (Mitlaute)

Teste dein Wissen 5

1 Nun bist du der Lehrer/die Lehrerin. Verbessere die Fehler in den rot unterstrichenen Wörtern, indem du die Sätze noch einmal in der richtigen Schreibweise aufschreibst.

Lehrer und Lehrerinnen

- Die in Sachsen aufgewacksene Deutschlehrerin Alexandra Maxima Knox korrigiert strenkstens Schülertexte.
- Der Mathematiklehrer möchte, dass alle seine Schüler Eksperten auf dem Gebiet der Geometrie werden.
- Der schlagsige Englischlehrer ist ein lebendes Leksikon: Frakst du ihn eine schwierige Vokabel, so weiß er fluks die richtige Antwort. Manchmal mikst er die Sprachen Englisch und Deutsch. Er spricht dann Denglisch.
- Die Französischlehrerin hat Augen wie ein Lucks. Alle Schüler haben Ankst, während der Französischarbeiten zu mogeln.
- Die Biologielehrerin mag gerne alle Arten von Ecksen; zu ihren Lieblinkstieren gehören auch die Fückse.

2 Lass dir den Text diktieren oder schreibe ihn als Laufdiktat.

Trixi und die Deutscharbeit

Als Trixi am Montagmorgen aufwacht, fühlt sie sich fit und ausgeruht. Am Wochenende war sie tagsüber nicht mit ihren Freundinnen unterwegs, sondern hat extrem viel gelernt. Denn in der ersten Stunde wird eine Deutscharbeit bei Frau Maxima Knox geschrieben. Deutsch ist nicht gerade Trixis Lieblingsfach. „Montags morgens eine Rechtschreibarbeit ist schon gemein", denkt Trixi. Aber diese Deutscharbeit will sie unbedingt gut schreiben. Als Frau Knox den Klassenraum betritt, ist es sogleich mucksmäuschenstill. Flugs verteilt die Lehrerin die Arbeitsblätter. Es gibt sechs Aufgaben, die letzte Aufgabe ist die schwierigste und deswegen eine Zusatzaufgabe für die Rechtschreibexperten. Da es eine Rechtschreibarbeit ist, dürfen die Schüler kein Lexikon benutzen. Strengstens überwacht Frau Knox die Schüler; lässt ihren Blick links und rechts über die Schülertische schweifen, sodass niemand dumme Tricks versucht.
Trixi liest sich die Aufgaben zu den „ks-Lauten" durch; sie scheinen ein Klacks zu sein. Nun begibt sie sich an die Extraaufgabe für die Experten. Auch hier ist sie sicher, in der Groß- und Kleinschreibung nichts verwechselt zu haben. Heute ist wirklich ein Glückstag.

Der Buchstabe v

f oder w sprechen – v schreiben

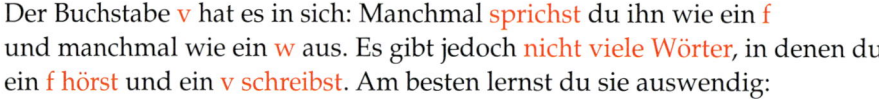

Der Buchstabe v hat es in sich: Manchmal sprichst du ihn wie ein f und manchmal wie ein w aus. Es gibt jedoch nicht viele Wörter, in denen du ein f hörst und ein v schreibst. Am besten lernst du sie auswendig:

der Nerv/die Nerven, der Vater, das Veilchen, der Vetter, das Vieh, viel, vielleicht, vier, der Vogel, das Volk, voll, von, vor, vordere, vorn

Wie du bestimmt schon weißt, verändert sich die Schreibweise in Ableitungen und Wortzusammensetzungen nicht.

die Vorderachse, der Vordergrund, das Vollkornbrot, das Viereck, veilchenblau, das Rindvieh

Häufig handelt es sich um Fremdwörter, wenn du ein w hörst und ein v schreibst.

die Vase, der Vampir, Volleyball, clever, nervös

15 Hier gibt es eine Reihe von Fremdwörtern, in denen du ein w hörst, aber ein v schreiben musst. Entschlüssele die Wörter und schreibe sie mit dem Artikel (der, die, das) heraus.

linVieo — die Violine

laVil —

vierlaK —

rampiV —

kanVul —

neVe —

tVienl —

Devtitek —

belVoka —

usriV —

Schwierige Konsonanten (Mitlaute) 61

Perstivepek

vaprit

valneKra

leVanil

minVatie

vaLa

verloPul

16 Wenn du jetzt noch das Silbenrätsel richtig löst, kennst du viele wichtige Fremdwörter, in denen das v wie ein w ausgesprochen wird. Schreibe sie auf und ergänze den Artikel (der, die, das).

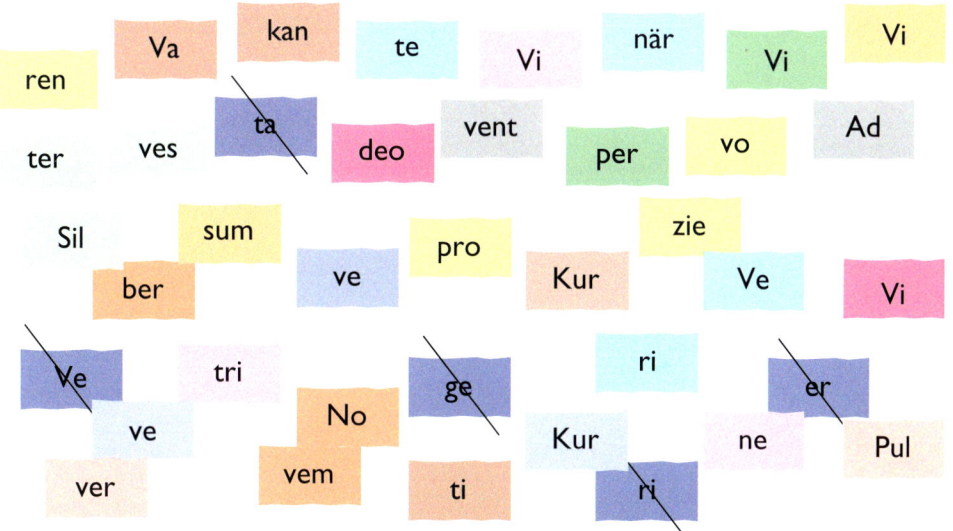

der Vegetarier,

Schwierige Konsonanten (Mitlaute)

17 Setze die Lösungswörter des Silbenrätsels nun richtig ein. Schreibe die Sätze dann noch einmal ab.

- Vegetarier essen kein Fleisch.
- Ein _____ ist ein Tierarzt.
- Der _____ ist der Amtssitz des Papstes in Rom.
- Die Vorweihnachtszeit heißt _____ .
- Reist man in fremde Länder, so braucht man manchmal eine Eintrittserlaubnis: das _____ .
- Eine Giftschlange ist eine _____ .
- Viele Menschen mögen den dunklen und trüben _____ nicht.
- In der _____ verlor er die Kontrolle über sein Fahrzeug.
- Einige Schüler mögen es, ihre Lehrer durch freche Antworten zu _____ .
- _____ filme sind durch DVDs ersetzt worden.
- In Omas _____ gibt es kostbares Porzellan.
- Viele Kinder lieben _____ schnee und das Feuerwerk in der _____ nacht.

18 Suche zu den Wörtern möglichst viele verwandte Wörter aus ihrer jeweiligen Wortfamilie.

die Nerven	nerven, nervig, nervtötend, die Nervosität, der Nervenzusammenbruch, die Nervensache, nervend, die Nervenkrankheit
der Vater	_____
viel	_____
voll	_____
vier	_____

Schwierige Konsonanten (Mitlaute) 63

Die Vorsilben ver- und vor- erkennen

Hörst du die Vorsilben ver- und vor-, so schreibst du immer ein v.
Vorsilben kannst du daran erkennen, dass ihnen meist ein eigenständiges Wort folgt.

verlieben, verbringen, verleihen, versuchen, vorziehen, vorstellen, vortragen, vormachen, das Vorbild, die Vorfahrt, der Vormittag, das Vorschulalter, die Verhandlung

19 Der *ver*-Magnet und der *vor*-Magnet ziehen Verben (Tätigkeitswörter) aus der Verbkiste. Es gibt Verben (Tätigkeitswörter), die von beiden Magneten angezogen werden. Notiere die neu entstandenen Verben (Tätigkeitswörter) unten auf der Seite. Schreibe zu fünf Verben (Tätigkeitswörtern) jeweils einen Satz in dein Heft.

versprechen/vorsprechen,

Schwierige Konsonanten (Mitlaute)

20 Ver- oder Vor-? Entscheide dich für die richtige Vorsilbe und ergänze den Artikel (der, die, das). Es gibt sechs Nomen/Substantive, die du mit beiden Vorsilben kombinieren kannst.

-teil, -zicht, -ein, -abredung, -urteil, -änderung, -fahrt, -rat, -band, -bot, -garten, -hang, -kauf, -mittag, -schluss, -sicht, -brauch, -name, -dienst, -gnügen, -wahl, -hör, -stand, -nunft, -trag, -fall, -freude, -gang, -schlag, -warnung

Nomen/Substantive mit der Vorsilbe Ver-	Nomen/Substantive mit der Vorsilbe Vor-	Nomen/Substantive mit der Vorsilbe Ver-/Vor-
der Verzicht,	der Vorteil,	der Verrat/der Vorrat,

21 V oder f? Schreibe den Text in der richtigen Schreibweise in dein Heft.

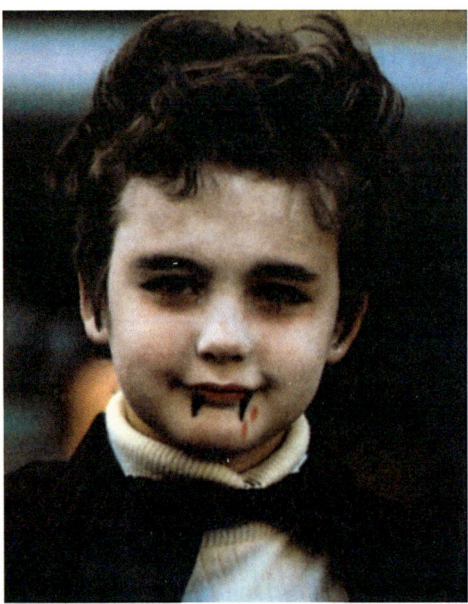

Wissenswertes über V/Fampire

V/Fielleicht weißt du ja, dass sich Geschichten über **V/F**ampire zunächst auf dem **v/f**ernen Balkan **v/f**erbreiteten. In der **v/f**erschwiegenen Landschaft des heutigen Transsilvaniens entstanden Geschichten über **V/F**ampire, die mit **V/F**ernunft und **V/F**erstand nicht **v/f**assbar sind. Sie sind ein **v/f**ester Bestandteil des slawischen **V/F**olksglaubens. Der Legende nach sind **V/F**ampire unsterbliche Geschöpfe in Menschengestalt. Da sie nicht immer ausreichend mit Blut **v/f**ersorgt sind, ist ihr Gesicht ganz weiß. Sie **v/f**erfügen über spitze, **v/f**urchterregende Eckzähne, um ihre Opfer zunächst durch scharfe Bisse zu **v/f**erletzen. Dann saugen sie ihr Blut aus. Sind Menschen ihre Opfer, so **v/f**ersuchen sie, die Hauptschlagader am Hals zu treffen. **V/F**on **V/F**ampiren Gebissene **v/f**erwandeln sich selbst in **V/F**ampire. Um sich **v/f**or **V/F**ampiren zu schützen, trafen die Menschen **v/f**erschiedene **V/F**orsichtsmaßnahmen.

Einige **v/f**erriegelten ihre Häuser. Da sich **V/F**ampire angeblich **v/f**or Knoblauch, Kreuzen und geweihtem Wasser **v/f**ürchten, **v/f**and man früher in **v/f**ielen Häusern Schalen **v/f**oll geweihten Wassers und Kreuze neben **V/F**orhängen und **V/F**enstern. Überall waren Knoblauchzehen **v/f**erteilt, selbst in den **V/F**asen der alten **V/F**itrinen. Die Menschen glaubten, dass man **V/F**ampire **v/f**ernichten könne, indem man sie köpft oder ihnen einen Holzpflock mitten ins Herz schlägt.

Schwierige Konsonanten (Mitlaute)

Teste dein Wissen 6

1 Lass dir die Texte diktieren oder schreibe sie als Laufdiktate.

Graf Dracula

Der berühmteste Vampir ist Graf Dracula. Er ist schon über vierhundert Jahre alt und verweilt in einem finster verwunschenen Schloss in Transsilvanien. Wie alle Vampire verschläft er den Tag in einem Sarg, da das Tageslicht ihn zu Asche zerfallen lässt. Nachts verlässt er den Sarg, um sich mit frischem Blut zu versorgen. Das frische Blut verjüngt ihn und verheißt ihm ewiges Leben. Nur Kreuze und geweihtes Wasser vernichten seine dunkle Macht. Graf Dracula, eine Romanfigur des Schriftstellers Bram Stoker, fand sein Vorbild in dem vor über fünfhundert Jahren in Rumänien geborenen Fürst Vlad III. Tepes Draculae.

Nachdem der Vater und sein älterer Bruder von den Türken ermordet worden waren, eroberte Vlad III. Tepes Draculae 1456 den Thron. Es folgte eine sechsjährige Schreckensherrschaft, in der sein Volk verarmte und furchtbar viel Leid ertragen musste. Er verbrannte die Armen, ließ Tausende von Gefangenen töten und trank das Blut seiner Opfer. Da er das Licht verabscheute, ging er viel nachts spazieren. Man vermutet, dass er sich mit dem Tollwutvirus angesteckt hatte. Der Fürst wurde 1462 gestürzt und in der Silvesternacht 1476/77 von den Türken getötet.

Schwierige Konsonanten (Mitlaute)

Haltestelle

Schwierige Konsonanten (Mitlaute)

1 Die Buchstaben b, d und g sind am Wortende/Silbenende schwierig zu unterscheiden. Verlängerst du die Wörter, so hörst du jedoch sofort, ob der Laut b, d, g oder p, t, k geschrieben wird.

klug	klüger
krank	kränker
sie hupt	hupen
er tobt	toben
das Hemd	die Hemden
das Zelt	die Zelte

2 Klingen die Endungen -ig und -lich gleich, so musst du die Wörter nur verlängern, um die richtige Schreibweise herauszufinden.

niedlich	niedlicher
wackelig	wackelige Stühle

3 Die Schreibweise des Wortstammes end kannst du dir leicht merken, da alle Wörter, in denen er vorkommt, etwas mit Ende bzw. Schluss zu tun haben.

das Ende, beenden, endlich, der Endspurt

Der Wortbaustein ent- hingegen hat nichts mit Ende oder Schluss zu tun.

decken	entdecken
halten	enthalten

4 Für den ks-Laut gibt es fünf verschiedene Schreibweisen. X schreibst du den ks-Laut nur in wenigen deutschen Wörtern, aber in den meisten Fremdwörtern.

die Axt, die Nixe, die Hexe, der Text, das Lexikon, die Explosion, das Fax, der Jux

ks, gs oder cks schreibst du den ks-Laut je nachdem, ob es in der Wortfamilie Wörter gibt, die auf k, g oder ck enden.

der Streik	des Streiks
Montag	montags
das Glück	der Glücksfall

Haltestelle

Schwierige Konsonanten (Mitlaute)

Der Infinitiv (die Grundform) der Verben (Tätigkeitswörter) verrät dir, ob der ks-Laut ks, gs oder cks geschrieben wird.

du nickst   nicken
du fragst   fragen

5 Den Buchstaben v sprichst du entweder wie ein f oder wie ein w aus. Es gibt jedoch nicht viele Wörter, in denen du ein f hörst und ein v schreibst.

die Nerven, der Vater, das Veilchen, der Vetter, das Vieh, viel, vielleicht, vier, der Vogel, das Volk, voll, von, vor, vordere, vorn

Häufig handelt es sich um Fremdwörter, wenn du ein w hörst und ein v schreibst.

die Vase, der Vampir, Volleyball, clever, nervös

Hörst du die Vorsilben ver- und vor-, so schreibst du immer v. Vorsilben kannst du daran erkennen, dass ihnen meist ein eigenständiges Wort folgt.

sich verstecken, vorlesen, die Vorsicht, der Vormittag, der Vermieter

Konsonanten (Mitlaute) nach kurz ausgesprochenen, betonten Vokalen (Selbstlauten)

Konsonanten (Mitlaute) verdoppeln

Hörst du nach einem kurz ausgesprochenen, betonten Vokal (Selbstlaut) nur einen Konsonanten (Mitlaut), wird dieser meist verdoppelt.

die Hummel, rennen, der Tipp, die Mutter, essen, schnell

Die Verdopplung der Konsonanten (Mitlaute) bleibt in allen verwandten Wörtern bestehen.

die Hoffnung, hoffen, er hofft, hoffentlich

1 Bilde Reimwörter.

Latte	Tanne	Klippe	trennen	fassen

2 Sprich die folgenden Wörter laut und deutlich aus und markiere den kurzen Vokal (Selbstlaut) vor dem doppelten Konsonanten mit einem Punkt. Stelle dann jeweils alle verwandten Wörter zusammen und schreibe sie in dein Heft.

nummerieren, das Nummernschild, schwimmen, du schwimmst, stimmlos, das Schwimmbad, der Treffpunkt, hoffnungslos, du rennst, treffsicher, die Schwimmerin, das Schwimmbecken, essen, hoffen, die Rennbahn, es stimmt, der Treffer, das Esszimmer, der Stimmbruch, das Essbesteck, er hofft, die Nummer, der Rennwagen, die Stimme, der Esstisch, essbar, rennen, hoffentlich, der Rennfahrer, treffen, die Hoffnung, das Stimmrecht, das Rennrad, abstimmen, die Telefonnummer

● nummerieren, das Nummernschild, die Nummer, die Telefonnummer

Konsonanten (Mitlaute)

 Bilde zu den Infinitiven (Grundformen) jeweils die 2. und 3. Person Singular Präsens.

Infinitiv (Grundform)	2. Person Singular Präsens	3. Person Singular Präsens
bitten	du bittest	er, sie, es bittet
wollen		
tippen		
kommen		
kennen		

 Schreibe aus dem Text alle Wörter heraus, die einen doppelten Konsonanten (Mitlaut) haben.

Wettlauf zum Südpol (Teil I)

Zu Beginn des 20. Jahrhunderts hat es noch keiner geschafft, bis zum Südpol vorzudringen. In den Jahren 1911/1912 kommt es zu einem spannenden Duell zwischen dem Norweger Roald Amundsen und dem Engländer Robert Scott: Jeder will der Erste am Südpol sein.
1909 sticht Scott mit seinem Schiff „Terra Nova" in See und nimmt Kurs auf die Antarktis, Amundsen bricht acht Wochen später mit der „Fram" auf. Auf dem Weg gen Süden bekommt Scott ein Telegramm von Amundsen: „Fram auf Weg in die Antarktis." Der Wettlauf beginnt.
Im Januar 1911 erreichen beide Mannschaften die Antarktis. Nur etwa 100 km voneinander entfernt bauen sie ihr Lager auf.
Die Konkurrenten Scott und Amundsen nutzen mit ihren Männern die Sommermonate, um sich auf den Marsch zum Südpol vorzubereiten.
Während Amundsen mit seinen Schlittenhunden trainiert, wertet Scott Wetterdaten aus. Beide legen Lebensmitteldepots auf Ihren Strecken zum Südpol an. Sie haben sich für unterschiedliche Wege entschieden: Amundsen will auf dem kürzesten Weg zum Südpol. Deshalb riskiert er, durch unbekanntes Gebiet zu marschieren. Die Route von Scott ist länger, dafür teilweise erforscht.

5 Vervollständige die Lücken. Du musst immer einen Doppelkonsonanten einsetzen.

Wettlauf zum Südpol (Teil II)

Am 19. Oktober ist es da__nn__ soweit: Amundsen, fünf seiner Mä__nn__er und 52 Schli__tt__enhunde begi__nn__en den 1500 km langen Marsch zur südlichen Polka__pp__e. Sie ko__mm__en gut voran, de__nn__ als Norweger sind sie die extremen We__tt__erlagen gewöhnt. Auch sind die Schli__tt__enhunde zähe und schne__ll__e Zugtiere.

Scoft und seine Gefährten ko__mm__en erst einen Monat später los. Ihre Aussta__tt__ung ist sehr viel aufwendiger als die von Amundsen. So haben sie drei Motorschli__tt__en mitgebracht und sta__tt__ der Schli__tt__enhunde verla__ss__en sie sich auf sibirische Ponys als Zugtiere. Aber ihr Marsch zum Südpol ist vo__ll__er Hinderni__ss__e. Die Motoren streiken bei den eisigen Temperaturen. Ebenso verkraften die Ponys die extremen Wi__tt__erungsbedingungen nicht. Ihre Hufe brechen zu tief in den Schnee ein, ihr Fe__ll__ ist zu dü__nn__, sie werden schließlich erscho__ss__en. Als die Ma__nn__schaft am 18. Januar vö__ll__ig erschöpft am Südpol anko__mm__t, weht dort bereits die norwegische Fla__gg__e. Ihr Rückweg endet tragisch: Nur etwa 30 Kilometer vor einem re__tt__enden Lebensmi__tt__eldepot werden ihre Leichen im Polarso__mm__er von einem Suchtru__pp__ gefunden.

Am 14.12.1911 erreicht Roald Amundsen den Südpol

Konsonanten (Mitlaute)

6 Fülle die Tabelle aus, indem du möglichst viele Wörter mit den angegebenen Doppelkonsonanten findest. Du kannst auch Wörter aus den Übungen 1 – 5 nehmen, wenn dir keine eigenen einfallen. Wenn du dir unsicher bist, überprüfe die Schreibweise im Wörterbuch.

bb	dd	ff	gg	ll	mm
Hobby,	addieren,	hoffentlich,	Dogge,	Fell,	Kamm,

nn	pp	rr	ss	tt
kennen,	Suppe,	murren,	Schloss,	Mutter,

k und z nach einem kurz ausgesprochenen, betonten Vokal (Selbstlaut)

Die Buchstaben k und z werden nach einem kurz ausgesprochenen Vokal (Selbstlaut) in Wörtern aus der deutschen Sprache nicht verdoppelt. Du schreibst nicht zz, sondern tz und nicht kk, sondern ck.

die Mütze, der Witz, die Katze, schlucken, die Decke, wecken

Konsonanten (Mitlaute) 73

7 Welche ck-Wörter und welche tz-Wörter lassen sich mit diesen Wörterblumen bilden? Schreibe die Nomen/Substantive immer mit ihrem Artikel auf.

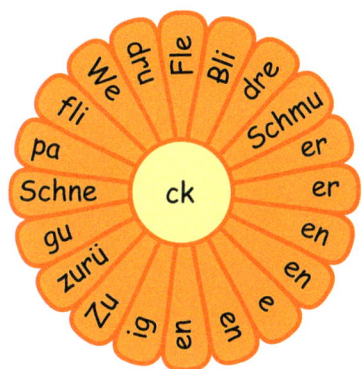
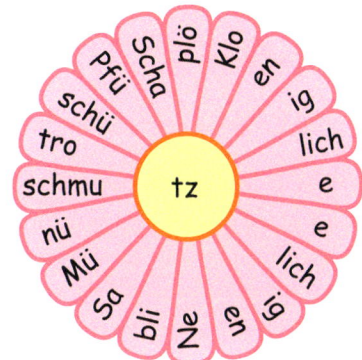

der Schmuck, blitzen,

8 Setze die Liste fort, indem du weitere Reimwörter findest.

- we**ck**en, sch_____, ent_____, r_____, st_____, er_____, n_____

- zwi**ck**en, n_____, kn_____, t_____, str_____, st_____

- schm**ück**en, r_____, L_____, d_____, gl_____, M_____, pfl_____

- Bro**ck**en, S_____, Fl_____, G_____, l_____, tr_____, h_____

- pe**tz**en, vern_____, h_____, s_____, F_____

- Hi**tz**e, R_____, S_____, Spr_____, W_____, Sp_____

- bli**tz**en, fl_____, s_____, sp_____, schw_____, schn_____

- Fra**tz**e, G_____, K_____, T_____, Mat_____

Konsonanten (Mitlaute)

9 Unterstreiche alle ck- und tz-Wörter und schreibe sie anschließend heraus.

Die abenteuerliche Fahrt der Endurance

Für seine Expedition zur Durchquerung der Antarktis im Jahre 1914 kann Sir Ernest Shackleton nur erfahrene Männer gebrauchen. Die Bewerbung des 16-jährigen Peter hat also keine Chance, er besitzt keine Fähigkeiten, die für die Expedition von Nutzen sind. Da es aber sein größter Wunsch ist mitzusegeln, versteckt er sich als blinder Passagier auf dem Schiff. In einem stickigen und schmutzigen Spind ist er einen Tag sicher, dann wird er entdeckt.

Endurance im Packeis

Peter hat aber Glück, er darf bleiben und wird als Küchenjunge eingesetzt. Außerdem kümmert er sich um die Expeditionshunde und um die putzige Schiffskatze Miss Chippy. Doch die Fahrt entwickelt sich dramatisch: Noch bevor die Endurance das arktische Festland erreicht, bleibt sie im Eis stecken. Das Packeis kratzt so lange am Schiff, bis dieses dem Druck nicht mehr standhalten kann und vom Packeis zerdrückt wird. Die Männer versuchen verzweifelt, die glitzernde Eisdecke mit spitzen Hacken aufzuschlagen, aber das Eis ist viel zu dick. Sie sitzen fest. Shackleton hat nur noch ein Ziel: Er will seine Besatzung lebend zurückbringen. Unter größten Anstrengungen gelingt es ihm letztendlich; alle Besatzungsmitglieder kehren gesund zurück.

Konsonanten (Mitlaute)

10 Trage ck-Wörter und tz-Wörter in die folgende Tabelle ein. Genügend Beispiele findest du in den vorausgegangenen Übungen 7, 8 und 9. Setze die Wörter immer in die Grundformen.

Wörter mit ck	Wörter mit tz
der Schmuck, dreckig, der Blick,	der Blitz, das Netz, der Satz, die Mütze, nützen,

Verschiedene Konsonanten (Mitlaute) nach einem kurz ausgesprochenen, betonten Vokal (Selbstlaut)

Hörst du nach einem kurz ausgesprochenen, betonten Vokal zwei oder mehrere Konsonanten (Mitlaute), werden diese meist nicht verdoppelt.

die Hand, der Arzt, winzig, lustig, denken

Konsonanten (Mitlaute)

11 In den folgenden Wörtern sind die Buchstaben völlig durcheinandergeraten. Finde die richtigen Wörter heraus und unterstreiche die Konsonanten (Mitlaute), die nach dem kurzen Vokal (Selbstlaut) folgen. Ergänze bei den Nomen/Substantiven immer den Artikel (der, die, das).

Mnelat _____

gnelA _____

inKd _____

eFnrste _____

btun _____

hpfüen _____

lantEef _____

oWelk _____

zwniig _____

eTlpu _____

tnzaen _____

rakMt _____

gulsti _____

anDk _____

12 Finde Reimwörter.

Wunde, H_____, St_____, R_____, K_____

Nest, F_____, R_____, T_____, P_____

denken, l_____, sch_____, s_____

Ast, M_____, L_____, G_____, H_____, R_____

danken, t_____, w_____, r_____

winken, schm_____, s_____, h_____, st_____

Konsonanten (Mitlaute) 77

13 Schreibe die folgenden Wörter ab. Ordne sie dabei alphabetisch. Zeichne anschließend die Konsonanten (Mitlaute), die nach dem kurzen Vokal (Selbstlaut) folgen, mit einem farbigen Stift nach.

das Heft, die Angst, das Wunder, die Bank, das Gespenst, die Maske, das Fenster, die Wespe, der Felsen, blinken, der Kopf, turnen, das Hemd, der Herbst, das Geld, die Karte, der Winter, das Holz, gesund, die Lampe, hinten, der Wald, krank, die Welt, das Zelt, unten, rutschen

14 Jetzt musst du gut aufpassen. Überlege, ob du einen Konsonanten (Mitlaut) eintragen musst, der verdoppelt wird, oder ob du zwei verschiedene Konsonanten (Mitlaute) eintragen musst.

- Die Antarktis ist der letzte Ko___inent, der entde___t wurde. 1820 wurde sie zum ersten Mal gesichtet.
- Die Antarktis ist der südlichste, der kä___este, der tro___enste und der höchste Kontinent der Erde.
- Die Antarktis ist keine riesige Eisscho___e. Unter der di___en Eisschicht von ca. 2200 Metern liegt Fe___land.
- Der höchste Pu___t der Antarktis ist der Mount Vinson (5140 m).
- In der Antarktis ist ein halbes Jahr du___le Nacht, im So___er allerdings geht die So___e nie unter.
- In der Antarktis kö___en nur wenige Tier- und Pfla___en-arten überleben.
- Einige Moose und Flechten haben sich den extremen We___-___erverhältnissen angepa___t.

Konsonanten (Mitlaute)

- Auch Ro___en und Pinguine haben sich mit einer di___en Spe___schicht und dichtem Fe___ auf die Kä___e eingestellt.
- Um Energie zu sparen, drä___gen sich die Tiere dicht zusa___en.
- Weit von den Kü___ten entfernt ni___ten Albatro___e, Möwen und Sturmvögel.
- Das Polarmeer ist eisig ka___, aber nahrungsreich. Hier leben viele Fische, Krebse und Kri___.
- Sie sind beliebtes Fu___er für Wale und Ro___en.
- Im Polarmeer tu___eln sich aber auch viele Seesterne, Seeigel und Qua___en.

Konsonanten (Mitlaute)

Teste dein Wissen 7

1 Lass dir den folgenden Text diktieren.

Der blinde Passagier

Der 16-jährige Peter schmuggelt sich 1914 als blinder Passagier auf das Expeditionsschiff Endurance, das Kurs auf die Antarktis nimmt …

Ich hockte in dem engen Spind, hatte Krämpfe in den Beinen von der Bewegungslosigkeit und kämpfte gegen die Übelkeit. Das bisschen Tee, das Billy mir heute Morgen in die Kajüte geschmuggelt hatte, wollte wieder heraus. Ich spürte es schon fast in der Kehle sitzen. Ich hatte seit gestern keinen Krümel gegessen, denn ich wusste, dass ich am ersten Tag an Bord immer seekrank wurde, bis sich der Körper an die Bewegungen des Schiffes gewöhnt hatte. (…)

Perce Blackborrow (im Buch „Peter")

Die stickige Luft in dem Spind und der Geruch des Ölzeugs, unter dem Billy mich versteckt hatte, verstärkten die Übelkeit noch. (…) Meine Zähne klapperten. Ich drückte die Spindtür auf und ließ mich auf den Boden gleiten. Schließlich konnte ich mich nicht auf Billys Sachen übergeben. (…)
Die Kajütentür wurde aufgerissen, jemand schrie: „Befehl vom Ersten: Alle Mann –" Die Stimme brach ab, jemand schnappte nach Luft, dann wurde die Tür zugeschlagen und Schritte klapperten die Treppe hoch und über das Deck. Ich stöhnte. Was war schlimmer? Meine Entdeckung oder die Übelkeit?

2 In den unterstrichenen Wörtern haben sich Fehler eingeschlichen. Berichtige sie, indem du den Text noch einmal in dein Heft schreibst.

Küchenjunge auf der Endurance

Peter ist entdeckt worden, aber er darf bleiben und als Küchenjunge arbeiten. Die Standpauke des Kapitäns hat er überstanden, jetzt kuriert er seine Übelkeit …

Ich schwankte auf die Reling zu und tat, was ich schon seit einer halben <u>Stunnde</u> tun wollte: Ich <u>spukte</u> in hohem Bogen den verflixten Tee aus. Endlich! Das tat gut. Ich legte den Kopf auf das <u>Holtz</u>, atmete tief ein und aus und fühlte, wie

die Übelkeit nachließ und verschwand. Unnter mir hob und senkte sich die Dünung des Atlantiks. Über mir knaterten die Segel im Winnd. Ich ließ die Finger über die glate Reling gleiten. Davon hatte ich imer geträumt, so lange ich dennken konnte. Ich wolte Abenteuer in fremden Ländern erleben. (…)
Ich richtete mich auf und machte mich auf den Weg in die Kombüse. Ich hate es geschafft! Ich gehörte zur Manschaft der Endurance. Und die war auf dem Weg zu einem der letzten großen Abenteuer, die auf der Errde noch möglich waren: Zur Durchquerung der Antarktis. (…)
Nach zehn Tagen ging das Schif im Hafen der Cumberland-Bucht auf Südgeorgien vor Anker. Die Fennster der kleinen Walfangstation Grytviken blinkten in der Sone, es gab sogar Geranien hinter den Scheiben. Kinder spielten auf der Straße und ranten zum Kai, als die *Endurance* anlegte. Das Waser der Bucht war rot gefärbt, der Strannd überschwemmt von öligen Innereien, in der Luft hing der Gestank verwesender Walkadaver.
Als ich am Abend in der Messe bediente, machte Sir Ernest ein unzufriedenes Gesicht und stocherte geistesabwesend in seinem Esen herum. (…)
„Die Eisbedingungen in diesem Jahr sind so schlecht wie seit Menschengedenken nicht mehr. Das Packeis erstreckt sich jetzt schon so weit nach Norden wie sonst nicht einmal im tiefsten Winnter." Er schob seinen Teller zur Seite. „Ich habe beschlossen, dass wir noch bleiben, es hat keinen Sin, bald abzufahren. Es komen noch ein paar Walfänger zurück in den nächsten Wochen, die wolen wir abwarten, dann haben wir den neuesten Überblick über die Lage."

Haltestelle

Kurz ausgesprochene, betonte Vokale

1 Sprichst du einen Vokal (Selbstlaut) kurz aus, gibt es zwei unterschiedliche Schreibweisen.

Hörst du nur einen Konsonanten (Mitlaut), wird dieser meist verdoppelt.

schwimmen, die Sonne, die Suppe, die Kanne

Diese Konsonantenverdopplung bleibt in allen Wörtern der Wortfamilie enthalten.

du schwimmst, sonnig, der Suppentopf, die Gießkanne

Hörst du aber zwei oder mehrere Konsonanten (Mitlaute), verdoppelst du diese nicht.

der Sand, die Hunde, das Fenster, tanzen, lustig

2 Bei den Buchstaben k und z musst du aufpassen. Sie werden nach einem kurz ausgesprochenen Vokal in Wörtern der deutschen Sprache nicht verdoppelt. Du schreibst nicht zz, sondern tz und nicht kk, sondern ck.

der Witz, die Tatze, schmutzig, der Wecker, packen, glücklich

Lang ausgesprochene, betonte Vokale (Selbstlaute)

Vokale (Selbstlaute) verdoppeln

Die lang ausgesprochenen Vokale (Selbstlaute) a, e und o schreibst du in einigen Wörtern aa, ee und oo. Dies nennt man Vokalverdopplung.

das Haar, der See, der Zoo

1 Kennst du die B-Sprache? Wie in dem Beispielwort Geheimschrift fügst du nach jedem Vokal (Selbstlaut) ein b und den vorhergehenden Vokal ein. Achtung: Wenn der Vokal zweimal vorkommt, musst du ihn auch nach dem b zweimal setzen. Schreibe diese fünf Wörter mit einem doppelten o in der B-Sprache:

Zoo →

Moos →

doof →

Moor →

Boot →

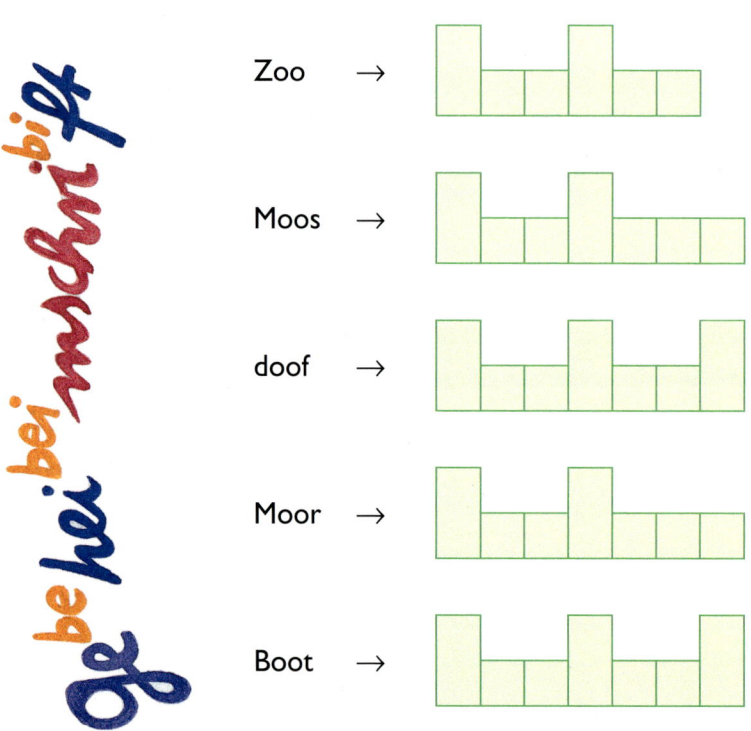

Lang ausgesprochene, betonte Vokale (Selbstlaute) — 83

2 Es gibt noch weitere Wörter mit einem doppelten o. Dies sind englische Wörter, die dir aber so vertraut sind, dass du gar nicht mehr an die englische Sprache denkst. Du errätst sie bestimmt. Schlage im Wörterbuch nach, wenn du nicht weißt, wie sie geschrieben werden.

Schwimmbecken: Du findest es häufig in Hotelanlagen. ☐☐ o o ☐

Dick gefütterte Winterstiefel (aus Kunststoff): ☐☐ o o ☐☐☐

Sorgt für den Nervenkitzel in der Achterbahn: ☐☐ o o ☐☐

Adjektiv (Eigenschaftswort), das beschreibt, wie viele Jugendliche sein möchten: ☐☐ o o

Teil einer Kamera: Holt das, was du fotografieren möchtest, nah heran. ☐ o o ☐

Anderes Wort für Haarwaschmittel: ☐☐☐☐ o o

3 Hilfe! Hier ist einiges durcheinandergeraten. Finde die richtigen Wörter, ergänze den bestimmten Artikel (der, die, das) und ordne sie anschließend alphabetisch.

teBe   das Beet

leSee

leKe

ereLe

eTre

eFe

84 Lang ausgeprochene, betonte Vokale (Selbstlaute)

rettMeerich

rebeeHim

neeSch

eSe

reHe

eTe

chenschwMeerein

reeSp

seroeSe

das Beet,

4 Es gibt einige Wörter, die wir der französischen Sprache entnommen haben. Sie enden mit einem doppelten e. In diesem Wörterversteck findest du waagerecht, senkrecht und diagonal vierzehn Wörter versteckt. Rahme sie ein und schreibe sie heraus. Vergiss nicht, den bestimmten Artikel (der, die, das) zu ergänzen.

P	O	R	T	M	O	N	E	E
O	M	M	O	O	R	I	E	F
R	U	B	U	S	C	H	I	R
I	N	A	R	C	H	E	U	I
A	D	E	N	H	I	R	O	K
C	H	E	E	E	D	U	L	A
O	H	U	E	E	E	K	K	S
F	L	A	T	R	E	A	O	S
B	R	A	U	S	O	F	M	E
P	I	L	I	S	N	F	I	E
D	Ü	N	K	O	S	E	T	A
V	A	R	S	T	R	E	E	L
A	R	M	E	E	G	P	E	L
G	E	L	E	E	Q	U	L	E
V	A	R	I	E	T	E	E	E

waagerecht: das Portmonee,

senkrecht:

diagonal:

Lang ausgesprochene, betonte Vokale (Selbstlaute)

5 Welcher Doppelvokal fehlt in den folgenden Kästchen? Wenn du ihn findest, ergeben sich senkrecht und waagerecht jeweils zwei Wörter.

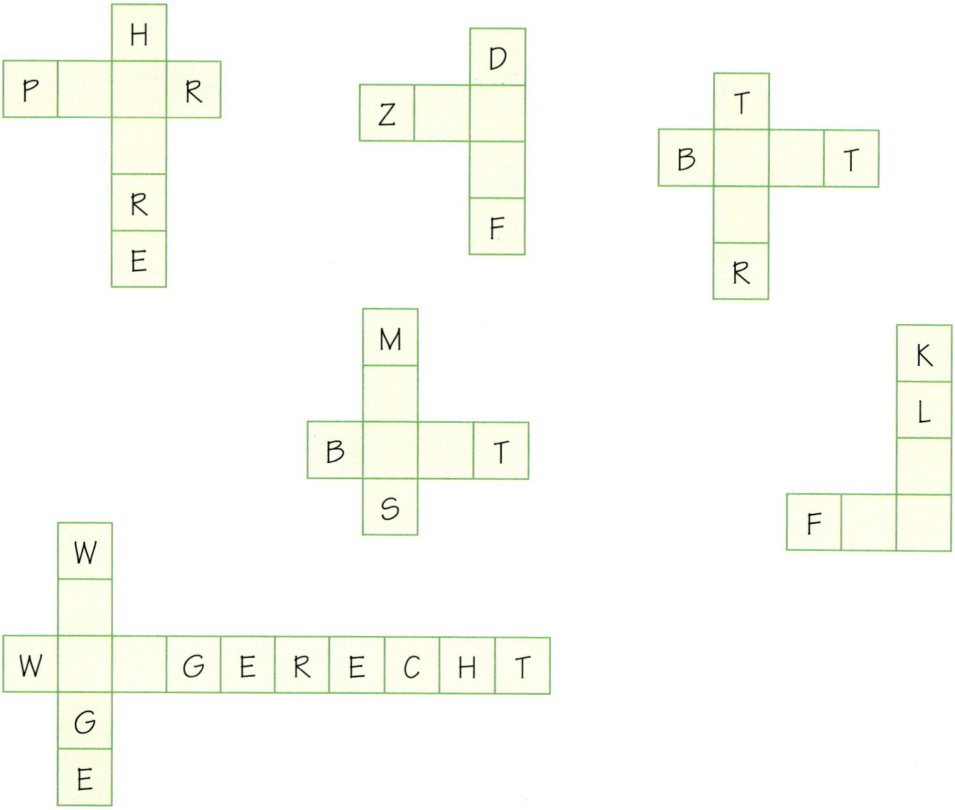

6 Bringe Ordnung in diese Unsinnswörter. Schreibe die richtigen Wortzusammensetzungen mit dem bestimmten Artikel (der, die, das) auf.

das Kartoffelschweinchen, der Ehezoo, das Seeboot, das Meerpüree, die Blumenspange, das Allwetterpaar, die Moorwaage, das Haarbeet, die Wasserleiche, die Segelrose

das Meerschweinchen,

Vom Doppelvokal (verdoppelten Selbstlaut) zum einfachen Umlaut

Hängst du die Endung -chen an Wörter mit den Doppelvokalen (verdoppelten Selbstlauten) aa oder oo, so wird aus diesen ein einfacher Umlaut. Du schreibst also niemals ää oder öö, sondern nur ä oder ö.

das Paar   das Pärchen
das Haar   das Härchen

Nur bei einem Nomen/Substantiv bildest du so den Plural (die Mehrzahl).

der Saal   die Säle

7 Ergänze die Tabelle.

Doppelvokale (Doppelselbstlaute)	Umlaut
das Paar/die Paare	das Pärchen/die Pärchen
das Haar/die Haare	das
das Boot/die Boote	das
der Saal	die

Lang ausgeprochene, betonte Vokale (Selbstlaute)

Teste dein Wissen 8

1 Lass dir die Unsinnsätze diktieren oder schreibe sie als Laufdiktat.

- Eine schöne Fee isst gern Hühnerfrikassee mit Püree und trinkt dazu Kaffee oder Tee.
- Das Portmonee des Zoodirektors ist wieder einmal leer.
- Das Zoom ist in den Pool gefallen.
- In ihrem Erdbeerbeet befindet sich ein quiekendes Meerschweinchen.
- Ein altes Paar mit schon weißem Haar isst gern Aal.
- Heere mit Speeren gibt es nicht mehr, nur noch Armeen.

2 In diesen Unsinnsätzen haben sich in den rot unterstrichenen Wörtern Fehler eingeschlichen. Verbessere sie, indem du die Sätze noch einmal in der richtigen Weise aufschreibst.

- Kennst du einen <u>Schnesee</u>, um den herum <u>Kleh</u> wächst?
- Ein <u>coles</u> <u>Shampo</u> für Teenager riecht nach <u>Himbehren</u>.
- Er hat sein <u>Portmoneh</u> auf einer Berliner <u>Alle</u> verloren.
- Hast du eine <u>Ide</u>, woher das <u>Merschweinchen</u> seinen seltsamen Namen hat? Es kam über das <u>Mer</u> und quiekte wie ein Schwein.
- Das alte <u>Ehepar</u> tanzt gern im großen <u>Festtagssal</u>.

- Kennst du

Lang ausgesprochene, betonte Vokale (Selbstlaute) ohne Dehnungszeichen

Die meisten Wörter, in denen du einen lang ausgesprochenen Vokal (Selbstlaut) hörst, schreibst du mit einem einfachen Vokal (Selbstlaut). Das gilt für die Vokale (Selbstlaute) a, e, o und u sowie für die Umlaute ä, ö und ü. Auch die Doppellaute au, äu, ai, eu, ei werden immer lang ausgesprochen.

der Hase, nämlich, der Weg, holen, die Lupe, die Rübe, böse, träumen, die Beute

8 In den Wörtern fehlen die lang ausgesprochenen Vokale (Selbstlaute), Umlaute und die Doppellaute. Lies den Text laut und setze die fehlenden Vokale (Selbstlaute), Umlaute und Doppellaute ein. Sprich dabei die Vokale (Selbstlaute), Umlaute und Doppellaute besonders lang aus.

In Seenot

Der zwölfjährige Manuel lebt mit seiner Familie auf der portugiesischen Insel Madeira. Seit Generationen leben die Bewohner hier vom Walfang. Auch für Manuel ist es klar, dass er später einmal Walfänger sein wird. Alles ändert sich jedoch, als er eines Tages mit seinem Schlauchboot in Seenot gerät ...

Die See br___delt jetzt. R___gen klatscht in die Gischt. (...) Eine Wasserwand türmt sich v___r ihm auf, rollt heran und schl___gt sch___mend ___ber ihm zusammen. Als er wieder Luft h___len kann, ist das Boot verschwunden. Manuel schwimmt. (...) Beine und Arme w___rden schw___r, die Bew___gungen langs___mer. Manuel merkt es nicht einm___l. (...) Er sieht nicht, wie eine kleine dreieckige Rückenflosse n___ben ihm auft___cht und gleich wieder verschwindet.

Lang ausgeprochene, betonte Vokale (Selbstlaute)

Auch d___n gr___en Kopf bemerkt er nicht, den geöffneten Rachen, die spitzen Zähne. Da streift etwas an seinem B___ch entlang, seine F___ße st___ßen auf Festes.

(…) Das Meer t___bt und sch___mt und trotzdem geht er nicht unter. (…) Direkt v___r seinem Gesicht ist s___ ein gr___er dicker Kopf. Manuel sp___rt es jetzt d___tlich. Er wird getr___gen. Er liegt auf d___m Rücken eines Delfins. Wie ein Gummistiefel fühlt der sich an, wie ein riesiger nasser Gummistiefel. (…)

Der Delfin, der Manuel tr___gt, springt nicht. Ruhig gl___tet er durch das Wasser, dicht unter der Oberfläche. Manuel hält sich an der Finne[1] fest. In dem aufgewühlten Wasser kann er keinen Blas[2] erkennen, ___ber j___des M___l, wenn der Delfin die Luft ausst___ßt, h___rt sich das an wie das P___sten einer Fahrradpumpe. (…) Trotz seiner Angst klammert er sich an die Finne wie an einen Haltegriff.

9 Setze die Wortbausteine zu Wörtern zusammen. Ergänze bei den Nomen/Substantiven den Artikel (der, die, das).

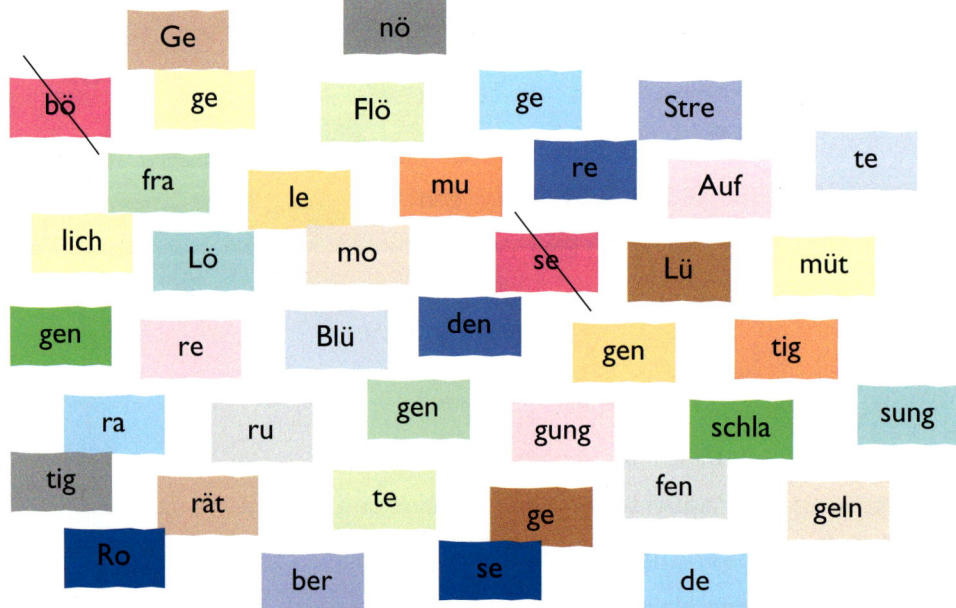

---
[1] Finne: Rückenflosse der Haie, Wale und Delfine
[2] Blas: Blasloch/Nasenöffnung

Lang ausgeprochene, betonte Vokale (Selbstlaute)

böse,

10 Löse das Rätsel. In jedem Wort gibt es einen lang ausgesprochenen Vokal (Selbstlaut).

Eine Schiffsküche nennt man auch

Sie jagt nachts und orientiert sich aufgrund von Schallwellen:

An der Nordsee gibt es Ebbe und

Wenn du gut Englisch sprechen möchtest, musst du sie lernen:

Vor einer Operation bekommt man eine

Ohne sie wäre eine Wohnung leer:

Ein männlicher Hund heißt

Lang ausgeprochene, betonte Vokale (Selbstlaute)

Regnet es und scheint zugleich die Sonne, entsteht ein

Erst ihr Bau machte die Weltraumfahrt möglich:

Das Gegenteil von früh ist

Auf dem Markt kaufen viele Menschen gerne Obst und

Umweltfreundliches Verkehrsmittel:

11 In diesem Text fehlen lange Vokale (Selbstlaute), Umlaute und Doppellaute. Setze sie zunächst ein und schreibe den Text dann in der richtigen Weise in dein Heft. Da der Text sehr lang ist, teile dir die Arbeit ein und schreibe ihn abschnittsweise ab. Arbeite nicht länger als 20 Minuten.

Delfine

Delfine geh____ren z____ der Familie der W____le. Der gr____ßte Delfin ist der Orca, der bis zu n____n M____ter lang wird. Es sind S____getiere, obwohl ihre Jungen nicht s____gen können: Die Milch wird ihnen ins Maul gespritzt. Ihr sch____ner gr____er Körper ist str____mlinienförmig: Desw____gen sind Delfine schnelle Schwimmer, die Durchschnittsgeschwindigkeiten von 80 bis 90 Stundenkilom____tern erreichen.

Delfine können sehr g____t h____ren, sie h____ben aber keine richtigen Ohren: Alle Ger____sche gelangen über ihren Unterkiefer zum Innenohr.

Lang ausgeprochene, betonte Vokale (Selbstlaute)

Delfine können auch sehr g   t sehen. Sch   t dich ein Delfin an, s   l   gt er d   n Kopf auf die Seite und benutzt dabei n   r ein   ge, das andere bl   bt unter Wasser. Ein Delfin kann n   mlich mit einem   ge mehr sehen als wir mit beiden. Beim Schl   fen bl   bt ein Auge immer geöffnet, damit Angreifer nicht zu sp   t erkannt w   rden.

Da Delfine durch die Lunge atmen, müssen sie regelm   ßig auft   chen. Sie atmen drei- bis fünfm   l in der Minute; wir hing   gen fünfzehnm   l. Damit sie das Atmen nicht vergessen, lassen sie n   r eine Gehirnhälfte ein- schl   fen.

Delfine verf   gen   ber ein Org   n, mit dem sie Schallwellen aussenden und empfangen. Über dieses Echoortungssystem j   gen die schnellen R   btiere auch ihre B   te. Fische, Sch   lentiere und Tintenfische w   rden in einem Stück gefressen.

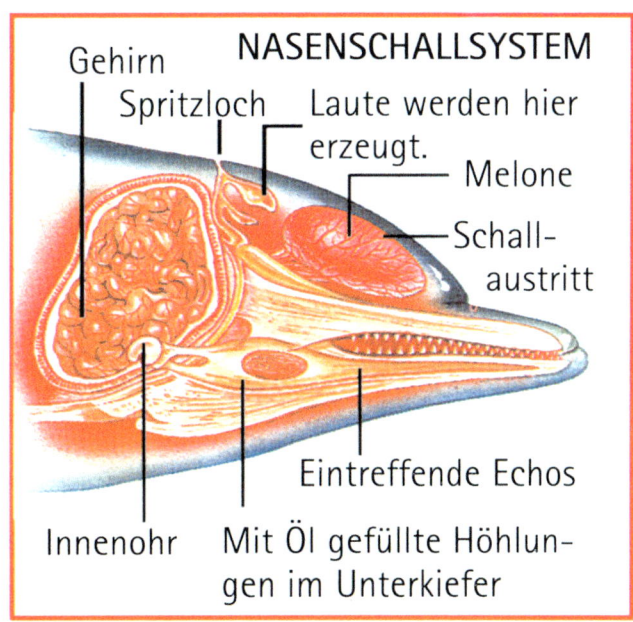

NASENSCHALLSYSTEM
Gehirn
Spritzloch — Laute werden hier erzeugt.
Melone
Schallaustritt
Innenohr
Mit Öl gefüllte Höhlungen im Unterkiefer
Eintreffende Echos

Lang ausgesprochene, betonte Vokale (Selbstlaute) mit h als Dehnungszeichen

Den lang ausgesprochenen Vokalen (Selbstlauten) a, e, o, u und den lang ausgesprochenen Umlauten ä, ö und ü kann ein h folgen. Dieses h kannst du nicht hören. Deshalb musst du dir merken, dass du es oft vor den Konsonanten (Mitlauten) l, m, n und r findest. Man nennt dieses h Dehnungs-h.

die Fahne, stehlen, die Schuhsohle, die Uhr, die Zähne, die Möhre, die Stühle

12 Finde 24 Wörter, die waagerecht und senkrecht versteckt sind. Rahme sie ein und ordne sie anschließend in die Tabelle ein. Alle Wörter enthalten ein Dehnungs-h. Ergänze bei den Nomen/Substantiven den bestimmten Artikel (der, die, das).

F	R	Ü	H	L	I	N	G	A	V	L	A	I	F	F	Ä
O	M	T	E	R	I	S	E	N	O	M	N	I	R	E	H
H	A	U	O	T	R	A	F	U	R	G	E	R	Ö	B	N
L	S	A	H	N	E	K	Ü	N	N	E	U	V	H	Ü	L
E	Ö	B	N	B	K	Ü	H	L	E	B	R	E	L	H	I
N	H	L	E	I	M	M	L	E	H	R	E	R	I	N	C
D	N	E	K	L	A	T	E	R	M	I	R	W	C	E	H
S	E	H	N	S	U	C	H	T	R	E	Z	Ö	H	I	K
B	L	N	U	R	T	E	S	T	U	M	Ä	H	O	S	E
W	I	E	L	W	A	H	R	L	I	C	H	N	U	T	I
A	M	N	E	O	R	U	L	L	A	R	L	T	A	U	T
B	E	R	Ü	H	M	T	R	E	S	T	E	N	E	H	A
I	H	B	I	N	K	L	A	V	G	O	N	A	L	L	E
O	R	T	R	E	H	R	L	I	C	H	E	A	R	T	O
M	A	P	R	N	E	G	E	F	Ä	H	R	L	I	C	H
E	R	M	A	H	N	U	N	G	E	R	Z	A	M	G	I

Lang ausgeprochene, betonte Vokale (Selbstlaute)

Wörter mit einem **hl**	Wörter mit einem **hr**	Wörter mit einem **hm**	Wörter mit einem **hn**
das Fohlen,			

13 Schreibe aus den Wortsternen alle Wörter heraus, die ein Dehnungs-h enthalten. Lies die Wörter laut und unterstreiche jeweils den Buchstaben, der <u>hinter</u> dem Dehnungs-h steht. Vergiss nicht, bei den Nomen/Substantiven den Artikel (der, die, das) zu ergänzen.

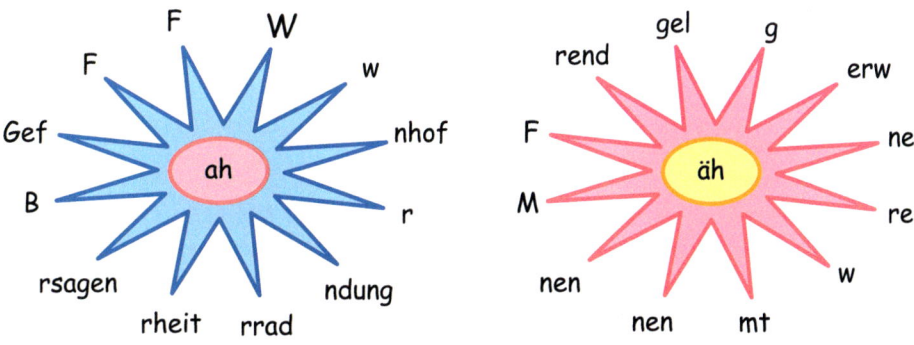

die Gefah<u>r</u>, ...   die Fäh<u>re</u>, ...

Lang ausgesprochene, betonte Vokale (Selbstlaute)

der Fehler, ...

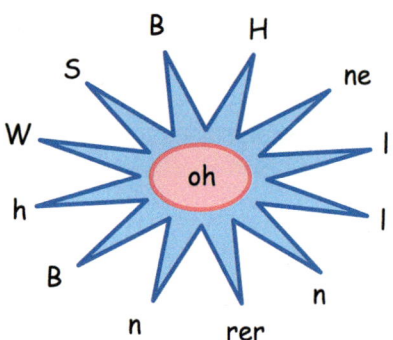

der Bohrer, ...

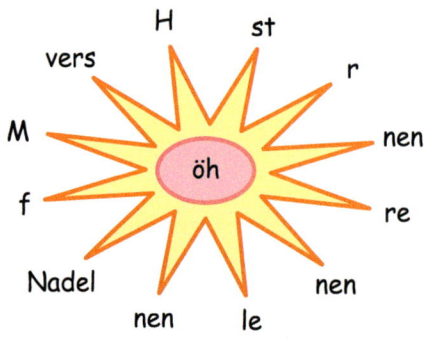

die Höhle, ...

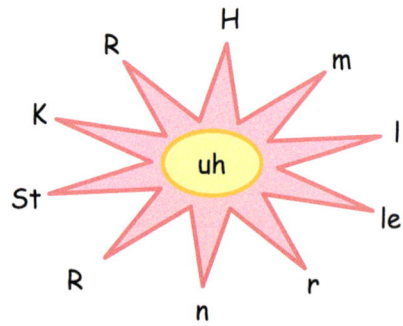

die Ruhr, ...

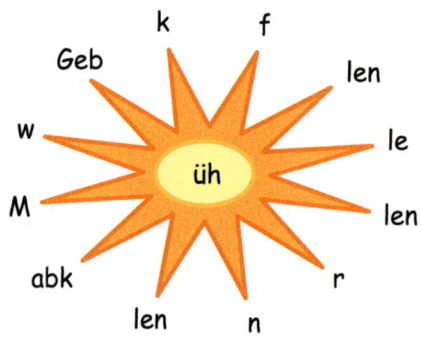

kühn, ...

Lang ausgesprochene, betonte Vokale (Selbstlaute) 97

14 Löse das Silbenrätsel, indem du die Kärtchen mit derselben Farbe zu einem Wort zusammensetzt. Schreibe den Artikel (der, die, das) vor die Nomen/Substantive.

zähmen,

15 In diesem Text fehlen das ah/äh, oh/öh, uh/üh und das eh. Schreibe den Text in der richtigen Schreibweise in dein Heft. Kreise dann das ah/äh, oh/öh, uh/üh, eh und den jeweils folgenden Buchstaben in deiner Lieblingsfarbe ein.

In Seenot

Der zwölfj?rige Manuel w?nt mit seiner Familie auf der portugiesischen Insel Madeira. Madeira ist eine Fr?lingsinsel, die ber?mt ist für ihre Blumenpracht. Immer m?r Touristen verbringen hier jedes J?r ihre Ferien und lassen sich in schönen Hotels verw?nen. Manuel liebt das Meer, w?rscheinlich wird er später wie fast alle Bew?ner der Insel Walfänger.

98 Lang ausgeprochene, betonte Vokale (Selbstlaute)

Er liebt es, in seinem kleinen Schlauchboot aufs Meer hinauszuf?ren, sich gemütlich am Schlauchbootrand anzul?nen und Comics zu lesen. Die Sonnenstr?len sind angen?m auf seiner Haut. Er f?lt sich s?r w?l und denkt nicht an die düsteren Vor?nungen seiner Mutter. Sie hat nämlich ständig Angst, dass sich das Meer von seiner gef?rlichen Seite zeigen könnte, w?rend Manuel mit seinem Schlauchboot unterwegs ist. W?lig träumt er in seinem Boot, als plötzlich Wasser ins Boot schwappt. ?ne dass er es w?rgenommen hat, ist ein Sturm aufgekommen. K?ler Wind peitscht das Wasser auf. Das aufgew?lte Meer tobt und tost unheimlich. Auf einmal bricht eine riesige Wasserwand schäumend über Manuel zusammen und sein Boot ist verschwunden.

16 Lies dir den Text zunächst sorgfältig durch. Schreibe dann die Wörter der Wortkarten in die richtigen Lücken. Die Nummern auf den Wortkarten verraten dir die richtige Reihenfolge.

Die Rettung

_____ Angst _____ seine Gedanken. Ganz mechanisch _____ sein Körper die Schwimmbewegungen aus, als er plötzlich das _____ hat, getragen zu werden. Manuel _____, dass er unter sich etwas Festes _____. Er sieht einen dicken grauen Kopf auftauchen, dessen spitze _____ _____ aussehen. Das Schnarren und Pfeifen klingt aber nicht bedrohlich. Er liegt auf dem Rücken eines Delfins, der sich wie ein Gummistiefel _____.

Lang ausgeprochene, betonte Vokale (Selbstlaute)

Fest umklammert Manuel die Finne des Delfins; bei den hohen Wellen hat er Angst, etwas zu machen: Er hat Angst abzurutschen. Doch der Delfin   sicher seinen Weg und schwimmt schnell auf die Küste zu. Allmählich wird Manuel ruhiger und reitet fast auf dem Rücken des Delfins.

Als er das Tuckern eines Bootes hört, weiß er, dass die Rettung naht. In   20 Metern Entfernung sieht er das Boot der Küstenwache. Manuel lässt den Delfin los und macht mit seinen   Armen noch einige Schwimmzüge, bevor er ins Boot gezogen wird. Er ist gerettet.

17 Die Schlange ist gefährlich. Sie enthält wichtige Ausnahmen von der l, m, n, r-Regel, die daher oft falsch geschrieben werden. Schreibe die Wörter aus der Schlange heraus. Vergiss nicht, bei den Nomen/Substantiven den Artikel (der, die, das) zu ergänzen. Suche dir dann zehn Wörter heraus, mit denen du jeweils einen Satz bildest.

einmal nämlich tun dämlich getan holen Ware malen Bär Dame Düne gar geboren her hören Honig komisch König Krone Name Öl Südpol wenig nur wer spülen sparen grün Blume Plan spüren Flur stören klar Kran einsam bevor jemand Person Problem

100 Lang ausgeprochene, betonte Vokale (Selbstlaute)

18 Welche Wörter der Schlange könnten in die sechs Wörterumrisse passen?

Wörter mit den Buchstaben sch, qu und t

Wie du schon weißt, steht das Dehnungs-h oft vor den Buchstaben l, m, n und r.
Wörter, die mit den Buchstaben sch, qu und t beginnen, haben selten ein Dehnungs-h.

der Schwur, schwer, schälen, das Tal, die Träne, die Qual

19 Der Sch-Magnet, der T-Magnet und der Qu-Magnet ziehen Wortreste an. Bei zwei Wörtern fehlen die Buchstaben in der Wortmitte. Ordne die entstandenen Wörter in die Tabelle ein. Ergänze bei den Nomen den bestimmten Artikel (der, die, das).

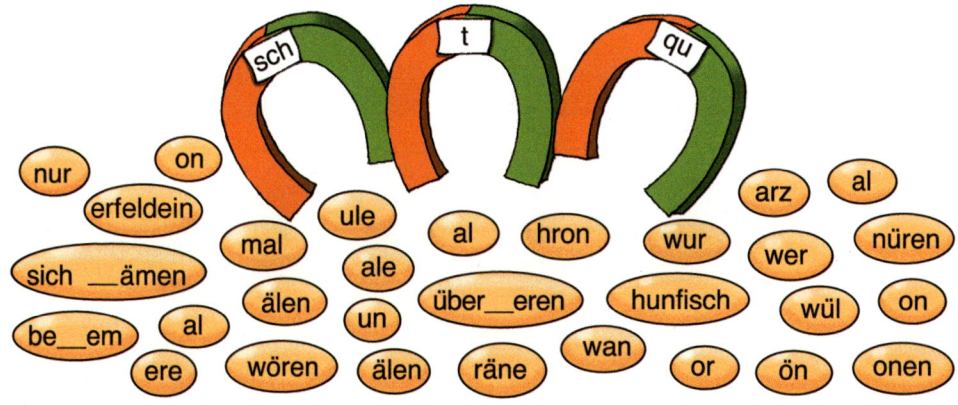

Lang ausgeprochene, betonte Vokale (Selbstlaute)

Wörter, die mit Sch/sch beginnen	Wörter, die mit T/t beginnen	Wörter, die mit Qu/qu oder einer Vorsilbe beginnen
die Schale,	das Tal,	die Qual,

Teste dein Wissen 9

 Lass dir diesen Text diktieren.

Manuels Entscheidung

Seit Generationen leben die Bewohner der Frühlingsinsel Madeira vom Walfang und auch für den zwölfjährigen Manuel ist schon früh klar, dass er später einmal Walfänger werden wird. Nachdem ihn aber Delfine aus einer schweren Seenot gerettet haben, beginnt er die Riesen der Meere mit anderen Augen zu sehen. Ein alter Walfänger erzählt ihm, dass Geschichten, die Wale zu Meeresungeheuern machen, nicht der Wahrheit entsprechen. Der alte Walfänger weiß, dass sie nur Seemannsgarn sind, mit dem die Walfänger prahlen und Ruhm erlangen wollten. Von dem alten Walfänger erfährt Manuel auch, dass Delfine sich niemals wehren. Auch wenn sie die Harpune im Rücken spüren, versuchen sie nur zu fliehen. Den Menschen, der sie jahrzehntelang ausrottete, um an den wertvollen Waltran zu gelangen, greifen sie nicht an. Als Manuel das hört, fühlt er sich mies. Walfang ist für ihn nur noch Tierquälerei. Er schwört sich, dass er alles tun wird, um diese Tiere vor dem Aussterben zu bewahren.

 Schreibe diesen Text als Laufdiktat.

Ein Nationalpark für Meeressäugetiere

Ohne die Unterstützung der Meeresbiologin Petra hätte Manuel wahrscheinlich keinen Erfolg gehabt. Gemeinsam setzen die beiden sich dafür ein, dass rund um die Insel Madeira eine Schutzzone für Wale entsteht. Ihr Plan ist es, einen Nationalpark für Meeressäugetiere zu schaffen, der Wale, aber auch Seevögel und Robben vor dem Aussterben rettet. Die Aufgabe der ehemaligen Walfänger ist es nun, die vorbeiziehenden Wale zu zählen und aufzupassen, dass niemand mit Dynamit fischt. Petra und Manuel gewinnen den Kampf um die Einstellung des Walfangs, da die Regierung von Madeira ihrem Plan eines Nationalparks zustimmt.
Seit 1986 ist der Walfang vor Madeira verboten.

Lang ausgeprochene, betonte Vokale (Selbstlaute)

3 Nun bist du der Lehrer/die Lehrerin. Verbessere die Fehler in den rot unterstrichenen Wörtern, indem du die Wörter noch einmal in der richtigen Schreibweise darüberschreibst. Wenn du unsicher bist, schau im Wörterbuch nach.

Wissenswertes über Delfine

- *gehören*
- Delfine gehöhren zu der Familie der Wahle: Es sind Zahnwale, die trotz scharfer Zähne niemals Menschen angreifen würden.

- Delfine sind schöhne Tiere: Ihr stromlinienförmiger Körper lässt sie ser schnell schwimmen.

- Delfine sind verspielt: Sie springen oft aus dem Wasser und füren akrobatische Sprünge aus.

- Delfine zälen zu den intelligentesten Säugetieren.

- Sie gebären ein Junges, das ein Jar lang ausgetragen wird.

- Delfine können ser gut höhren, obwohl sie keine richtigen Oren habe. Alle Geräusche gelangen über ihren Unterkiefer zum Innenor.

- Delfine können auch ser gut sehen. Sie können nähmlich mit einem Auge mehr sehen als wir mit beiden.

- Da Delfine durch die Lunge atmen, müssen sie regelmäßig auftauchen. Damit sie das Atmen nicht vergessen, lassen sie nuhr eine Gehirnhälfte einschlafen.

- Delfine verfügen über ein Orgahn, mit dem sie Schallwellen aussenden und empfangen: Dieses runde Orgahn nennt man Melone.

Haltestelle

Lang ausgesprochene, betonte Vokale (Selbstlaute)

1 Die meisten Wörter mit einem lang ausgesprochenen Vokal (Selbstlaut) schreibst du mit einem einfachen Vokal (Selbstlaut). Das gilt für die Vokale (Selbstlaute) a, e, o und u sowie für die Umlaute ä, ö und ü. Auch die Doppellaute au, äu, ai, eu, ei werden immer lang ausgesprochen.

der Hase, nämlich, der Weg, holen, die Lupe, die Rübe, böse, träumen, die Beute

2 Einige Wörter haben nach den lang ausgesprochenen Vokalen (Selbstlauten) a, e, o, u und den lang ausgesprochenen Umlauten ä, ö und ü ein Dehnungs-h. Du findest es oft vor den Konsonanten (Mitlauten) l, m, n und r.

die Fahne, stehlen, die Schuhsohle, die Uhr, die Zähne, die Möhre, die Stühle

3 In Wörtern, die mit den Buchstaben sch, qu und t beginnen, gibt es selten ein Dehnungs-h.

der Schwur, schwer, schälen, das Tal, die Träne, die Qual

4 Die lang ausgesprochenen Vokale (Selbstlaute) a, e und o schreibst du in einigen Wörtern aa, ee und oo.

das Haar, der See, der Zoo

Lang ausgeprochene, betonte Vokale (Selbstlaute)

Das lang ausgesprochene i

ie schreiben

Du schreibst das lang ausgesprochene i meistens ie.

die Wiese, das Fieber, der Dieb, lieben, fliegen, viel, niemals, hier, sieben, diese

21 Diese Schnecke besteht aus 24 aneinandergereihten Wörtern, die ein ie enthalten. Das Besondere an der Schnecke ist, dass der Endbuchstabe des einen Wortes zugleich der Anfangsbuchstabe des folgenden Wortes ist. Kreise den gemeinsamen Buchstaben ein und schreibe alle Wörter heraus. Ergänze bei den Nomen/Substantiven den Artikel (der, die, das).

hier, riechen,

Lang ausgeprochene, betonte Vokale (Selbstlaute)

22 **Wenn Riesen niesen** (Joseph Guggenmos)

_____ Riesen, die
mit bloßen Füßen
über nasse _____
_____,
_____ mit ihren
Riesennasen so laut,
dass von _____ _____
_____ Wieselkinder,
die im dunklen Zimmer
_____, aufwachten
und „Gesundheit" _____.

liefen | Wiesen | Sieben | schliefen | Riesenniesen | riefen | niesten | diesem | sieben

23 Schreibe die Präteritumformen (einfache Vergangenheitsformen) der Verben (Tätigkeitswörter) auf. Kreise jedes ie in deiner Lieblingsfarbe ein.

schreiben   er schrieb
scheinen   es _____
steigen   wir _____
halten   ihr _____
bleiben   du _____
laufen   ich _____
schlafen   du _____
fallen   sie _____
heißen   er _____
verlassen   wir _____
beweisen   sie _____
rufen   ihr _____

Lang ausgesprochene, betonte Vokale (Selbstlaute)

24 Setze das ie in die Präsensformen (Gegenwartsformen) ein und schreibe die Verbformen noch einmal auf.

du s___hst   du siehst

er s___ht   er sieht

du l___st   du

sie l___st   sie

du st___hlst   du

er st___hlt   er

du empf___hlst   du

sie empf___hlt   sie

du bef___hlst   du

er bef___hlt   er

es gesch___ht   es

-ie, -ier, -ieren als Endungen von Fremdwörtern

Das ie gibt es auch als Endung von Fremdwörtern. Nomen/Substantive enden dann entweder auf -ie oder auf -ier.

die Fotografie, die Fantasie, die Melodie, das Genie, das Klavier, das Scharnier, der Offizier

Besonders wichtig aber ist, dass du dir die Endung -ieren merkst. Du findest sie bei Verben (Tätigkeitswörtern).

diskutieren, fotografieren, telefonieren, kontrollieren, marschieren, interessieren

25 Ersetze zunächst alle Fragezeichen durch ie oder durch ier, indem du die Nomen/Substantive zunächst aufschreibst. Ordne sie anschließend alphabetisch in den Zeilen darunter.

die Fantas?, das Klav?, die Astronom?, die Garant?, der Juwel?, die Mag?, die Biolog?, die Chem?, die Theor?, die Strateg?, die Philosoph?, das Turn?, das Gen?, die Batter?, das Pap?, die Lotter?, der Offiz?, die Galax?

Lang ausgeprochene, betonte Vokale (Selbstlaute)

die Fantasie, _____

die Astronomie, _____

26 Finde zu den Verben (Tätigkeitswörtern) das passende Substantiv/Nomen. Bilde dann zu den Nomen/Substantiven auf dieser und der nächsten Seite die passenden Verben (Tätigkeitswörter).

Tätigkeitswörter (Verben)	Nomen/Substantive
diskutieren	die Diskussion
informieren	
trainieren	
konzentrieren	
nummerieren	
tapezieren	
experimentieren	
rasieren	
probieren	die Probe
	der Dirigent

Lang ausgesprochene, betonte Vokale (Selbstlaute)

Tätigkeitswörter (Verben)	Nomen/Substantive
	die Musik
	die Operation
	die Reparatur
	die Frisur
	die Motivation
	der Buchstabe

 In diesem Text fehlt immer das ie. Lies dir den Text laut vor und schreibe ihn anschließend in dein Heft. Du brauchst nicht gleich den gesamten Text abzuschreiben, er ist ja sehr lang. Hör nach 20 Minuten auf und schreibe am nächsten Tag weiter.

R?senkrake im Nordpazifik fotograf?rt

R?senkraken leben in den T?fen der T?fsee; in einem Unterwasserparad?s, das uns so fremd gebl?ben ist w? ein weit entfernt l?gender Planet. D? meisten von uns werden d?ses Parad?s wohl n?mals zu sehen bekommen.
R?senkraken leben in einer Wassert?fe von 500 – 1 000 Metern, w?gen bis zu einer Tonne und werden bis zu 18 Meter lang.
Früher fürchteten sich v?le Seefahrer vor ihnen, da sie Angst hatten, dass d?se s? attack?rten. S? nannten s? Bestien, denn d?se Seeungeheuer zogen angeblich immer w?der Schiffe mit ihren Fangarmen in d? dunkle T?fe. Die Seefahrer wussten, dass n?mand d?se T?re bes?gen konnte.

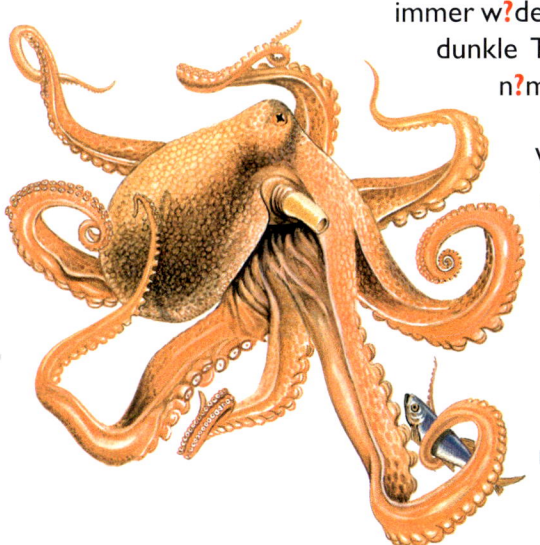

Wissenschaftler hingegen waren seit jeher faszin?rt von d?sen r?sigen Weicht?ren und versuchten, s? mit ferngesteuerten Tauchrobotern zu fotograf?ren. S? interess?rten sich so sehr für d?se Meeresbewohner, dass sie Pottwale mit Unterwasserkameras ausrüsteten. Lange h?lten d?

Forscher es aber für unmöglich, das Verhalten der R?senkraken unter Wasser zu dokument?ren.

Erstmalig gelang d?ses schw?rige Unterfangen jetzt zwei japanischen Forschern.
Vor einer Insel im Nordpazifik fotograf?rten d?se eine R?senkrake. Zwei Jahre lang hatten s? d?sem Augenblick entgegengef?bert.

D? Krake bl?b an einer beköderten Langleine hängen, an der eine Unterwasserkamera befestigt war. Nach v?rstündigem Todeskampf konnte sich d? auf acht Meter Länge geschätzte R?senkrake w?der befreien. Den Forschern bl?b schl?ßlich nur ein fünfeinhalb Meter langes Stück ihres Fangarmes.

i schreiben

Es gibt nur wenige Wörter, in denen das lang ausgesprochene i mit einem einfachen i geschrieben wird.

der Biber, der Igel, die Bibel, das Krokodil, dir, mir, wir, er gibt

  28 In diesem Wörterrätsel gibt es nur Wörter, in denen das lang ausgesprochene i mit einem einfachen i geschrieben wird. Finde sie und schreibe die Nomen/Substantive mit dem Artikel (der, die, das) auf der folgenden Seite heraus.

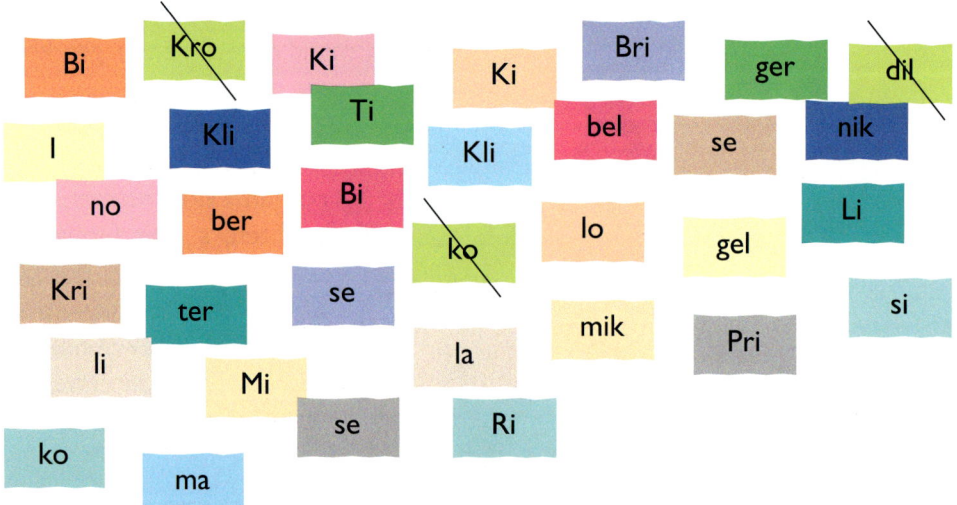

Lang ausgeprochene, betonte Vokale (Selbstlaute)

das Krokodil,

Im Deutschen gibt es Wörter, die aus anderen Sprachen stammen.
Enden sie auf -in oder -ine, so schreibst du das lang ausgesprochene i mit einem einfachen i.

die Gardine, die Ruine, das Benzin, der Kamin, die Maschine, die Cousine

 Das Kreuzworträtsel auf der nächsten Seite enthält nur Lösungswörter, die auf -in oder -ine enden. Du schaffst es bestimmt, es zu lösen.

1) Mit Schokolade überzogene Süßigkeit: Keine Leckerei für Kinder, da sie oftmals Alkohol enthält
2) Gerät, das die Arbeit mit der Hand ersetzt
3) Orangefarbene runde Frucht, die häufig aus Marokko oder Spanien kommt
4) Meeresbewohner, nach dem eine Schwimmart benannt ist
5) Getrocknete Weinbeeren
6) Sehr wichtige Verabredung
7) In ihr ziehst du dich z. B. zum Sportunterricht um
8) Sie schmückt die Fenster
9) Reste/Trümmer eines alten Bauwerks (im Plural)
10) Treibstoff für Autos
11) Man braucht sie zum Backen und Braten
12) Der Sohn der Schwester deiner Mutter ist dein ...
13) Anderes Wort für Heilkunde/Arzneimittel
14) Sie sind der Grund dafür, dass du viel Obst und Gemüse essen sollst
15) Anderes Wort für Geige
16) Lehrer wünschen sie sich

Lang ausgesprochene, betonte Vokale (Selbstlaute)

ih schreiben

Das lang ausgesprochene i schreibst du nur in den folgenden Pronomen (Fürwörtern) ih:

ihr, ihre, ihres, ihren, ihrem, ihrer, ihm, ihn und ihnen

30 Setze die richtigen Pronomen (Fürwörter) (ihr, ihre, ihnen ...) ein.

Wissenswertes über Riesenkraken

- Riesenkraken, die ihren Lebensraum in 500 – 1000 Metern Meerestiefe haben, gehören zu den Kopffüßern.
- _____ Körpergewicht kann bis zu einer Tonne betragen; _____ Körpergröße 18 Meter erreichen.
- Von _____ zehn Armen sind zwei besonders lange Fangarme mit Saugnäpfen ausgestattet. _____ Aufgabe ist es, die Beute zu fangen. Die acht kurzen Arme, die sich rund um die Mundöffnung befinden, dienen _____ dazu, die Beute in den Mund zu schieben.
- Riesenkraken verströmen oft einen stechend-beißenden Geruch, da sie Gase in _____ Muskulatur einlagern: Dies gibt _____ einen starken Auftrieb. Sie schwimmen also nicht, sondern schweben im Wasser.
- Riesenkraken haben die größten Augen des Tierreichs. Der Durchmesser _____ Augen entspricht ungefähr dem eines Suppentellers.
- _____ größter Feind ist der Pottwal.

Lang ausgesprochene, betonte Vokale (Selbstlaute)

wieder oder wider?

Die Wörter wieder und wider klingen genau gleich. Sie haben jedoch eine unterschiedliche Bedeutung. Wieder bedeutet: nochmals, noch einmal, erneut, zurück.

wiedersehen, wiederfinden, wiederholen, wiederbringen, auf Wiederhören

Wider hingegen bedeutet gegen, entgegen:

widerspenstig, der Widerstand, die Widerrede, widersprechen

31 ie oder i? Schreibe die Wörter in der richtigen Schreibweise auf.

w?derfahren, die W?derholung, w?derborstig, w?derbekommen, sich w?dersetzen, w?derwählen, w?dererkennen, w?derspiegeln, der W?derspruch, w?derwillig, die W?derbelebung, die W?derrede, w?derkommen, w?derlich, w?derstreben

widerfahren, _____

_____

_____

_____

32 ie oder i? Setze die in Klammern stehenden Wörter in der richtigen Schreibweise in die Lücken des Textes.

Im Aquarium

● Janna freut sich, das am Wochenende

_____

 (w?dereröffnete) Aquarium zu besuchen.

Die Besuche des Aquariums haben ihr in den letzten beiden Monaten gefehlt.

Lang ausgesprochene, betonte Vokale (Selbstlaute) 115

- Sie ist sich sicher, dass die Besucher in Scharen _____ (w?derkommen) werden, um die faszinierende Unterwasserwelt zu bestaunen.

- Es macht ihr Spaß, im großen Korallenriffbecken inmitten echter Korallen die Korallenfische, Seesterne, Krebse und Mördermuscheln _____ (w?derzusehen).

- Einige der Buntbarsche schwimmen gegen den Strom. Gibt es etwa _____ (w?derspenstige) Fische?

- Besonders spannend findet Janna es, die Fütterung der Piranhas im südamerikanischen Panoramabecken zu beobachten: Zum Glück wird das Spektakel mehrmals am Tag _____ (w?derholt).

- Es _____ (w?derstrebt) ihr aber, sich das Haifischbecken anzuschauen.

- Mit _____ (W?derwillen) denkt sie daran, dass das Haifischbecken für die meisten Besucher die größte Attraktion ist.

- Heftig _____ (w?derspricht) sie allen, die die Haifischbecken als artgerecht empfinden.

Lang ausgeprochene, betonte Vokale (Selbstlaute)

Teste dein Wissen 10

1 ie, i oder ih? Lies dir den Text zunächst laut vor. Schreibe die Sätze dann in der richtigen Schreibweise in dein Heft und denk daran, dass das lange i fast immer ie geschrieben wird.

Die T?see (Teil I)

D? T?fsee, d? über d? Hälfte des Lebensraumes d?ses Planeten ausmacht, ist den Forschern v?l fremder gebl?ben als der Mond, obwohl bereits 1870 d? erste T?fsee-Expedition unternommen wurde. V?lleicht interess?rt es dich ja, d? T?fsee ein wenig zu stud?ren.

Unter der sp?gelnden Wasseroberfläche ist der Ozean noch 200 Meter hell. H?r s?ht man die faszin?rend bunte Unterwasserwelt, d? w?r in den Aquarien so l?ben: Fische, Krebse, Korallen und Algen in all ?rer V?lfalt. In d?ser T?fe g?bt es auch r?sige Gebirge.
Ab 300 Metern beginnt die T?fsee: H?r verl?rt das Licht seine Kraft. Es ist so schwach, dass keine Pflanzen mehr exist?ren können. Nur wenige Meeresbewohner bes?gen die kalte Finsternis der T?fsee. Der Beilfisch, der sehr leistungsstarke Augen hat, z?ht h?r seine Kreise.

2 Nun bist du der Lehrer/die Lehrerin. Verbessere die Fehler in den rot unterstrichenen Wörtern und schreibe diese Sätze noch einmal in der richtigen Schreibweise ins Heft.

Die <u>Tifsee</u> (Teil II)

- In 1 000 – 4 000 Metern <u>Tife</u> <u>giebt</u> es nur noch das Licht, das die <u>Tifseebewohner</u> selbst <u>produziren</u>.
- <u>Hir</u> <u>siht</u> <u>nihmand</u> mehr etwas.
- Manche <u>Tifseebewohner</u>, wie zum Beispiel der <u>Tihfsee</u>-Anglerfisch oder der Vipernzahnfisch, halten sich Bakterien, die Licht erzeugen.
- Durch <u>dise</u> Bakterien <u>zihen</u> sie <u>iere</u> Beute an.
- Die <u>Risenkrake</u> kann in <u>diser</u> <u>Tife</u> noch <u>existiren</u>.
- Sie <u>lifert</u> sich Kämpfe mit <u>girigen</u> Pottwalen, <u>ierem</u> ärgsten Feind.
- Je <u>tifer</u> es hinuntergeht, desto <u>schwiriger</u> wird es für die Forschung mit all <u>ieren</u> Robotern und <u>Maschienen</u>.
- Denn in 11 000 Metern <u>Tife</u> ist der Druck 400-mal höher als an der Erdoberfläche und die Temperatur nahe am <u>Gefrihrpunkt</u>.

Lang ausgesprochene, betonte Vokale (Selbstlaute)

Haltestelle

Das lang ausgesprochene i

1 Du schreibst den lang ausgesprochenen Vokal (Selbstlaut) i sehr häufig ie.

der Riese, niesen, die Wiese, hier, diese, liegen, vier, das Tier

2 Es gibt einige Ausnahmen, die du am besten auswendig lernst:

dir, mir, wir, du gibst/er gibt, die Bibel, der Biber, die Brise, die Fibel, der Igel, die Nische, die Primel, das Wisent, der Tiger

3 Das lang ausgesprochene i schreibst du nur in den folgenden Pronomen (Fürwörtern) ih:

ihr, ihre, ihres, ihren, ihrem, ihrer, ihm, ihn und ihnen

4 Das lang ausgesprochene i wird nur in den folgenden Wörtern ieh geschrieben:

das Vieh, fliehen, ziehen, wiehern

Du darfst aber nicht vergessen, dass alle Wörter aus diesen Wortfamilien dann auch mit ieh geschrieben werden.

das Viehfutter, entfliehen, erziehen, das Gewieher

Die s-Laute

Gesummt oder gezischt?

Der s-Laut kann sich unterschiedlich anhören. Er kann manchmal weich ausgesprochen werden und wie eine Biene summen. Dieses weich ausgesprochene s schreibst du immer mit einem einfachen s.

 die Hose, reisen, riesig, der Hase, der Besen

Der s-Laut kann sich aber auch scharf anhören und wie eine Schlange zischen. Für diesen scharf ausgesprochenen s-Laut gibt es drei Schreibweisen: s, ss oder ß.

 die Maus, das Gras, die Straße, fließen, die Tasse, lassen

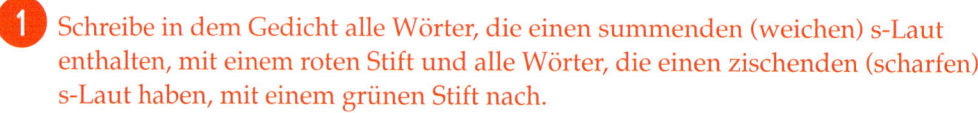

1 Schreibe in dem Gedicht alle Wörter, die einen summenden (weichen) s-Laut enthalten, mit einem roten Stift und alle Wörter, die einen zischenden (scharfen) s-Laut haben, mit einem grünen Stift nach.

Hasenfußball

22 flinke Hasen
rannten kreuz und quer auf tiefgefrornem Rasen.
Voller Mut und voller Fleiß
schlitterten sie auf Eis.
Und obwohl beim Fußball streng verboten
fassten sie sich manchmal an den Pfoten.
Sie schossen Kohlköpfe nach hinten und nach vorn
und nahmen dabei das Tor aufs Korn.
Ein Eichhörnchen voll Genuss
trällerte als Schiedsrichter auf einer Nuss.
Nur der Jäger ganz weit draußen
sah das Spiel mit Grausen.
Schießen konnte er nun nimmer mehr,
dafür gefielen ihm die fröhlichen Gesellen viel zu sehr.

Die s-Laute

2 Trage in die Tabelle unten alle Wörter ein, die einen summenden (weichen) s-Laut haben, und alle Wörter, die einen zischenden (scharfen) s-Laut haben.

singen, diese, Klassenzimmer, Test, lesen, Messer, draußen, Ameise, Fest, Straße, Sahne, Gemüse, Küste, besuchen, Fuß, hastig, Amsel, beweisen, sieben, stoßen, Tasse, sagen, Hose, groß, Gast, grüßen, bremsen, Reise, leise

summender s-Laut	zischender s-Laut

3 Suche aus dem Text alle Wörter heraus, die einen s-Laut enthalten, und ordne sie in die Tabelle auf der nächsten Seite ein.

Auf in den Himmel

Schon im 15. Jahrhundert erforschte der Maler und Wissenschaftler Leonardo Da Vinci die Kunst des Fliegens. Er kam zu der Erkenntnis, dass ein mit heißer Luft gefüllter Ballon noch oben steigen müsste, da heiße Luft leichter als normale Luft ist. Aber erst 300 Jahre danach setzte der Franzose Joseph Montgolfier gemeinsam mit seinem Bruder Étienne diese Idee in die Tat um. 1783 ließen sie ihren Ballon vor Schaulustigen in den Himmel fliegen. Allerdings waren nicht sie selbst an Bord; das Risiko war ihnen zu groß. Als Insassen des Heißluftballons wählten sie drei Tiere – einen Hammel, eine Ente und einen Hahn – aus, die schließlich nach einigen Minuten gesund und munter landeten. Nach der erfolgreichen Testfahrt wagten sich zwei französische Forscher mit einem Heißluftballon in die Lüfte und auch sie landeten unversehrt. Der Traum vom Fliegen war Realität geworden.

Die s-Laute

summender s-Laut		zischender s-Laut	
geschrieben: s	geschrieben: s	geschrieben: ss	geschrieben: ß

s und ß nach einem lang ausgesprochenen, betonten Vokal (Selbstlaut)

Nach einem lang ausgesprochenen, betonten Vokal (Selbstlaut) oder nach einem Doppellaut (au, äu, ei, eu, ai) schreibst du entweder s oder ß.

Du schreibst ein s, wenn der s-Laut summend und weich ausgesprochen wird.

 der Besen, die Vase, niesen, leise

Am Ende einer Silbe oder eines Wortes hörst du immer nur das gezischte s. Du schreibst es immer dann mit einem einfachen s, wenn es verwandte Wörter mit einem summenden s gibt.

 er rast, sie niest, das Los, das Gras

Du schreibst ß, wenn der s-Laut in allen Wortformen zischend und scharf ausgesprochen wird.

 die Straße, grüßen, draußen, groß

Die s-Laute 121

4 Schreibe aus dem Gedicht alle Wörter heraus, die einen summenden s-Laut haben. Markiere anschließend den Doppellaut (au, äu, ei, eu, ai) mit einem Strich.

Mausewind (Margaret Klare)

Rauscht der Brausewind
um die Bäume
pfeift der Zausewind
durch die Zweige
bläst der Sausewind
in die Blätter
läuft das Mausekind
in das Haus geschwind
lässt den Lausewind
draußen stehn.

5 Setze die Reimkette fort.

leise, w_____, M_____, R_____, Schn_____, P_____, K_____, G_____

Hase, N_____, V_____, Bl_____, Ph_____, G_____

Dose, H_____, L_____, R_____, Matr_____

Fliese, W_____, d_____, R_____

6 Lies dir die Wörter laut vor und setze den fehlenden Buchstaben ein.

E__el, die__er, brem__en, al__o, Be__en, lö__en, Kä__e, Gemü__e, Blu__e, dö__en, ge__und, be__onders, Ha__elnuss, hei__er, Mo__el, müh__elig, mu__ikalisch, nie__eln, Nord__ee, Pau__e, zu__agen, bö__e, gru__eln, Zen__uren

Die s-Laute

7 Setze die unten stehenden Wörter in den Text ein und markiere den summenden s-Laut farbig. Achte darauf, dass du die Satzanfänge großschreibst.

Der Flugpionier Otto Lilienthal

Bereits mit 14 Jahren begann Otto Lilienthal _____ mit _____ Bruder die ersten flugtechnischen _____ .

Die beiden _____ viel über Ballonfahrten und beobachteten _____ den Flug der Störche.

Otto Lilienthal mit seinem Hängegleiter, 1891

_____ Otto war begeistert von der Idee, wie ein Vogel durch die Lüfte zu _____ . 20 Jahre forschte er und verstand schließlich die Art und _____ des Storchenfluges: Die leichte Wölbung auf der _____ der Storchenflügel _____ für den Auftrieb. Mit _____ Wissen baute er _____ Flugapparate, mit denen er _____ . Er rannte _____ Flugapparat einen Hügel herunter, _____ mehrere 100 Meter weit und hielt sich dabei ungefähr 30 _____ in der Luft. _____ waren der Anstoß für die _____ Entwicklung der Flugtechnik nach der Jahrhundertwende. Die _____ zu fliegen bezahlte er jedoch mit dem Leben. Am 9. August 1896 packte eine Windböe seinen Flugapparat wie eine _____ und stürzte ihn in den Tod.

gemeinsam, seinem, Versuche, lasen, intensiv, besonders, segeln, Weise, Oberseite, sorgt, diesem, selbst, segelte, samt, segelte, Sekunden, seine Versuche, rasante, Sehnsucht, Riesenfaust

Die s-Laute

8 Schreibe die Wörter in der Kiste untereinander in dein Heft, markiere den s-Laut und finde zu allen Wörtern Verlängerungen. Bilde z. B. zu den Nomen/Substantiven die Pluralformen (Mehrzahl) und zu den Verben (Tätigkeitswörtern) die passenden Infinitive (Grundformen).

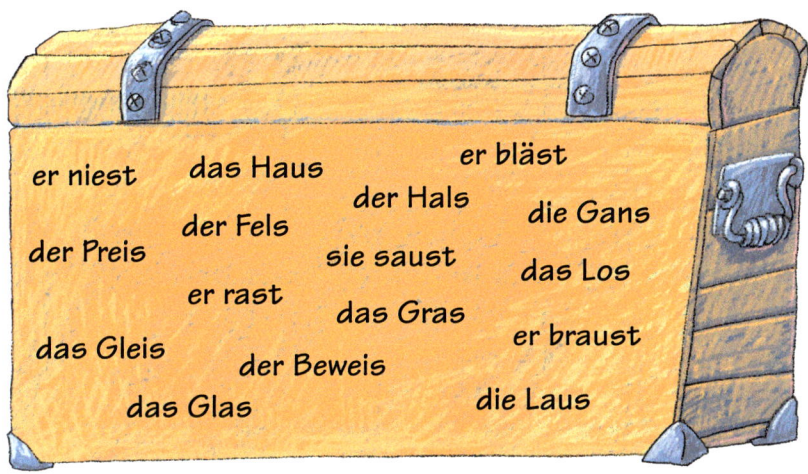

er niest   das Haus   er bläst
der Preis   der Fels   der Hals   die Gans
            sie saust   das Los
            er rast   das Gras
das Gleis   der Beweis   er braust
            das Glas   die Laus

9 Suche zu den folgenden Wörtern mehrere verwandte Wörter, in denen du einen summenden s-Laut hörst.

er verreist _____

er liest _____

die Maus _____

sie verspeist _____

10 Bilde mithilfe der Wortsterne möglichst viele Wörter mit ß und schreibe sie in dein Heft. Unterstreiche den Vokal (a, e, i, o, u), den Umlaut (ä, ö, ü) oder den Doppellaut (au, ei, eu, äu), der dem ß vorausgeht.

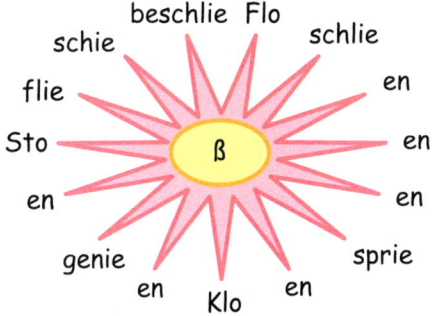

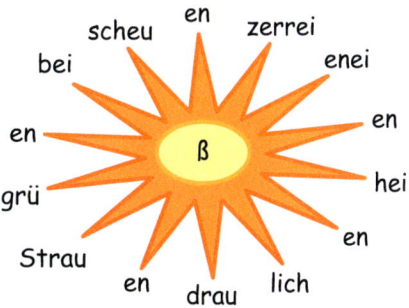

das Fl<u>o</u>ß, …   b<u>ei</u>ßen, …

Die s-Laute

11 Welche Wörter passen zusammen? Schreibe sie auf. Es gibt immer mehrere Wortkarten, die zusammengehören.

Maß	aus-reißen	groß	sie gießt	weiß	stoßen
reißen	Fuß	Gießkanne	Großstadt	Fleiß	süß
spaßig	Fußboden	Grußkarte	Reißwolf	Fleißarbeit	Fußball
fleißig	Süßigkeit	Spaßmacher	gießen	grüßen	Stoß
Spaß	Gruß	süßlich	weißhaarig	Maßeinheit	großzügig
großartig	Weißbrot	Spaßvogel	maßvoll	Fußgänger	Stoßstange

12 Lies dir die folgenden Wörter laut vor. Setze dann den fehlenden Buchstaben ein und bilde mit jedem Wort einen Satz. Du kannst auch mehrere Wörter in einem Satz verwenden.

Spie____braten, Klö____e, So____e, Stra____e, drau____en,

bei____en, hei____, genie____en, flie____en, Flo____, au____er, blo____,

scheu____lich, Schwei____, sto____en, Blumenstrau____, schlie____en,

wei____, barfu____, Äu____erung, Furcht einflö____end, drei____ig,

Gefä____, Grie____brei

Ich esse gerne Spießbraten mit Klößen und viel Soße.

13 Trage in die Lücken ein s oder ein ß ein.

Segler im Aufwind

In Europa, be___onders in Polen, ist der Wei___storch ___ehr bekannt. Er scheint die Nähe der Menschen zu genie___en und die___e erfreuen ___ich an ___einer Anwe___enheit. Schlie___lich ___ind die Störche einer alten ___age zufolge für den Kinder___egen verantwortlich. Es sind ge___ellige Tiere; sie bauen ihre Nester häufig in der Nähe menschlicher ___iedlungen auf Häu___ern, in Bäumen oder auch auf Fel___en.

Au___erhalb der Brutzeit leben Störche in grö___eren Verbänden, zur Zugzeit im Spät___ommer leben ___ie ___ogar zu Tau___enden zu___ammen. Dann ___ieht man sie in rie___gen Schwärmen durch die Lüfte ___egeln.

Im Herbst machen sich Störche auf die weite Rei___e in den ___üden, in ihre hei___en afrikanischen Winterquartiere. Sie haben eine Flugwei___e, die viel Energie spart. Mit warmen Aufwinden steigen sie nach oben und ___egeln instinktiv in die gewünschte Richtung.

Störche brüten erst regelmä___ig, wenn sie 3–4 Jahre alt sind. Sie legen dann jedes Jahr etwa 3–5 Eier, die wei___ gesprenkelt sind. Männchen und Weibchen ziehen den Nachwuchs gemein___am auf.

Störche geben keine Laute von sich, sondern klappern mit ihrem langen Schnabel. So begrü___en sie ihre Partner oder verjagen fremde Störche von ihrem Nest.

Auf Nahrungs___uche schreiten Störche Äcker oder Wie___en ab und sto___en dann au___ergewöhnlich schnell mit dem Schnabel in ihre Beute. Ihr Spei___eplan kommt dem Menschen scheu___lich vor. Er reicht von Fröschen über Schlangen und In___ekten bis hin zu Mäu___en.

Die s-Laute

ss nach einem kurz ausgesprochenen, betonten Vokal (Selbstlaut)

Nach einem kurzen Vokal (Selbstlaut) kannst du immer nur das scharfe, gezischte s hören. Du schreibst dieses gezischte s fast immer mit ss, wenn du keinen weiteren Konsonanten (Mitlaut) hörst.

 essen, vermissen, die Flossen, hassen

Diese Schreibweise wird in allen Wortfamilien beibehalten.

du isst, er vermisst, sie hasst

14 Schreibe unter jedes Bild das passende Nomen/Substantiv mit seinem Artikel (der, die, das).

der Schlüssel

15 Finde jeweils ein Reimwort zu den Nomen/Substantiven aus Aufgabe 14.

Schlüssel – Rüssel

Die s-Laute

16 Unterstreiche in dem Text alle Wörter, die mit ss geschrieben werden, und schreibe sie in dein Heft.

Vom Motorflug zur Mondlandung

Die Wright-Brüder studieren die Forschungsergebnisse des verunglückten Otto Lilienthal und beschließen, ein sicheres Fluggerät zu bauen. Dank weiterer wissenschaftlicher Forschungen gelingen ihnen entscheidende Verbesserungen. So entwickeln sie eine Flugzeugsteuerung und lassen sich einen passenden Antrieb, einen Motor, liefern. Bei ihrem ersten Flug im Dezember 1903 fliegen sie ungefähr 70 Meter weit und bleiben zwölf Sekunden in der Luft. Es ist kaum zu fassen: Nur 66 Jahre später lassen sich die Menschen auch von 384 000 Kilometer Entfernung nicht abschrecken: Am 20. Juli 1969 betritt der Amerikaner Neil Armstrong den Mond.

Die Rakete, die ihn und zwei weitere Insassen zum Mond bringt, wird am 16. Juli ins All geschossen. Obwohl die Mission bis ins Kleinste geplant und nichts dem Zufall überlassen wird, passiert unmittelbar vor der Landung ein Fehler. Messinstrumente fallen aus und der Astronaut Armstrong muss die Landung mit der Hand steuern.

Glücklich gelandet führen die Astronauten Messungen und weitere wissenschaftliche Experimente durch und sammeln Bodenproben, die Aufschluss über den Mond geben sollen. Natürlich hissen sie auch die amerikanische Flagge.

Die s-Laute

s nach einem kurz ausgesprochenen, betonten Vokal (Selbstlaut)

Hörst du nach einem kurz ausgesprochenen Vokal (Selbstlaut) neben dem s-Laut einen weiteren Konsonanten (Mitlaut), verdoppelst du den s-Laut nicht. Dies betrifft häufig die Buchstabenverbindungen st, sp und sk.

 Osten, basteln, Wespe, lispeln, Maske, Muskel

17 Hier sind alle Buchstaben völlig durcheinandergeraten. Finde die richtigen Wörter und ergänze bei den Nomen/Substantiven den Artikel (der, die, das).

taGs   der Gast

soPt

easkM

gdursti

sepeW

nAgst

flPsater

sPnofte

noKsep

isntefr

kMusel

lsutig

sroent

asRepl

18 Ordne die folgenden Wörter nach dem Alphabet und schreibe sie dabei in dein Heft.

Kasten, Mast, Minister, Westen, Western, Post, Durst, Osten, basteln, Liste, fasten, tasten, Rast, Kiste, überlisten, Gespenster, Fenster, Kosten, Palast, knuspern, räuspern, trösten, Kastanie, Geschwister

Wechselnde s-Schreibweise in einer Wortfamilie: Vom ss zum ß und vom ß zum ss

Die Länge des Vokals (Selbstlautes) kann sich bei den Wörtern einer Wortfamilie ändern. Wird der kurze Vokal (Selbstlaut) innerhalb einer Wortfamilie zu einem langen Vokal, verwandelt sich das ss in ein ß.

der Schuss	schießen
vergessen	ich vergaß
beißen	bissig

Wird der lange Vokal (Selbstlaut) aber in einen kurzen Vokal (Selbstlaut) verwandelt, wird aus dem ß ein ss.

gießen	gegossen
genießen	Genuss
er weiß	wissen

19 Schreibe die Verben (Tätigkeitswörter) der angegebenen Nomen/Substantive in die Tabelle.

Nomen/ Substantiv	Verb (Tätigkeitswort) im Infinitiv (Grundform)	1. Person Präsens	1. Person Präteritum
der Riss	reißen	ich reiße	ich riss
der Biss			
das Essen			
der Schluss			
die Vergesslichkeit			
der Genuss			
der Regenguss			
der Beschluss			
das Wissen			

Die s-Laute

Die Endung -nis

Bei Nomen/Substantiven, die die Endung -nis haben, musst du gut aufpassen. Im Singular (in der Einzahl) schreibst du diese Nomen/Substantive nur mit s; im Plural (in der Mehrzahl) wird das s aber verdoppelt.

das Erlebnis   die Erlebnisse
das Hindernis   die Hindernisse

 Markiere alle Nomen/Substantive auf -nis und schreibe sie mit ihrem Begleiter (der, die, das) auf. Es sind insgesamt 17 Nomen/Substantive.

A	E	R	E	I	G	N	I	S	B	C	D	E	F	Z
F	A	B	C	K	F	N	B	V	N	I	S	A	G	E
I	V	E	R	S	T	Ä	N	D	N	I	S	G	H	R
N	W	E	R	T	Z	U	I	O	P	A	P	E	I	W
S	G	H	W	A	M	F	O	P	K	R	A	H	J	Ü
T	F	G	H	A	L	Ö	F	I	N	S	T	E	K	R
E	A	A	V	K	G	E	E	R	A	K	A	I	L	F
R	L	Z	E	U	G	N	I	S	A	L	B	M	M	N
N	L	E	R	L	F	L	I	M	R	E	C	N	E	I
I	E	I	H	Z	G	S	F	S	I	R	D	I	R	S
S	N	S	Ä	B	E	K	L	M	T	K	E	S	S	N
T	B	O	L	A	I	D	P	W	T	E	F	D	P	O
U	A	G	T	U	M	M	K	I	E	N	G	K	A	P
U	M	T	N	I	E	R	G	E	B	N	I	S	R	N
I	A	B	I	S	T	T	R	P	I	T	J	A	N	I
M	I	S	S	V	E	R	S	T	Ä	N	D	N	I	S
J	K	L	U	H	S	N	M	R	O	I	P	M	S	T
T	K	W	I	L	D	N	I	S	I	S	R	E	M	U
M	N	L	A	B	O	H	I	N	D	E	R	N	I	S
G	E	F	Ä	N	G	N	I	S	A	T	U	B	R	W
K	L	M	O	G	A	U	E	R	L	E	B	N	I	S
A	B	C	E	R	L	A	U	B	N	I	S	T	G	M

Die s-Laute

21 Formuliere nun jeweils einen Satz, in dem du die Nomen/Substantive aus dem Buchstabenversteck gebrauchst.

22 Setze die folgenden Nomen/Substantive in den Plural (in die Mehrzahl).

das Ereignis   die
die Erkenntnis   die
das Erlebnis   die
die Ersparnis   die
das Gefängnis   die
das Geheimnis   die
das Hindernis   die
das Missverständnis die
das Zeugnis   die

Die s-Laute

Teste dein Wissen 11

1 Lass dir den folgenden Text diktieren.

Meisterflieger der Nacht

Viele Menschen haben Angst vor Fledermäusen. Sie gelten als unheimliche und geheimnisvolle Wesen, die wie Vampire hinter unserem Blut her sind. In vielen Gruselgeschichten treten sie als Bösewichte auf. Dabei sind die meisten Fledermäuse völlig harmlos. So ernähren sich unsere einheimischen Fledermäuse von Insekten und Spinnen. Nur wenige Arten, die in Südamerika leben, ernähren sich von Blut, das sie aus kleinen Bisswunden anderer Tiere lecken.
Die Lebensweise von Fledermäusen ist interessant. Es sind die einzigen Säugetiere, die fliegen können. Am Tag schlafen Fledermäuse. In großen Gruppen hängen sie mit dem Kopf nach unten, die Flügel haben sie dabei um den Körper geschlossen. Erst in der Nacht werden sie aktiv. Obwohl Fledermäuse nur sehr schlecht sehen können, bewegen sie sich sicher durch die Dunkelheit. Während des Fluges stoßen sie durch Nase und Mund hohe Schreie aus. Diese prallen dann von Hindernissen als Echo zurück und werden von den großen Ohrmuscheln der Fledermäuse aufgefangen. Je nachdem, wie dieses Echo klingt, weiß die Fledermaus, ob das Hindernis eine Wand, ein Ast oder vielleicht ein Fluginsekt ist. Auf diese Weise fliegt die Fledermaus sicher durch die Nacht.

2 Finde die Fehler in den unterstrichenen Wörtern und verbessere sie, indem du die Sätze noch einmal richtig in dein Heft schreibst.

Wissenswertes über Fledermäuse

- Man <u>weis</u> sehr viel über die <u>Lebensweiße</u> von Fledermäusen.
- Sie sind – <u>ausser</u> in den Polargebieten und in extremen <u>Wüssten</u> – auf der ganzen Welt anzutreffen.
- Unter <u>günßtigen</u> Umständen können Fledermäuse bis zu 25 Jahren alt werden.

Die s-Laute

- Fledermäuse besitzen ein dichtes, oft seidiges Fell, das meistens grau bis braun oder schwärzlich gefärbt ist, es gibt aber auch <u>weisse</u> und gemusterte Arten.
- Ihr <u>Gebiß</u> besteht normalerweise aus 32 bis 38 Zähnen.
- Zwischen den Fingern und den hinteren <u>Gliedmassen</u> haben sie eine Flughaut.
- Die <u>meißten</u> Fledermausarten ernähren sich von Insekten.
- Ihr Schlafverhalten hat die Fledermaus an die menschliche Umgebung <u>angepast</u>. Im Sommer wohnen sie in Dachstühlen, in <u>Rolladenkässten</u> oder auch in Felsspalten.
- Im Winter suchen sie <u>froßtfreie</u> Höhlen auf.
- Fledermäuse, die in Europa leben, halten einen Winterschlaf. In <u>dießer</u> Zeit leben sie von dem Fettdepot, das sie sich im Sommer <u>angefreßen</u> haben.
- In Deutschland dürfen Kirchtürme nicht ganz <u>verschlosen</u> werden, damit Fledermäuse noch ungestörte Plätze zum <u>Nissten</u> haben.
- Doch trotz dieser <u>Schutzmassnahme</u> sind Fledermäuse vom Aussterben bedroht.
- Alle Arten, die in Deutschland leben, stehen bereits auf der Roten <u>Lißte</u>.

Haltestelle

s-Laute

1 Der s-Laut kann sich unterschiedlich anhören. Er kann weich oder scharf ausgesprochen werden. Den weich ausgesprochenen s-Laut schreibst du immer mit einem einfachen s.

   diese, Wiese, reisen, losen

2 Am Ende einer Silbe oder eines Wortes steht immer nur das gezischte s. Du schreibst es mit einem einfachen s, wenn es verwandte Wörter mit einem summenden s gibt.

die Maus   die Mäuse
er braust   brausen
das Glas   die Gläser

3 Den scharf ausgesprochenen s-Laut schreibts du s, ss oder ß.
Du schreibst ß, wenn der betonte Vokal (Selbstlaut) lang ausgesprochen wird.

   die Straße, der Fuß, scheußlich, draußen

4 Du schreibst ss, wenn der Vokal (Selbstlaut) kurz ausgesprochen wird und du nur den Konsonanten (Mitlaut) s hörst. Diese Schreibweise wird in allen Wörtern einer Wortfamilie beibehalten.

essen, er isst, vermissen, sie vermisst, küssen, sie küssten

5 Hörst du nach einem kurz ausgesprochenen Vokal (Selbstlaut) neben dem s-Laut einen weiteren Konsonanten (Mitlaut), verdoppelst du den s-Laut nicht. Dies betrifft häufig die Buchstabenverbindungen st, sp und sk.

die Liste, räuspern, maskieren

6 Bei Nomen/Substantiven, die die Endung -nis haben, musst du gut aufpassen. Im Singular (in der Einzahl) schreibst du diese Nomen/Substantive nur mit s; im Plural (in der Mehrzahl) wird das s aber verdoppelt.

das Geheimnis   die Geheimnisse
die Erkenntnis   die Erkenntnisse

Groß- und Kleinschreibung

Nomen/Substantive erkennen und großschreiben

Nomen/Substantive und Namen schreibst du immer groß.
der Zauberstab, die Kröte, die Brennnessel, die Freundschaft, die Kälte, die Macht, Harry Potter

Vor Nomen/Substantiven kannst du immer einen Begleiter setzen. Nomenbegleiter sind:

der bestimmte (der, die, das) und der unbestimmte (ein, eine, ein) Artikel, der Schuldirektor, die Hexerei, eine Eule

Pronomen (Fürwörter) (mein, dein, unser, sein, ihre, diese, dieser, jener …), unsere Lehrer, mein Lieblingsfach, diese Zauberstunde

unbestimmte Mengenangaben/Zahlwörter (einige, manche, viele, kein, drei …), einige Mitschüler, manche Lehrer, keine Ferien

Präpositionen (Verhältniswörter), in denen ein Artikel versteckt ist (am, ans, beim, im, vom, zum, zur),
zum Vergnügen, im Unterricht, beim Quidditchturnier, am Vormittag

1 Lies dir den Text sorgfältig durch. Unterstreiche alle Nomen/Substantive grün und kreise ihre Begleiter in einer anderen Farbe ein. Denk daran, auch alle Namen grün zu unterstreichen, und daran, dass der Begleiter nicht immer direkt vor dem Nomen/Substantiv stehen muss.

Harry Potters Vergangenheit

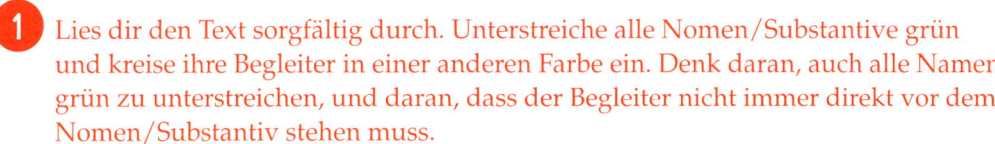

Lily Potter hatte eine außerordentliche Begabung für die Zaubertrankbrauerei. Von ihr hat Harry seine grünen Augen. James Potter, der wie Harry „Sucher" im Quidditchteam war, liebte die Verwandlung. Er konnte sich in einen Hirsch verwandeln. Die herausragendsten Eigenschaften der Potters aber waren ihr Mut und ihr Glaube an das Gute im Menschen. Da sie den Kampf gegen den

größten schwarzen Magier aller Zeiten, Lord Voldemort, wagten, wurde ihnen viel Bewunderung entgegengebracht. Zum Entsetzen der Zauberwelt verloren sie diesen Kampf und wurden von Lord Voldemort ermordet.

Sie starben, weil sie ihren einjährigen Sohn Harry beschützten. Harry hätte aufgrund einer geheimnisvollen Prophezeiung sterben sollen. Beim missglückten Angriff auf Harry Potter verliert Lord Voldemort all seine Macht. Seit jener Nacht hat Harry eine blitzförmige Narbe auf seiner Stirn. Sie ist ein Zeichen dafür, dass er unter dem Fluch Lord Voldemorts steht. Um Harry vor der Rache Lord Voldemorts zu schützen, trifft Albus Dumbledore, der Schulleiter von Hogwarts, am Ende die Entscheidung, Harry nicht bei den Zauberern aufwachsen zu lassen. Er wird im Haus Petunia Dursleys, der Schwester Lily Potters, groß.

Da Petunia und Vernon Dursley die Zauberei verachten, erlebt Harry in dieser Muggelfamilie viele Gemeinheiten und manche Grausamkeit. Erst an seinem elften Geburtstag erfährt er die Wahrheit über seine Vergangenheit und besucht fortan Schloss Hogwarts: Auch für Harry wird es jedoch ein weiter Weg vom kleinen Zauberlehrling zum großen Zaubermeister.

2 Unterstreiche zunächst alle Nomen/Substantive und kreise ihre Begleiter/Erkennungszeichen ein. Schreibe die Sätze dann in der richtigen Schreibweise auf. Achtung: Zwischen dem Begleiter und dem Nomen/Substantiv steht häufig ein Adjektiv (Eigenschaftswort).

Lord Voldemort

(DER) WAHRE NAME (DES) UNHEIMLICHEN LORD VOLDEMORT IST TOM VORLOST RIDDLE.

Der wahre Name des unheimlichen Lord Voldemort ist Tom Vorlost Riddle.

ER IST DER SOHN DES MUGGELS TOM RIDDLE UND DER SCHÖNEN HEXE MEROPE GAUNT. ALS TOM RIDDLE ERFÄHRT, DASS SEINE

SCHWANGERE FRAU EINE HEXE IST, VERLÄSST ER SIE.

LORD VOLDEMORT WÄCHST IN EINEM WAISENHAUS AUF, DA SEINE MUTTER BEI SEINER GEBURT STIRBT. ER ERLEBT EINE UNGLÜCKLICHE KINDHEIT MIT VIELEN KRÄNKUNGEN UND ENTTÄUSCHUNGEN UND TÖTET DEN VERHASSTEN VATER.

LORD VOLDEMORT BESUCHT DIE BERÜHMTE INTERNATSSCHULE SCHLOSS HOGWARTS. WIE SEINE MUTTER WIRD ER SCHÜLER DES HAUSES SLYTHERIN. ER LEGT EINE HERVORRAGENDE ABSCHLUSSPRÜFUNG AB UND WIRD ZUM MÄCHTIGSTEN DUNKLEN MAGIER ALLER ZEITEN. SEIN ZIEL IST DIE ABSOLUTE WELTHERRSCHAFT. SEINE GETREUEN ANHÄNGER, DIE TODESSER, UNTERSTÜTZEN IHN DABEI. HARRY POTTER WIRD ZU SEINEM GEGENSPIELER.

3 Jetzt bist du der Lehrer/die Lehrerin. In den Sätzen gibt es 19 Fehler. Streiche sie zunächst rot an. Berichtige dann die Fehler, indem du die Sätze noch einmal abschreibst.

Peeves, der Poltergeist

- Harry war noch viel zu sehr damit beschäftigt, den <u>weg</u> ins <u>klassenzimmer</u> zu finden.

Harry war noch viel zu sehr damit beschäftigt, den Weg ins Klassenzimmer zu finden.

- Auch die geister waren nicht besonders hilfreich.
- Man bekam einen Fürchterlichen schreck, wenn einer von ihnen durch eine tür schwebte.
- Der Fast Kopflose Nick freute sich immer, wenn er den Neuen gryffindors den Weg zeigen konnte,
- doch Peeves, der poltergeist, bot mindestens zwei Verschlossene Türen und eine geistertreppe auf, wenn man zu spät dran war und ihn auf dem Weg zum klassenzimmer traf.
- Er leerte den schülern Papierkörbe über dem Kopf aus, zog ihnen die teppiche unter den füßen Weg,
- bewarf sie mit kreidestückchen oder schlich sich unsichtbar von hinten an, griff sie an die Nase und schrie: „Hab deinen zinken!"

Aus Verben (Tätigkeitswörtern) Nomen/ Substantive machen

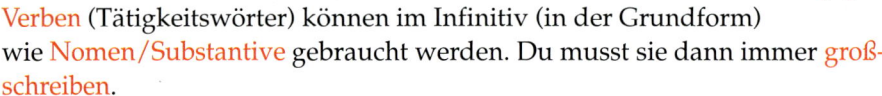

Verben (Tätigkeitswörter) können im Infinitiv (in der Grundform) wie Nomen/Substantive gebraucht werden. Du musst sie dann immer großschreiben.
Man nennt dies die Nominalisierung/Substantivierung von Verben (Tätigkeitswörtern).

Das Erreichen des Zaubergrades „Ohnegleichen" im Fach Zaubertränke ist äußerst selten.
Viele Schüler haben große Schwierigkeiten beim Anrühren der Zaubertränke.

4 Unterstreiche in den Sätzen alle großgeschriebenen Verben (Tätigkeitswörter).

- Beim <u>Fliegen</u> auf seinem Feuerblitz, dem besten Besen der Welt, ist Harry glücklich.
- Harry Potter erhält wichtige Informationen durch das Betrachten des Denkariums. Ein Denkarium ist ein Behältnis, das menschliche Gedankengänge aufbewahrt.
- Nur ein volljähriger Hogwarts-Schüler darf die Prüfung im Apparieren ablegen. In dieser Prüfung lernen die Schüler zu verschwinden.
- Seit dem Auftauchen der Todesser herrscht große Aufregung im Zaubereiministerium.
- Erfolgreiches Anwenden des Patronus-Zaubers ist nur wenigen Zauberern vergönnt. Der Patronus-Zauber ist ein Schutzzauber.
- Das Öffnen von Türen und Fenstern gelingt mithilfe des Alohomora-Zaubers.
- Der Incacerus-Fluch bewirkt das Fesseln eines unliebsamen Gegners.

- Starkes Konzentrieren hilft, dem Imperius-Fluch zu entkommen. Der Imperius-Fluch ermöglicht die Kontrolle über seine Opfer.
- Ein Aussprechen der drei unverzeihlichen Flüche wird vom Zaubereiministerium mit lebenslanger Haftstrafe in Askaban geahndet.
- Ein Verfärben der Erinnermich-Kugel zeigt an, dass man etwas vergessen hat.
- Tägliches Einüben der wichtigsten Zaubersprüche ist Bestandteil der Hausaufgaben auf Schloss Hogwarts.

Signale für die Nominalisierung von Verben (Tätigkeitswörtern) erkennen

Werden Verben (Tätigkeitswörter) zu Nomen/Substantiven, so gehen ihnen Erkennungszeichen/Nomensignale voran. Sehr häufig findest du den bestimmten (der, die, das) und den unbestimmten (ein, eine, ein) Artikel.

Das Bestehen der Zauberprüfung mit den Bemerkungen „Ohnegleichen/Erwartungen übertroffen" ist die Voraussetzung für die Teilnahme an einem Kurs zum unheimlich tollen Zauberer (UTZ-Kurs).
Im UTZ-Kurs ist ein Mitarbeiten mit den Bemerkungen „Annehmbar/Mies/Schrecklich" oder „Troll" unmöglich.

5 Lord Voldemort und seine Getreuen, die Todesser (= böse Zauberer), bedrohen sowohl die Zauberer als auch die Muggel (= Menschen, die nicht zaubern können). Deswegen hat das Zaubereiministerium Sicherheitsrichtlinien herausgegeben.
Forme diese Sicherheitsrichtlinien so um, dass die fett gedruckten Verben (Tätigkeitswörter) großgeschrieben werden müssen. Setze immer den Artikel *das* vor die Verben (Tätigkeitswörter).

- Am Tage ist es nicht erlaubt, das Haus alleine zu **verlassen**.
  Das Verlassen des Hauses ist alleine am Tage nicht erlaubt.
- Es ist streng verboten, das Haus nach 19.00 Uhr zu **verlassen**.
- Es wird allen erwachsenen Zauberern empfohlen, den Anti-Eindringlings-Fluch zu **beherrschen**.

- Es ist unverzüglich zu melden, wenn Familienmitglieder, Freunde oder Bekannte sich **seltsam verhalten.**
- Es ist dem Zaubereiministerium sofort zu melden, wenn Inferi **auftauchen**. Inferi sind tote Menschen, die durch böse Zauberer wieder zum Leben erweckt worden sind.
- Es ist streng verboten, Gebäude zu **betreten**, sobald das Dunkle Mal über ihnen erscheint. Das Dunkle Mal ist das Zeichen für einen Angriff der Todesser.

Auch Pronomen (Fürwörter) (mein, dein, sein, unser, ihr, dieses, euer ...) sind Nomensignale/Erkennungszeichen und erinnern dich daran, ursprüngliche Verben (Tätigkeitswörter) großzuschreiben.

Professor Snape ist der Lehrer für Zaubertränke. Sein Drohen macht ihn zu einem gefürchteten Lehrer.

6 Unterstreiche die Pronomen (Fürwörter) und setze die Verben (Tätigkeitswörter) in der richtigen Schreibweise ein.

- Professor Flitwick, der kleine Lehrer für die Zauberkunst, lacht gerne. <u>Dieses</u> Lachen ist sehr ansteckend.

- Der hochbetagte Professor Binns unterrichtet die Geschichte der Zauberei. Für die Schüler ist sein _____ (vorlesen) endloser Geschichtsdaten äußerst langweilig.

- Frau Professor McGonagall lehrt die hohe Kunst der Verwandlung. Sie ist streng; ihr _____ (schimpfen) und ihre Strafarbeiten sind aber fast immer gerecht.

- „Dein stundenlanges _____ (lernen) für die Prüfung in Verwandlungskunst finde ich aber übertrieben", sagt Ron zu der fleißigen Hermine.

Groß- und Kleinschreibung

Außerdem sind Präpositionen (Verhältniswörter), in denen der Artikel versteckt ist (am, ans, beim, im, ins, vom, zum, zur), Nomensignale, die dich darauf hinweisen, Verben (Tätigkeitswörter) großzuschreiben.

Die Schüler ziehen sich mit ihrem Professor Horace Slughorn zum Anrühren der Zaubertränke in den Kerker zurück.

7 Unterstreiche die Präpositionen (Verhältniswörter) und setze die Verben (Tätigkeitswörter) in der richtigen Schreibweise ein.

- Manchmal gibt es kleinere Missgeschicke <u>beim</u> Herstellen der Zaubertränke.

Groß- und Kleinschreibung

- Gestern sollten die Schüler zum Beispiel ein Gebräu zum _____ (behandeln) von Masern und juckenden Mückenstichen anrühren.

- Beim _____ (rösten) der Schnecken und Schlangenhäute, beim _____ (abwiegen) der Brennnesseln und beim _____ (zerkleinern) der Giftzähne verschiedener Schlangen waren die Schüler sehr konzentriert.

- Professor Slughorn lobte seine Schüler im _____ (vorbeigehen) an den Schülertischen. Als das Gebräu jedoch in großen Kesseln köchelte, gab es viele kleine grüne Blitze und Rauchwolken.

- Es ist eben doch für jeden Zauberer ein weiter Weg vom _____ (lesen) bis zum richtigen _____ (zusammenmischen) der Zaubertrankrezepturen.

Weiterhin sind **unbestimmte Mengenangaben/unbestimmte Zahlwörter** (etwas, alles, viel, kein, wenig, allerlei, genug, manches …) **Nomensignale/Erkennungszeichen**, die dir verraten, dass **Verben** (Tätigkeitswörter) **großgeschrieben** werden.

Während der Zauberprüfungen hilft kein Mogeln und kein Schummeln. Die Lehrer verwenden den Anti-Schummel-Zauber.

---

8 Unterstreiche die unbestimmten Mengenangaben/unbestimmten Zahlwörter und setze die Verben (Tätigkeitswörter) in der richtigen Schreibweise ein.

- Wenn man die Prüfung zum unheimlich tollen Zauberer in einem bestimmten Fach machen will, muss man vorher eine Zaubergradprüfung mit einem „Ohnegleichen" bestehen. Alles _____ (jammern) und _____ (fluchen) hilft da nicht weiter.

Groß- und Kleinschreibung   143

- Viel _____ (trainieren) ist erforderlich, wenn man ein erfolgreicher Quidditch-Spieler sein möchte.

- Hinter der strengen Fassade Minerva McGonagalls verbirgt sich so manches _____ (schmunzeln).

- Eine Regel ist auf Schloss Hogwarts Gesetz: Es gibt kein _____ (petzen).

Auch gebeugte Adjektive sind Nomensignale/Erkennungszeichen.
Du erkennst sie daran, dass sie auf -es enden (schönes, herzliches, anstrengendes, witziges). Sie zeigen dir an, dass du Verben (Tätigkeitswörter) großschreiben musst.

Ständiges Lernen und praktisches Üben sind erforderlich, wenn man ein großer Zauberer werden will.

---

9 Unterstreiche die gebeugten Adjektive (Eigenschaftswörter), kreise das -es der Adjektive ein und setze die Verben (Tätigkeitswörter) in der richtigen Schreibweise ein.

- Konzentriert(es) Lernen ist erforderlich, wenn man die Prüfung zum unheimlich tollen Zauberer in einem Fach bestehen möchte.

- Professor Snape fordert von seinen Schülern stundenlanges _____ (einüben) der wichtigsten Zaubersprüche.

- Frau Professor McGonagall verlangt eine saubere Heftführung und diszipliniertes _____ (verhalten) im Unterricht und auf dem Schulhof.

- Frau Professor Sprout setzt ein genaues _____ (beobachten) und korrektes _____ (benennen) der Pflanzen in ihrem Gewächshaus voraus, wenn Schüler eine gute Note im Fach Kräuterkunde haben möchten.

- Alle Hogwarts-Lehrer erwarten von ihren Schülern pünktliches _____ (erscheinen) zum Unterricht.

Die Nomensignale/Erkennungszeichen müssen aber nicht immer direkt vor den Verben (Tätigkeitswörtern) stehen. Hier musst du gut aufpassen.

Das erfolgreiche Bestehen der Zauberprüfung ist die Voraussetzung für die Teilnahme an einem UTZ-Kurs.
Professor Snape ist der Lehrer für Zaubertränke. Sein ständiges Drohen macht ihn zu einem gefürchteten Lehrer.
Beim anstrengenden Lernen der unterschiedlichen Flüche brauchen die Schüler viel Disziplin.
Während der Prüfungen hilft kein noch so geschicktes Mogeln. Die Lehrer verwenden den Anti-Schummel-Zauber.
Ausdauerndes praktisches Üben ist erforderlich, wenn man ein großer Zauberer werden will.

10 Groß oder klein? Unterstreiche zunächst die Nomensignale und die nominalisierten Verben (Tätigkeitswörter). Schreibe die Sätze dann in der richtigen Schreibweise auf.

Die Sommerferien Harry Potters (Teil I)

Um vor dem gefährlichen Magier Lord Voldemort geschützt zu sein, ist das jährliche Verbringen der Sommerferien bei den Dursleys für Harry notwendig.

Ein von Albus Dumbledore einst heraufbeschworener Schutzzauber verhindert das LANGSAME EINDRINGEN der dunklen Kräfte in Harrys Gedanken.
Für Harry ist das LANGE VERWEILEN im Haus der Dursleys schrecklich, da sich das EWIGE SCHIMPFEN und LAUTE ZETERN Petunia Dursleys ausschließlich gegen ihn richtet. Freude bereitet ihr hingegen ein UNGLAUBLICHES VERHÄTSCHELN UND VERWÖHNEN ihres eigenen Sohnes, des dicken und dummen Dudley. Der Grund für Petunia Dursleys gemeines Verhalten gegenüber Harry ist ihr ENERGISCHES ABLEHNEN der Zauberei sowie der gesamten Zauberwelt.

Groß- und Kleinschreibung

11 Unterstreiche in den Sätzen die Erkennungszeichen, die dir zeigen, welche der Verben (Tätigkeitswörer) großgeschrieben werden müssen. Setze danach die Verben (Tätigkeitswörter) in der richtigen Schreibweise ein.

Die Sommerferien Harry Potters (Teil II)

<u>Nach dem</u> Eintreffen (eintreffen) eines Briefes aus der Welt der Zauberer bessert sich Harrys Stimmung deutlich.

Beim _____ (lesen) des von Albus Dumbledore geschriebenen Briefes fühlt Harry sich glücklich, denn dort steht geschrieben, dass er den Rest der Sommerferien im Hause der Weaslys _____ (verbringen) solle und dass Dumbledore ihn dorthin begleiten werde. Das persönliche _____ (erscheinen) des Schulleiters bei den Dursleys verwundert Harry ein wenig, hindert ihn aber nicht am hektischen _____ (zusammenpacken) seiner Sachen.

Da Harry seine Prüfung im _____ (apparieren) noch nicht abgelegt hat, muss er sich gut an Dumbledores Arm _____ (festhalten). Ihm wird schwarz vor Augen, das _____ (atmen) ist nun unmöglich und er gerät ins _____ (schwitzen). Er hat das Gefühl, durch einen sehr engen Gummischlauch gezwängt zu werden. Beim _____ (aufwachen) findet er sich vor dem Haus der Weasleys, einem gemütlichen Fuchsbau, wieder. Um den Fuchsbau vor einem _____ (angreifen) der Todesser zu schützen, musste das Zaubereiministerium die höchsten Sicherheitsvorkehrungen _____ (ergreifen). Harry verbringt mit seinen Freunden Ron und Hermine glückliche Ferien, die allerdings durch das tägliche _____ (auftauchen) von Berichten im *Tagespropheten* über seltsame Überfälle, Entführungen und Morde getrübt werden.

Groß- und Kleinschreibung

12 Groß oder klein? Schreibe die Verben (Tätigkeitswörter) in der richtigen Schreibweise in die Lücken. Prüfe zunächst, ob es im Satz ein Erkennungszeichen für die Großschreibung von Verben (Tätigkeitswörtern) gibt, und kreise es ein.

Die Rückkehr nach Hogwarts

- Nach den Sommerferien treffen Ron, Hermine und Harry gut gelaunt in Hogwarts ein (eintreffen). (Ihr) Eintreffen (eintreffen) in Hogwarts wird von den anderen Schülern des Hauses Gryffindor bereits freudig erwartet.

- Die Fahrt im Hogwarts-Express ist wie im Fluge vergangen, da die drei ständig _____ (kichern) mussten und den anderen Schülern aufgeregt ihre Ferienabenteuer _____ (erzählen) konnten. Dieses aufgeregte _____ (erzählen) der Ferienabenteuer und das viele _____ (kichern) haben die Fahrt im Hogwarts-Express wie im Fluge vergehen lassen.

- Hermine, die klügste und strebsamste der drei Freunde, hat richtig Lust zum _____ (lernen). Hermine liebt es zu _____ (lernen); ihre Lieblingsfächer sind Zauberkunst, Verteidigung gegen die dunklen Künste und Verwandlung.

- Mit dem _____ (bestehen) einer Zaubergradprüfung (ZAG-Prüfung) mit einem *Ohnegleichen* darf man einen UTZ-Abschluss (Prüfung zum *unheimlich tollen Zauberer*) in diesem Fach machen. Um einen UTZ-Abschluss in einem Fach machen zu dürfen, muss man die ZAG-Prüfung mit einem *Ohnegleichen* _____ (bestehen).

Groß- und Kleinschreibung

- Hat ein Schüler nur ein *Annehmbar* erreicht, so hilft kein _____ (jammern) und kein _____ (fluchen). Er darf den UTZ-Kurs nicht besuchen. Hat ein Schüler nur ein *Annehmbar* erreicht, so kann er _____ (jammern) und _____ (fluchen), bis er schwarz wird: Er darf den UTZ-Kurs nicht besuchen.

- Zur ersten Stunde in *Verteidigung gegen die dunklen Künste* _____ (gehen) die Schüler in ein düsteres Klassenzimmer hinein, an dessen Wänden grausige Bilder hängen. Beim _____ (hineingehen) in ein düsteres Klassenzimmer sehen die Schüler grausige Bilder an den Wänden hängen.

- Professor Snape fordert von seinen Schülern intensives _____ (einüben) nur gedachter Zaubersprüche. Professor Snape fordert, dass seine Schüler nur gedachte Zaubersprüche intensiv _____ (einüben).

- Danach haben die Schüler eine Doppelstunde Zaubertränke bei Professor Horace Slughorn. Da Harry kein Lehrbuch hat, muss Professor Slughorn kurz in einem alten Schrank _____ (stöbern). Er gibt Harry ein stark beschädigtes Buch mit dem Titel *Zaubertränke für Fortgeschrittene*. Nach einem kurzen _____ (stöbern) gibt Professor Slughorn Harry ein beschädigtes Buch mit dem Titel *Zaubertränke für Fortgeschrittene*.

Aus Adjektiven (Eigenschaftswörtern) Nomen/Substantive machen

Signale für die Nominalisierung von Adjektiven (Eigenschaftswörtern) erkennen

Werden Adjektive (Eigenschaftswörter) zu Nomen/Substantiven, so gehen ihnen ebenfalls Nomensignale/Erkennungszeichen voran. Du musst die Adjektive (Eigenschaftswörter) dann großschreiben.

Sehr häufig findest du unbestimmte Mengenangaben/unbestimmte Zahlwörter (etwas, alles, viel, nicht, kein, wenig, allerlei, genug, manches …).

Erscheint irgendwo das Dunkle Mal, so geschieht etwas Grausames.
Es gibt nichts Schlimmeres als einen Angriff der Todesser.

13 Unterstreiche die unbestimmten Mengenangaben und setze die Adjektive (Eigenschaftswörter) in der richtigen Schreibweise ein. Denk daran, die Endungen der Adjektive (Eigenschaftswörter) zu verändern.

- In den Sommerferien, die Harry Potter im Haus der Weaslys verbringt, geschieht fast täglich <u>etwas Bedrohliches</u> (bedrohlich): Es gibt Überfälle, Entführungen und sogar Morde in der Welt der Muggel und der Zauberer.

- Da inzwischen viel _____ (schrecklich) passiert ist, hat das Zaubereiministerium allerlei _____ (neu) und _____ (sinnvoll) beschlossen, um weitere Katastrophen zu verhindern: So gibt es zum Beispiel nach 19 Uhr Ausgangssperren für alle Zauberer.

- Alles _____ (furchtbar) geschieht, da Lord Voldemort, der gefährlichste schwarze Magier, zurückgekehrt ist.

- In der Geschichte des dunklen Lord gibt es manches _____ (rätselhaft). Albus Dumbledore und Harry Potter versuchen, sein Geheimnis zu lüften.

Groß- und Kleinschreibung   149

Auch Präpositionen (Verhältniswörter), in denen der Artikel versteckt ist (am, ans, beim, im, ins, vor, zum, zur) sind Nomensignale/ Erkennungszeichen, die dich darauf hinweisen, ursprüngliche Adjektive (Eigenschaftswörter) großzuschreiben.

Harry Potter trifft mit seinen Vermutungen oftmals ins Schwarze.

14 Unterstreiche die Präpositionen (Verhältniswörter) und setze die Adjektive (Eigenschaftwörter) in der richtigen Schreibweise ein. Denk daran, die Endungen der Adjektive (Eigenschaftswörter) zu verändern.

- Die Vergangenheit Lord Voldemorts bleibt lange <u>im</u> Unklaren (unklar).
- Die Hogwartsschüler lassen sich auch von Misserfolgen beim Zaubern nicht abschrecken: Sie probieren es immer wieder aufs _____ (neu).
- Harry Potter ist ein kluger Kopf: Seine Vermutungen treffen fast immer ins _____ (schwarz).
- Im _____ (allgemein) sind die Noten (ZAGs) der Hogwartsschüler zufriedenstellend.
- Manchmal haben die Hogwartsschüler schlechte Noten, aber meist wendet sich alles wieder zum _____ (gut).

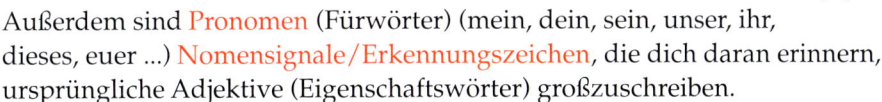

Außerdem sind Pronomen (Fürwörter) (mein, dein, sein, unser, ihr, dieses, euer ...) Nomensignale/Erkennungszeichen, die dich daran erinnern, ursprüngliche Adjektive (Eigenschaftswörter) großzuschreiben.

Unsere Neuen werden in Hogwarts durch den „Sprechenden Hut" auf die einzelnen Häuser verteilt.

Groß- und Kleinschreibung

15 Unterstreiche die Pronomen (Fürwörter) und setze die Adjektive (Eigenschaftswörter) in der richtigen Schreibweise ein. Denke daran, die Endungen der Adjektive (Eigenschaftswörter) zu verändern.

- Hermine gibt in jedem Unterrichtsfach ihr _____ (beste).

- Diese _____ (neugierig), die Hermine, Ron und Harry belagerten, erfuhren nichts über Lord Voldemort.

- „Unsere _____ (neu) haben in den ersten Wochen oft Heimweh", sagt Albus Dumbledore.

Weiterhin sind der **bestimmte** (der, die, das) und der **unbestimmte Artikel** (ein, eine, ein) **Nomensignale/Erkennungszeichen**, die dir verraten, dass **Adjektive** (Eigenschaftswörter) **großgeschrieben** werden müssen.

Das Schönste für die Hogwartsschüler sind die vielen Abenteuer auf dem Schloss.

---

16 Unterstreiche den bestimmten/unbestimmten Artikel und setze die Adjektive (Eigenschaftswörter) in der richtigen Schreibweise ein. Denk daran, die Endungen der Adjektive (Eigenschaftswörter) zu verändern.

- Auf Schloss Hogwarts gibt es am Ende jedes Schuljahres eine Ehrung <u>der</u> <u>Besten</u> (beste) eines jeden Jahrgangs:

- Den _____ (klug) und _____ (fleißig) wird eine große Zaubererkarriere vorausgesagt.

- Seitdem das Dunkle Mal einige Male in der Welt der Zauberer aufgetaucht ist, wissen alle, dass der _____ (unheimlich), auch genannt Du-weißt-schon-wer, naht.

- Leider wird es auf Schloss Hogwarts in naher Zukunft einen _____ (tot) geben.

Groß- und Kleinschreibung

17 In den Sprichwörtern/Redewendungen ist einiges durcheinandergeraten. Finde zunächst die richtigen Ausdrücke.

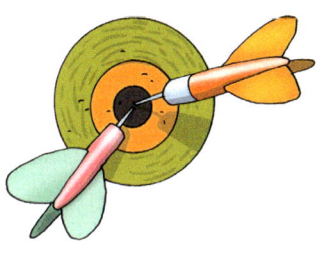

das Blaue suchen

im Dunkeln fischen

zum Besten wenden

ins Schwarze gehen

das Weite vom Himmel herunterlügen

im Trüben tappen

zum Guten geben

aufs Ganze treffen

18 Setze die Redewendungen nun in den Lückentext ein.

Die Lehrer auf Schloss Hogwarts

Albus Dumbledore, der Direktor der Zauberschule Hogwarts, geht in seinem Kampf gegen Voldemort immer <u>aufs Ganze</u>.

Minerva McGonagall, die Lehrerin für die Kunst der Verwandlung, gibt gerne Kostproben ihres Könnens _____: So kann sie sich zum Beispiel in eine Katze verwandeln.

Severus Snape, der Lehrer für Zaubertränke, ist schwer zu durchschauen und nutzt jede unklare Situation zu seinem Vorteil. Er fischt gerne _____. Harry Potter tappt lange _____, bevor er das Geheimnis um Snapes Person löst.

Professor Binns, der Lehrer für die Geschichte der Zauberei, trifft nicht immer _____, wenn er über Geschichtsdaten spricht.

Frau Professor Sprout, die Lehrerin für Kräuterkunde, sucht nach dem Unterricht schnell _____, da sie sich am liebsten in den Gewächshäusern von Hogwarts aufhält.

Professor Flitwick, der Zauberkunstlehrer, ist ein winzig kleiner Zauberer, dem es manchmal Spaß macht, seinen Schülern _____ vom Himmel herunterzulügen.

Professor Quirrell, der Lehrer für die Abwehr der dunklen Künste, trägt ein schweres Schicksal, da er seinen Körper mit Lord Voldemort teilt: In seinem Leben kann sich nie etwas _____ wenden.

19 Schreibe die Ausdrücke aus der Wortblume heraus. Bilde dann mit jedem Ausdruck einen Satz.

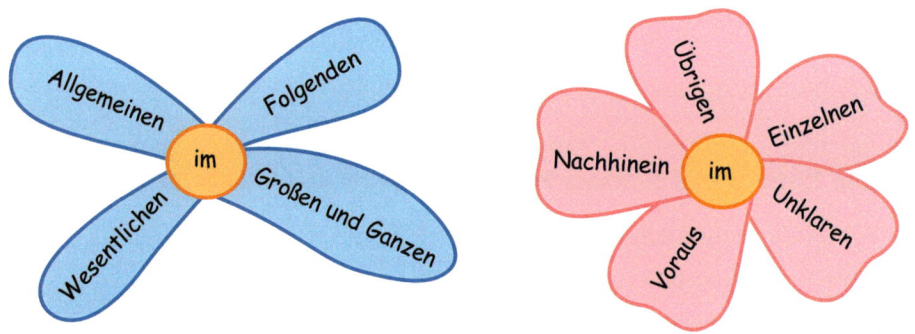

Die ZAGs, die die Hogwartsschüler erhalten, sind im Allgemeinen gut.

20 Unterstreiche die Erkennungszeichen für die Großschreibung von Adjektiven (Eigenschaftswörtern). Setze dann die Adjektive (Eigenschaftswörter) in der richtigen Schreibweise ein. Denk daran, dass du die Adjektive (Eigenschaftswörter) verändern musst (z. B.: neu → viel Neues).

In der Zaubertrankstunde (Teil I)

Die Schüler freuen sich auf ihre erste Zaubertrankstunde im neuen Schuljahr, da es in diesem Fach immer <u>viel</u> <u>Neues</u> und <u>Spannendes</u> (neu/spannend) zu entdecken gibt.

Groß- und Kleinschreibung

Die Wissenschaft der Zaubertrankbrauerei hält allerlei _____ (schwierig), aber auch manches _____ (wunderbar) für die Schüler bereit.

Professor Horace Slughorn, der eigentlich bereits im Ruhestand ist, kehrt als Zaubertranklehrer nach Hogwarts zurück. Die Schüler merken sogleich, dass seine Person etwas _____ (geheimnisvoll) umgibt. Die Zaubertrankstunde beginnt. Auf den Tischen der Schüler stehen große Kessel, in denen es brodelt und dampft. Nun geht es darum, das _____ (einzigartig) der verschiedenen Zaubertränke zu erkennen und somit zu bestimmen, um welchen Trank es sich handelt.

Auf dem Tisch der Gryffindor-Schüler befindet sich ein seltsames Gebräu. Beugt man sich über den Kessel, sieht man in etwas _____ (farblos), das nichts _____ (auffällig) aufweist. Die kluge Hermine macht den Riechtest. Als sie sich darüber im _____ (klar) ist, dass der Trank wirklich geruchlos ist, weiß sie, dass es sich um *Veritaserum* handelt. Dies ist ein Trank, der zwingt, die Wahrheit zu sagen.

Groß- und Kleinschreibung

Teste dein Wissen 12

1 Prüfe sorgfältig, ob es vor den Verben (Tätigkeitswörtern) oder Adjektiven (Eigenschaftswörtern) Erkennungszeichen zur Großschreibung gibt. Unterstreiche sie und setze die Adjektive/Verben dann in der richtigen Schreibweise ein.

In der Zaubertrankstunde (Teil II)

Veritaserum – der Trank zum _____ (enthüllen) der Wahrheit – ist von der _____ (klug) Hermine blitzschnell entschlüsselt worden. Im _____ (allgemein) reichen drei Tropfen aus, damit ein Mensch das _____ (geheimnisvollste) seiner Seele preisgibt. Dieses schnelle _____ (lösen) des Rätsels bringt dem Haus Gryffindor zwanzig Punkte ein. Und es gilt, einen weiteren Trank zu _____ (benennen). In einem mächtigen Kessel, aus dem man ein leises _____ (blubbern) hört, brodelt etwas _____ (außergewöhnlich). Wunderschönes _____ (schimmern) und seidiges _____ (glänzen) dieses Trankes _____ (begeistern) die Schüler sofort. Dämpfe, die für jeden anders riechen, steigen auf und _____ (lassen) an allerlei _____ (schön) denken. Etwas _____ (besonders) liegt in der Luft, als Hermine mit ihrer Vermutung, dass es sich hier um *Amortentia* handelt, abermals ins _____ (schwarz) trifft. *Amortentia* ist der stärkste Liebestrank der Welt. Durch das _____ (entschlüsseln) des Zaubertrankes holt Hermine noch einmal zwanzig Punkte für das Haus Gryffindor. Sollte Hermine auch den dritten Zaubertrank noch _____ (benennen) können, erhält sie von Professor Slughorn ein Fläschchen *Felix Felicis*.

Groß- und Kleinschreibung

2 Lass dir den Text diktieren oder schreibe ihn als Laufdiktat.

Das Buch des Halbblutprinzen (Teil I)

In der nächsten Zaubertrankstunde fordert Professor Slughorn von seinen Schülern schon wieder etwas Kompliziertes. Beim Vorbereiten seines Unterrichts hat er verschiedene Lehrbücher durchgeblättert und allerlei Interessantes und Spannendes gefunden. Er ist auf eine Rezeptur für einen Todestrank gestoßen. Dieser Todestrank war lange in Vergessenheit geraten. Da er im Großen und Ganzen mit seinen Schülern zufrieden ist, traut er ihnen das Anrühren eines schwierigen Zaubertrankes zu. Als er den Schülern die Aufgabe erklärt, gibt es kein Murren und kein Herummaulen, alle machen sich sogleich eifrig an die Arbeit – zumal demjenigen, der die Aufgabe zuerst löst, ein Fläschchen *Felix Felicis* winkt. Es gibt nichts Besseres als ein Fläschchen *Felix Felicis*, da dieser Trank vierundzwanzig Stunden Glück bringt.

3 Überarbeite den Text, indem du die Rechtschreibfehler erst rot anstreichst und die Sätze dann richtig aufschreibst. 16 Rechtschreibfehler sind versteckt.

Das Buch des Halbblutprinzen (Teil II)

- Die Schüler beginnen mit dem zerhacken der Baldrianwurzeln, dem zerkleinern der Drachenzähne und dem andünsten der Schlafbohnen.
- Es folgt das hinzufügen verschiedener Gewürze und das umrühren des Gebräus auf niedriger Flamme.
- Beim hineinschauen in die brodelnden Kessel ist Professor Slughorn unzufrieden mit den Ergebnissen seiner Schüler.
- Auf einmal ertönt jedoch ein Freudiges klatschen, als er in Harry Potters Kessel blickt.
- Hier sieht er in etwas hellrotes, er sieht in den *Trank des Todes*.
- Harry genießt das Anerkennende nicken und Aufmunternde loben seines Lehrers, da er normalerweise nicht zu den besten in diesem Fach gehört. Professor Slughorn ahnt allerdings nicht, dass Harrys Lehrbuch einst dem geheimnisvollen Halbblutprinzen gehörte.
- Nur durch das entziffern der Anmerkungen, die an den Rand gekritzelt worden sind, ist Harry beim zusammenmischen dieses schwierigen Zaubertrankes erfolgreich.

Haltestelle

Großschreibung von Verben (Tätigkeitswörtern) und Adjektiven (Eigenschaftswörtern)

Verben im Infinitiv (Tätigkeitswörter in der Grundform) und Adjektive (Eigenschaftswörter) können wie Nomen/Substantive gebraucht werden. Du musst sie dann großschreiben. Erkennungszeichen für eine Nominalisierung sind:

1 Der bestimmte (der, die, das) und der unbestimmte (ein, eine, ein) Artikel

Das erneute Auftauchen der Todesser beunruhigt das Zaubereiministerium sehr. Die Besten eines Jahrgangs werden am Schuljahresende geehrt.

2 Pronomen (mein, dein, sein, unser, ihr, dieses, euer …)

Professor Snape hat seine Lieblingsschüler. Dieses Bevorzugen gewisser Schüler des Hauses Slytherin macht ihn unsympathisch.
Unsere Neuen werden in Hogwarts durch den „Sprechenden Hut" auf die einzelnen Häuser verteilt.

3 Präpositionen, in denen der Artikel versteckt ist (am, ans, beim, im, ins, vom, zum, zur)

Beim Lernen der unterschiedlichen Flüche brauchen die Schüler viel Disziplin.
Im Allgemeinen leben sich die neuen Schüler schnell auf Hogwarts ein.

4 Unbestimmte Mengenangaben/unbestimmte Zahlwörter (etwas, alles, viel, nichts, kein, wenig, allerlei, genug, manches …)

Alles Reden mit Draco Malfoy ist erfolglos: Er bleibt der fieseste der Slytherin-Schüler. In diesem Schuljahr wird sich etwas Schreckliches ereignen.

5 Gebeugte Adjektive (Eigenschaftswörter, die auf -es enden) (schönes, feines, anstrengendes, witziges …)

Ängstliches Schweigen erfüllt das Klassenzimmer, wenn Professor Snape mit seinem Unterricht beginnt.

Groß- und Kleinschreibung

Tageszeiten und Wochentage großschreiben

Tageszeiten und Wochentage werden sehr häufig als Nomen/Substantive gebraucht. Du musst sie dann großschreiben. Die Nomen/Substantive erkennst du an folgenden Nomensignalen/Erkennungszeichen:

Das erste Erkennungszeichen ist der bestimmte (der, die, das) und der unbestimmte (ein, eine, ein) Artikel.

Der Dienstag ist Hermines Lieblingstag, da sie eine Doppelstunde Verwandlung hat.
Es gibt stets einen besonderen Abend, wenn die Mannschaft von Gryffindor im Quidditch gewonnen hat.
Eines Abends herrscht große Aufregung auf Schloss Hogwarts, da Albus Dumbledore das Dunkle Mal gesehen hat.

Das zweite Nomensignal ist ein Pronomen (Fürwort) (mein, dein, sein, unser, ihr, dieser, jeder, euer ...)

Dieser Donnerstag hat es in sich: Zuerst haben die Schüler eine Doppelstunde Zaubertranklehre, dann eine Doppelstunde Verteidigung gegen die dunklen Künste und dann auch noch eine Doppelstunde Verwandlung.

Das dritte Erkennungszeichen ist eine Präposition (Verhältniswort), in der der Artikel versteckt ist (am, ans, beim, im, ins, vom, zum, zur).

Am späten Nachmittag können sich die Hogwartsschüler nicht mehr konzentrieren.

 21 Unterstreiche alle Nomensignale (bestimmter/unbestimmter Artikel, Pronomen/Fürwörter und Präpositionen/Verhältniswörter) und schreibe die Sätze dann in der richtigen Schreibweise in dein Heft.

- Die Hogwartsschüler wachen <u>am</u> Montagmorgen schlecht gelaunt auf.
- Der M/mittwoch ist ein angenehmer Tag, da der Unterricht nur bis zum M/mittag dauert.
- Am späten N/nachmittag herrscht Ruhe auf den Fluren von Schloss Hogwarts, da die Schüler in der Bibliothek sitzen und arbeiten.
- Hermine erklärt jeden D/dienstag zu ihrem Lieblingstag, da sie dann immer eine Doppelstunde Verwandlung bei Frau Professor McGonagall hat.

Groß- und Kleinschreibung

- In diesem Schuljahr verabscheut Ron insbesondere die D/donnerstage, da er drei Doppelstunden hintereinander hat.
- Diese D/donnerstage findet Ron sehr anstrengend.
- Sein Lieblingstag ist der F/freitag, da er dann eine Doppelstunde Besenflug hat.
- Es ist immer ein schöner N/nachmittag, wenn die Eulen den Hogwartsschülern mittags Post von ihren Familien gebracht haben.
- Vom frühen M/morgen bis zum späten A/abend hat Ron sein Englischbuch überall gesucht, da man verbummelte Bücher vom Taschengeld ersetzen muss.
- Eines M/morgens verschwand Professor Binns.

Tageszeiten und Wochentage kleinschreiben

Tageszeiten und Wochentage werden immer dann kleingeschrieben, wenn etwas regelmäßig geschieht. Sie enden dann auf -s.

Die Schüler haben dienstags eine Doppelstunde Verwandlung bei Professor McGonagall.

Achtung:
Steht vor diesen Tageszeiten/Wochentagen jedoch ein Nomensignal, so werden sie großgeschrieben.

Eines Nachts sitzt Harry Potter aufgeschreckt in seinem Bett. Er hatte einen furchtbaren Alptraum.
Eines Morgens fiel Frau Professor Sprout in ihrem Gewächshaus in Ohnmacht.
Des Abends macht Frau Professor Sprout immer ihre Gymnastik.

Zeitangaben wie morgen, gestern, heute, vorgestern, übermorgen heißen Adverbien. Auch sie schreibst du klein.

Die Schüler werden morgen von Professor Snape abgefragt.
Ron wird heute mit einem mulmigen Gefühl in den Unterricht gehen, da er nicht gelernt hat.

Groß- und Kleinschreibung

22 Setze die Zeitangaben in der richtigen Schreibweise ein.

- Die Schüler haben _____ (dienstags) eine Stunde Verteidigung gegen die dunklen Künste bei Professor Snape. Eines _____ (dienstags) erschien er jedoch nicht zum Unterricht.

- Professor Snape hat _____ (gestern) einen schwierigen Test zur Zaubertranklehre angekündigt.

- Der Unterricht bei Herrn Professor Binns fällt _____ (morgen) aus, da er seit _____ (vorgestern) erkrankt ist.

- Auf Schloss Hogwarts herrscht _____ (abends) ab 22 Uhr Nachtruhe. Des _____ (abends) kennen die Lehrer keine Nachsicht mehr, da sie ihre Nachtruhe brauchen.

- „Ich freue mich auf _____ (übermorgen)", sagt Ron, „da habe ich Geburtstag und wir feiern eine große Mitternachtsparty."

Tageszeiten und Wochentage können von den Zeitadverbien (Zeitangaben) vorgestern, gestern, heute, morgen und übermorgen begleitet werden. Pass gut auf, dass du die Tageszeiten und Wochentage nach diesen Zeitadverbien immer großschreibst.

Die Mannschaft von Gryffindor hat heute Nachmittag die Mannschaft von Slytherin im Quidditch geschlagen.
Aber gestern Abend hatten Ron und Hermine großen Ärger.

23 Unterstreiche die Zeitangaben (Adverbien) und setze die Tageszeiten Vormittag, Abend, Morgen, Mittag und Nacht sinngemäß in der richtigen Schreibweise ein.

- <u>Gestern</u> Abend hielten Ron, Hermine und Harry eine Sitzung ab, um Pläne gegen Lord Voldemort zu schmieden.

160 Groß- und Kleinschreibung

- Die drei Freunde sitzen heute _____ völlig übermüdet im Unterricht.

- Bei Professor Flitwick wird morgen _____ eine zweistündige Arbeit im Fach Zauberkunst geschrieben.

- Morgen _____ müssen die Schüler des Hauses Gryffindor bei Professor Snape ihre Hefte und Mappen abgeben: Er wird sie wieder strenger bewerten als die Mappen der Slytherin-Schüler.

- Albus Dumbledore glaubte vorgestern _____ , das Dunkle Mal über Schloss Hogwarts gesehen zu haben.

24 Groß oder klein? Schreibe die Sätze in der richtigen Schreibweise auf. Unterstreiche zunächst die Erkennungszeichen, die dich daran erinnern, Wochentage und Tageszeiten großzuschreiben.

Die Schulwoche auf Schloss Hogwarts (Teil I)

Die Hogwartsschüler kommen <u>am</u> **Montagmorgen** sehr schlecht aus dem Bett; denn sie haben wenig Lust auf eine anstrengende Schulwoche.

Der **M/montagmorgen** beginnt mit einer Doppelstunde *Verteidigung gegen die dunklen Künste* bei dem gefürchteten Professor Snape. Professor Snape verlangt, dass die Schüler bis zum nächsten **M/morgen** mindestens zehn Schutzzauber auswendig können. Es folgen am **V/vormittag** eine Doppelstunde *Pflege magischer Geschöpfe* sowie eine Doppelstunde *Wahrsagen* bei Professor Firenze. Auch hier gibt es viele Hausaufgaben, sodass die Schüler **H/heute A/abend** lange beschäftigt sind. Auf Schloss Hogwarts hat es der **D/dienstag** besonders in sich: Zuerst haben die Schüler **D/dienstags** eine Doppelstunde *Zaubertranklehre*, dann eine Doppelstunde *Verteidigung gegen die dunklen Künste* und dann noch eine Doppelstunde *Verwandlung*. Die von Professor Snape **G/gestern M/morgen** angekündigte Abfrage wird sehr streng zensiert. Nach der Mittagspause haben die Schüler **N/nachmittags** noch *Kräuterkunde* bei Professor Sprout.

Dann endlich ist unterrichtsfrei. Der Unterricht beginnt **M/mittwochs** **M/morgens** um neun Uhr. In der ersten Stunde lehrt Professor Binns die *Geschichte der Zauberei*. Er ist der einzige Lehrer, der ein Geist ist, da er eines **M/morgens** zum Unterricht ging, obwohl er in der Nacht davor starb. Er hat **G/gestern** einen ausführlichen Test angekündigt, über dem die Schüler **H/heute** schwitzen. Bis zum **M/mittag** haben die Schüler abermals Unterricht in *Verteidigung gegen die dunklen Künste*.

Die Schüler haben am **N/nachmittag** unterrichtsfrei, da in der **N/nacht** vom **M/mittwoch** zum **D/donnerstag** der Astronomieunterricht stattfindet. Professor Sinistra unterrichtet das beliebte Fach, in dem es um die Erforschung des Himmels und der Sterne geht.

Teste dein Wissen 13

1 Groß oder klein? Schreibe die Sätze in der richtigen Schreibweise auf.

Die Schulwoche auf Schloss Hogwarts (Teil II)

Da die Schüler erst am frühen **M/morgen** zu Bett gehen, beginnt der Unterricht am **D/donnerstag** erst **V/vormittags**. Jeder **D/donnerstag** beginnt mit einer Doppelstunde *Arithmantik*. Professor Vektor fragt **H/heute M/morgen** das Wichtigste aus dem Bereich der Bruchrechnung ab. Hermine liebt dieses Fach, das bei uns Mathematik heißt, sehr. Dann folgt an jedem ersten **D/donnerstag** im Monat eine Doppelstunde *Zaubertranklehre* bei Professor Slughorn. Sonst wird **D/donnerstags** nach der *Arithmantik* eine Doppelstunde *Verwandlung* unterrichtet. Der **D/donnerstag** endet am **S/späten N/nachmittag** mit einer Doppelstunde *Besenflug*. Da es keine Mittagspause gibt, wird **A/abends** bereits um 17.30 Uhr gegessen.

2 Überarbeite den Text, indem du die Rechtschreibfehler erst rot anstreichst und die Sätze dann richtig aufschreibst. Es gibt sechs Rechtschreibfehler.

Die Schulwoche auf Schloss Hogwarts (Teil III)

- Nach dem Abendessen findet das Training der Quidditch-Mannschaften statt, das sich manchmal bis in den Späten abend hineinzieht.
- Da das Quidditch-Training Gestern Abend sehr anstrengend war, sind die Schüler am freitagvormittag noch sehr erschöpft.
- Der Freitag Morgen beginnt wieder mit einer Doppelstunde *Arithmantik*. Anschließend folgt eine Doppelstunde *Zauberkunst*.
- Dann schließt sich eine Doppelstunde *Verteidigung gegen die dunklen Künste* an und Professor Snape gibt ihnen zu Montag wieder viel zu viele Hausaufgaben auf.

3 Schreibe nun deine Schulwoche auf und verwende dabei viele Zeitangaben.

Groß- und Kleinschreibung

Haltestelle

Großschreibung von Tageszeiten und Wochentagen

1 Tageszeiten und Wochentage sind Nomen/Substantive und werden großgeschrieben.

Hermines Lieblingstag ist der Dienstag.

2 Nach den Zeitangaben (Zeitadverbien) vorgestern, gestern, heute, morgen, übermorgen musst du die Tageszeiten immer großschreiben.

Die Mannschaft von Gryffindor hat gestern Nachmittag die Mannschaft von Slytherin im Quidditch geschlagen.

3 Tageszeiten und Wochentage werden immer dann kleingeschrieben, wenn etwas regelmäßig geschieht. Sie enden dann auf -s.

Die Schüler haben donnerstags eine Doppelstunde Arithmantik bei Professor Vektor.

4 Zeitangaben (Zeitadverbien) wie morgen, gestern, heute, vorgestern, übermorgen schreibst du immer klein.

Harry war gestern bei dem Quidditchspiel äußerst erfolgreich.

Zusammenschreiben oder getrennt schreiben?

Wortzusammensetzungen zusammenschreiben

Es gibt Wörter, die aus mehreren Einzelwörtern zusammengesetzt sind. Diese Wörter musst du immer zusammenschreiben. Man nennt sie Komposita.

Es gibt viele unterschiedliche Möglichkeiten, wie du Wörter zusammensetzen kannst. Du kannst zwei Nomen/Substantive zu einem neuen Nomen/Substantiv verbinden.

die Klasse + das Zimmer	= das KIassenzimmer
der Sommer + die Ferien	= die Sommerferien
das Blei + der Stift	= der Bleistift

Du kannst auch ein Nomen/Substantiv mit einem Adjektiv (Eigenschaftswort) zu einem neuen Nomen/Substantiv verbinden.

übel + der Täter	= der Übeltäter
faul + der Pelz	= der Faulpelz
bunt + der Stift	= der Buntstift

Verbindest du zwei Adjektive (Eigenschaftswörter) miteinander, entsteht ein neues Adjektiv.

nass + kalt	= nasskalt
bitter + böse	= bitterböse
hell + blau	= hellblau

Ein neues Adjektiv (Eigenschaftswort) kannst du auch bilden, indem du ein Nomen/Substantiv mit einem Adjektiv verbindest.

das Gras + grün	= grasgrün
der Riese + groß	= riesengroß
die Butter + weich	= butterweich

Zusammenschreiben oder getrennt schreiben? 165

1 Hier ist einiges durcheinandergeraten. Füge die Unsinnwörter neu zusammen, sodass sinnvolle Nomen/Substantive entstehen. Ergänze immer den Artikel (der, die, das).

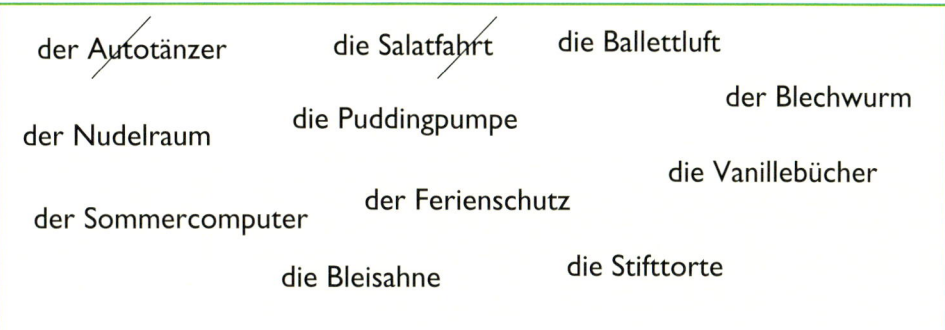

die Autofahrt,

2 Bilde aus den Adjektiven (Eigenschaftswörtern) und Nomen/Substantiven zusammengesetzte Nomen/Substantive. Füge immer den Artikel (der, die, das) hinzu. Denk daran, dass du Substantive/Nomen großschreibst.

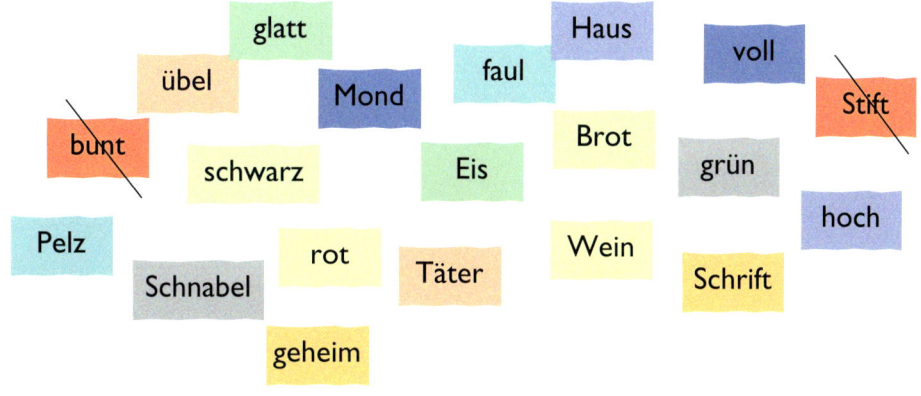

der Buntstift,

Zusammenschreiben oder getrennt schreiben?

3 Suche aus dem Wortgitter die zusammengesetzten Adjektive heraus und schreibe sie neu auf. Es sind acht. Denke daran, dass man Adjektive kleinschreibt.

B	A	Z	Ä	H	F	L	Ü	S	S	I	G	F	M	N
N	T	X	B	A	C	K	P	U	L	V	E	R	M	Z
E	A	S	H	O	C	H	B	E	G	A	B	T	V	F
U	Ä	D	C	X	B	M	I	O	P	Ä	N	Z	Y	E
G	A	N	A	S	S	K	A	L	T	Z	U	O	Q	U
I	M	N	K	B	B	A	C	K	O	F	E	N	W	C
E	A	S	F	A	L	T	M	O	D	I	S	C	H	H
R	A	M	M	B	R	E	I	N	E	T	M	I	R	T
I	M	L	H	O	K	E	S	A	C	N	I	P	S	W
G	B	P	G	R	O	ß	Z	Ü	G	I	G	A	T	A
E	I	Ä	M	N	B	Ä	C	K	E	R	I	N	I	R
I	W	E	C	R	T	Z	U	J	K	L	L	T	M	M
N	T	R	S	L	A	U	W	A	R	M	Ä	B	O	S
E	M	D	A	B	E	U	B	A	C	K	H	E	F	E
K	L	E	I	N	L	A	U	T	M	N	U	E	L	T

waagerecht: _____

senkrecht: _____

Zusammenschreiben oder getrennt schreiben? 167

4 Bilde aus den dargestellten Nomen/Substantiven und Adjektiven (Eigenschaftswörtern) zusammengesetzte Adjektive. Denk daran, dass du alle neuen Wörter kleinschreibst.

weich	groß	scharf	hart		weiß
				tief	
schnell		süß	stark		glatt
	kalt			gesund	leicht
schwarz		hübsch	scheu		

butterweich,

Zusammenschreiben oder getrennt schreiben?

5 Erkläre die Bedeutungen der zusammengesetzten Adjektive aus Aufgabe 4, indem du zu jedem Adjektiv einen Satz im Heft formulierst.

Wenn du eine Aufgabe kinderleicht findest, kannst du sie sehr schnell und sehr gut lösen.

6 Vervollständige die Sätze, indem du die Lücken ausfüllst. Denk an die Groß- und Kleinschreibung.

Die Cheopspyramide

- Die Cheopspyramide ist _____ (Riese+groß). Sie ist die größte Pyramide, die wir kennen.
- Sie ist 137 Meter hoch und besteht aus 2,3 Millionen _____ (Stein+Blöcken).
- Jeder Stein wiegt etwa 2500 Kilogramm, so viel wie drei _____ (Klein+Wagen).
- Die Pyramide gilt als technische _____ (Meister+Leistung): So sind insbesondere die (Zentner+schwer) _____ (Stein+Quader) auf 0,2 Millimeter genau geschlagen und ebenso genau sind die rechten Winkel der Ecken geschnitten.
- In dem _____ (feucht+warm) Klima war die Arbeit für die Bauarbeiter sehr anstrengend und gefährlich.
- Auf der _____ (Bau+Stelle) gab es immer wieder Unfälle, _____ (Knochen+Brüche) kamen häufig vor.

Zusammenschreiben oder getrennt schreiben?

- Der wichtigste Raum der Pyramide war die _____ (Grab+Kammer).
- Die _____ (Grab+Kammer) durfte keiner sehen, obwohl alle sehr _____ (neu+gierig) auf die letzte _____ (Ruhe+Stätte) der Pharaonen waren.
- Das Grab, das in der Pyramide lag, war sehr _____ (groß+zügig) ausgestattet. Die Arbeiter hingegen wurden in ein einfaches Tuch gehüllt und in der Wüste beerdigt.

Verben (Tätigkeitswörter) mit Vorsilben zusammenschreiben

Du schreibst Verben (Tätigkeitswörter), die mit Wortbausteinen gebildet werden, häufig zusammen. Wichtige Wortbausteine sind: an-, ab-, abwärts-, aus-, entgegen-, hin-, hinein-, hinunter-, herunter-, herein-, los-, mit-, über-, um-, unter-, vorbei-, vorwärts-, weg-, zurück-, zusammen-

anziehen, abwaschen, auslaufen, entgegennehmen, hingehen, hinunterklettern, herunterfallen, hereinkommen, losreißen, mitdenken, überholen, umsteigen, unternehmen, vorbeigehen, weglaufen, zurückkommen, zusammenzucken

7 Bilde mithilfe der Wortbausteine, die in den Sternen stehen, Verben (Tätigkeitswörter) und schreibe sie auf.

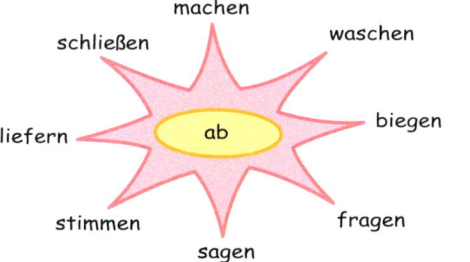

170 Zusammenschreiben oder getrennt schreiben?

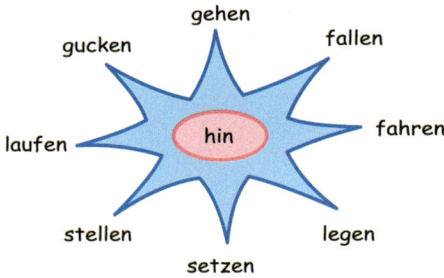
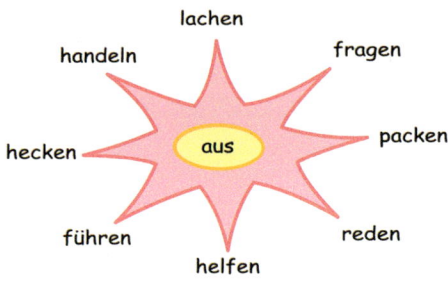
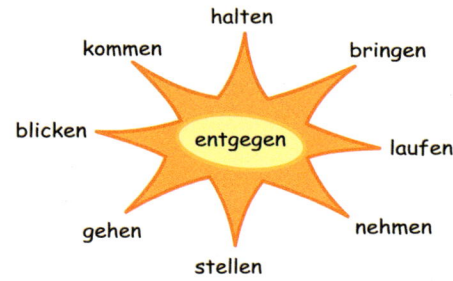
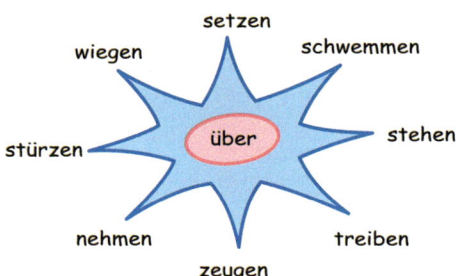

8 Wie viele Verben (Tätigkeitswörter) fallen dir in einer Minute ein, die mit den Wortbausteinen an-, um- und los- beginnen? Schreibe sie auf und zähle sie anschließend.

9 Bilde jeweils vier Sätze, in denen du die Wortbausteine unter-, vorbei- und weg- jeweils mit einem Verb (Tätigkeitswort) verbindest.

Meine kleine Schwester unterbricht mich ständig.

10 Unterstreiche in dem Text alle Verben (Tätigkeitswörter), die einen Wortbaustein enthalten. Schreibe sie anschließend in alphabetischer Reihenfolge auf.

Der Nil: der längste Fluss der Welt

Der Nil ist mit 6 671 km der längste Fluss der Welt, er durchfließt die Gebiete von sechs Staaten. Er ist der einzige Fluss, der die Sahara durchquert. Ohne ihn wäre ein Leben in Ägypten – damals wie heute – nicht denkbar, denn es regnet dort fast nie. Deshalb bezeichnet man den Nil auch als die Lebensader Ägyptens.

Der Nil überschwemmte die Felder Jahrtausende von Jahren mit einer gewaltigen Flut. Dabei überzog er die vertrockneten Felder mit seinem fruchtbaren Nilschlamm. Die Menschen am Nil passten sich diesen Überschwemmungen, die jährlich wiederkehrten, dankbar an. War das Wasser abgelaufen, wurde ausgesät und im Frühjahr geerntet. Der Nil war auch die Hauptverkehrsader Ägyptens. Vieh, Korn, Steine für Bauten sowie Personen überquerten auf Schiffen den Nil. Die alten Ägypter glaubten auch, dass man den Weg über den Nil nehmen muss, um in die Unterwelt hineinzugelangen. Den Verstorbenen wurden deshalb oft Boote mitgegeben.

Der Nil überrascht auch heute noch durch seine einmalige Tierwelt. Viele Tiere erhielten ihren Namen nach dem Fluss, so etwa das Nilkrokodil, der Nilhecht, die Nilgans oder auch das Nilpferd.

Getrennt schreiben

Nomen/Substantiv und Verb (Tätigkeitswort) getrennt schreiben

Folgen ein Nomen/Substantiv und ein Verb (Tätigkeitswort) aufeinander, schreibst du fast immer getrennt. Auch wenn das Verb in der Vergangenheit gebraucht wird, schreibst du getrennt.

Ich möchte morgen Rad fahren. Ich bin gestern Rad gefahren.
Ich werde morgen Fußball spielen. Ich habe in den Ferien Fußball gespielt.

172 Zusammenschreiben oder getrennt schreiben?

11 Füge immer ein Nomen/Substantiv und ein Verb (Tätigkeitswort) so zusammen, dass ein sinnvoller Zusammenhang entsteht.

Schlittschuh, Angst, Ballett, Musik, Rad, Fernsehen, Rat, ~~Schlange~~, Ball, Kaugummi, Platz

haben, laufen, hören, fahren, ~~stehen~~, kauen, tanzen, spielen, suchen, machen, gucken

Schlange stehen, _____

_____

_____

_____

12 Schreibe nun mithilfe der Wörter auf, was du in der nächsten Woche alles tun möchtest.

Am Montag | werde / möchte | ich mit Freunden zur Kirmes gehen. Bestimmt müssen wir vor dem Musik-Express wieder Schlange stehen.

Zusammenschreiben oder getrennt schreiben?

Du musst aber aufpassen. Ein Nomen/Substantiv und ein Verb (Tätigkeitswort) werden zusammengeschrieben, wenn diese Verbindung wie ein Nomen/Substantiv gebraucht wird. Man sagt auch, wenn es sich um eine Substantivierung/Nominalisierung handelt.

Vergleiche das Kapitel Groß- und Kleinschreibung, S. 138.

Er möchte am liebsten den ganzen Tag Fußball spielen.
Das Fußballspielen ist sein größtes Hobby.

Sie könnte den ganzen Tag Rad fahren.
Beim Radfahren ist sie glücklich.

13 Bilde Sätze, in denen die Verbindung aus Nomen/Substantiv und Verb in Aufgabe 11 nominalisiert/substantiviert werden.

Das Schlangestehen vor dem Musik-Express ist langweilig.

Zwei aufeinanderfolgende Verben (Tätigkeitswörter) getrennt schreiben

Folgen zwei Verben (Tätigkeitswörter) aufeinander, so werden diese in der Regel getrennt geschrieben. Das gilt auch dann, wenn ein Verb in der Vergangenheit steht.

Ich möchte heute schwimmen gehen.
Ich bin gestern schwimmen gegangen.

Meine Oma möchte bei allen Sehenswürdigkeiten stehen bleiben.
Gestern ist meine Oma vor allen Sehenswürdigkeiten stehen geblieben.

Das Verb kennenlernen musst du dir merken: Es wird meistens zusammengeschrieben, darf aber auch getrennt geschrieben werden.

Zusammenschreiben oder getrennt schreiben?

14 Entscheide in den folgenden Sätzen, wie man die Ausdrücke in den Klammern schreibt, und schreibe die Sätze anschließend richtig auf.

- Aufgrund des heißen und trockenen Klimas konnten viele Gegenstände aus der Zeit der alten Ägypter erhalten bleiben (erhalten+bleiben).
- Die Kinder der alten Ägypter mussten früh (arbeiten+gehen).
- Es blieb auch noch Freizeit. Die Kinder stellten zum Beispiel gerne kleine Figuren aus Ton her. Sie konnten diese in der Sonne (trocknen+lassen); dann wurden sie so hart, dass sie zum Spielen geeignet waren.
- Der Beruf des Schreibers war in Ägypten sehr angesehen und die Ausbildung dauerte lange. Nur wenige durften lesen und (schreiben+lernen).
- Weniger angesehen war die Arbeit der Bauern. Während der Nilüberschwemmungen mussten sie ihre Arbeit auf dem Feld (liegen+lassen), um beim Pyramidenbau zu helfen.
- Heute kommt es zu keinen Überschwemmungen mehr, denn die ägyptische Regierung hat in den sechziger Jahren einen Staudamm, den Assuanstaudamm, (bauen+lassen), der diese verhindert.
- Dafür fehlt dem Boden aber auch der kostbare Dünger, der bei den Überflutungen im alten Ägypten (liegen+geblieben) ist.
- Wenn du das Land Ägypten einmal besuchst, macht es dir bestimmt viel Spaß, am Nil (spazieren+zu+gehen).
- Du wirst auch begeistert vor den Pyramiden (stehen+bleiben), denn sie sind sehr beeindruckend.
- Du hast aber bestimmt auch schon im Geschichtsunterricht einiges über die alten Ägypter erfahren und ihre Lebensweise (kennen+gelernt).

Wörter mit dem Hilfsverb sein verbinden

Du schreibst Verbindungen mit dem Hilfsverb sein immer getrennt.

da sein, feige sein, zurück sein

Zusammenschreiben oder getrennt schreiben? 175

15 Suche weitere Wörter, die sich mit dem Hilfsverb sein verbinden lassen, trage sie in die Kästchen ein und bilde anschließend Sätze mit diesen Verbindungen.

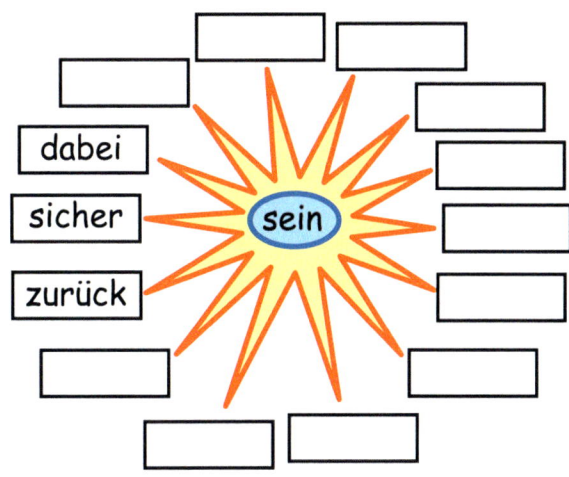

Ich möchte dabei sein, wenn du dein Fußballturnier hast.

Teste dein Wissen 14

1 Lass dir den folgenden Text diktieren.

Die Entstehung der Welt – ein ägyptisches Märchen

Anfangs gab es nichts als einen unendlich weiten Ozean in völliger Dunkelheit. Diese riesige Wasserfläche nannten die Ägypter „Nun". Aus den Fluten des „Nun" stieg plötzlich ein Hügel hervor. Auf ihm erblühte eine blaublättrige Lotusblüte, die so ähnlich wie eine Seerose aussah. Die Blütenblätter umhüllten samtweich ein kleines Kind, das im Inneren der Blütenknospe schlummerte. Als sich die Blüte öffnete, entströmte ihr ein süßer Duft. Hiervon erwachte das Kind aus seinem Schlaf. Als es die Augen öffnete, blitzten Sonnenstrahlen daraus hervor und erhellten die Dunkelheit. Der Sonnengott Re war geboren. Er schaute herab und die strahlenden Blicke aus seinen himmelblauen Augen erschufen die Erde. Als er hinaufschaute, entstand der Himmel mit seinen Gestirnen. Seine Augen begannen zu tränen, als die leuchtenden Strahlen in seine Augen zurückgeworfen wurden. Aus diesen Tränen entstanden die Flüsse und Seen.

2 In dem folgenden Text gibt es einige Fehler. Schau die unterstrichenen Wörter im Wörterbuch nach und verbessere den Text, indem du ihn noch einmal richtig in dein Heft schreibst.

Katzen im alten Ägypten

Man hat <u>heraus gefunden</u>, dass die alten Ägypter Tiere liebten und ihnen ein großes Interesse <u>entgegen brachten</u>. Besonders Katzen genossen eine hohe Stellung bei den Ägyptern. Der Wohlstand der Menschen in Ägypten hing davon ab, wie gefüllt ihre <u>Korn Kammern</u> waren. Das Getreide in den reichlich gefüllten Kornkammern lockte viele Mäuse und Ratten an und diese richteten <u>riesen große</u> Schäden an. Die Mäuse und Ratten wiederum zogen die Katzen an und schnell lernten die Menschen ihre Jagdqualitäten zu schätzen. Denn die Katze hielt die Plage der Nager in Grenzen. In fast jedem Haushalt lebte nun eine Katze. Aus den <u>wild katzen</u> waren Hauskatzen geworden.
Später galt die Katze als ein heiliges Tier. Man glaubte, dass sie der <u>Sonnen Gott</u> Re in Tiergestalt sei. Wenn eine Katze gestorben war, wurde sie <u>ein balsamiert</u> und in einen <u>Katzen Sarg</u> gelegt. Sie bekam Spielzeug und mumifizierte Mäuse mit ins Grab <u>hinein gelegt</u>, damit sie sich im Jenseits nicht langweilte oder auf der Reise ins Jenseits Hunger bekam. Dann wurde sie feierlich auf einem Friedhof <u>bei gesetzt</u>.

Haltestelle

Zusammenschreiben oder getrennt schreiben?

Es gibt Wörter, die aus mehreren Einzelwörtern zusammengesetzt sind. Diese Wörter musst du immer zusammenschreiben.

1 Du kannst zwei Nomen/Substantive zu einem neuen Nomen/Substantiv verbinden.

das Blei + der Stift = der Bleistift

2 Du kannst auch ein Nomen/Substantiv mit einem Adjektiv (Eigenschaftswort) zu einem neuen Nomen/Substantiv verbinden.

scharf + der Sinn = der Scharfsinn

3 Verbindest du zwei Adjektive (Eigenschaftswörter) miteinander, entsteht ein neues Adjektiv.

dunkel + rot = dunkelrot

4 Ein neues Adjektiv (Eigenschaftswort) kannst du auch bilden, indem du ein Nomen/Substantiv mit einem Adjektiv verbindest.

das Bild + schön = bildschön

5 Verben, die mit Wortbausteinen wie ab-, abwärts-, an-, aus-, entgegen-, hin-, hinein-, hinunter-, herunter-, herein-, los-, mit-, über-, um-, unter-, vorbei-, vorwärts-, weg-, zurück-, zusammen- usw. gebildet werden, schreibst du zusammen.

anhalten, hinuntergucken, hereinkommen, weggehen, vorbeilaufen, umziehen, unterschreiben

6 Du schreibst getrennt, wenn ein Nomen/Substantiv und ein Verb aufeinanderfolgen.

Ball spielen, Eis essen, Fernsehen gucken

Sie werden aber zusammengeschrieben, wenn ein Nomensignal davorsteht.

Das Schönste am Sommer ist das Eisessen.

Haltestelle

Zusammenschreiben oder getrennt schreiben?

7 Du schreibst auch zwei Verben (Tätigkeitswörter) im Infinitiv (in der Grundform) (Tätigkeitswörter) getrennt. Das gilt auch dann, wenn ein Verb in der Vergangenheit steht.

Im alten Ägypten mussten viele Kinder früh arbeiten gehen.
Im alten Ägypten sind die Kinder früh arbeiten gegangen.

8 Verbindungen mit dem Hilfsverb sein schreibst du immer getrennt.

glücklich sein, müde sein

Zeichensetzung

Satzschlusszeichen setzen

Wenn du etwas sagst, möchtest du etwas erreichen. Du hast eine ganz bestimmte Sprechabsicht. Es gibt Sätze, mit denen du jemandem etwas mitteilen möchtest. Diese Sätze nennt man Aussagesätze. Du beendest sie mit einem Punkt.

Der „Herr der Diebe" ist ein bekanntes Buch.

Du kannst aber auch Fragen stellen. Einen Fragesatz schließt du mit einem Fragezeichen ab.

Wer hat das Buch geschrieben?

Sätze, in denen du etwas ausrufst, um etwas bittest oder jemanden nachdrücklich zu etwas aufforderst, nennt man Ausrufesätze oder Aufforderungssätze. Sie bestehen oft auch nur aus einem Wort. Du beendest sie mit einem Ausrufezeichen.

Klasse!
Lies das Buch doch in deinen Ferien!

1 Der folgende Text ist der Beginn des Romans „Herr der Diebe", der die spannende Geschichte einer Kinderbande aus Venedig erzählt. Die Brüder Prosper und Bo und der Detektiv Victor spielen in dem Roman eine wichtige Rolle. Schreibe den Text ab und füge dabei die fehlenden elf Punkte ein. Denk daran, dass du Satzanfänge immer großschreibst.

Herr der Diebe

Es war Herbst in der Stadt des Mondes, als Viktor zum ersten Mal von Prosper und Bo hörte die Sonne spiegelte sich in den Kanälen und überzog die alten Mauern mit Gold, aber der Wind blies eisig vom Meer herüber, als wollte er die Menschen daran erinnern, dass der Winter kam in den Gassen schmeckte die Luft plötzlich nach Schnee und die Herbstsonne wärmte nur den Engeln und Drachen hoch oben auf den Dächern die steinernen Flügel das Haus, in dem Victor wohnte und arbeitete, stand dicht an einem Kanal, so dicht, dass das Wasser

unten gegen die Mauern schwappte manchmal träumte Victor nachts, dass das Haus in den Wellen versank, mitsamt der ganzen Stadt (...) aber noch stand alles auf seinen hölzernen Beinen, und Victor lehnte an seinem Fenster und blickte durch die staubige Scheibe nach draußen kein anderer Ort auf der Welt konnte so unverschämt mit seiner Schönheit prahlen wie die Stadt des Mondes das Sonnenlicht ließ die Spitzen und Bögen, Kuppeln und Türme um die Wette leuchten pfeifend kehrte Victor dem Fenster den Rücken zu und trat vor den Spiegel genau das richtige Wetter, um den neuen Bart auszuprobieren, dachte er, während die Sonne ihm den stämmigen Nacken wärmte erst gestern hatte er sich das Schmuckstück gekauft.

2 Formuliere sechs Fragen zu dem vorangegangenen Textauszug.

In welcher Stadt spielt die Geschichte?

3 Setze die fehlenden Satzzeichen.

- Den Roman „Herr der Diebe" hat die Schriftstellerin Cornelia Funke geschrieben
- Sie ist eine der bekanntesten Kinder- und Jugendbuchautorinnen Deutschlands
- Kennst du vielleicht weitere Bücher von ihr
- Sehr bekannt sind ihre Romane „Tintenherz", „Tintenblut" oder auch ihre Bücher über die Mädchenclique „Die wilden Hühner"
- Lies doch auch einmal ein Buch von dieser Schriftstellerin
- Der Roman „Herr der Diebe" ist auch verfilmt worden
- Hast du den Film gesehen
- Er ist sehr spannend
- Schau ihn dir einmal an

Kommas zwischen Aufzählungen setzen

Zwischen den Teilen einer Aufzählung setzt du ein Komma.

1. Eine Aufzählung kann aus einzelnen Wörtern bestehen.

   Der Herr der Diebe ist jung, geheimnisvoll, mutig und tierlieb.

2. Eine Aufzählung kann aber auch aus mehreren Wortgruppen bestehen.

   Er liebt seine Geburtsstadt Venedig mit ihren kleinen Gassen, den schiefen Häusern, den vielen Kanälen und den alten Kirchen.

3. Eine Aufzählung kann auch aus unterschiedlichen Sätzen bestehen.

   Der Herr der Diebe hilft verwaisten Kindern, er versteckt sie vor der Polizei, er versorgt sie mit Nahrungsmitteln und er bringt ihnen Kleidung.

   Kein Komma wird gesetzt, wenn die einzelnen Teile durch und, sowie bzw. oder miteinander verbunden sind.

4 Unterstreiche in den folgenden Sätzen die einzelnen Teile der Aufzählung und setze anschließend das Komma.

- <u>Vielleicht kennst du das Buch der Herr der Diebe</u>, <u>es spielt in Venedig</u> und <u>es erzählt die spannende Geschichte einer Kinderbande</u>.
- Zu dieser Bande gehören der mutige Anführer Scipio die gutmütige Wespe der verrückte Riccio der ehrgeizige Mosca der kleine Bo sowie der verantwortungsbewusste Prosper.
- Scipio nennt sich der Herr der Diebe er tut immer sehr geheimnisvoll er bestiehlt reiche Menschen er möchte schnell erwachsen werden und er kümmert sich liebevoll um seine Bande.
- Wespe ist braunhaarig dünn lesesüchtig und sie verwaltet das Geld der Bande.
- Riccio ist mager klein er liebt Stofftiere und Comics.
- Mosca hingegen ist groß stark und er liebt das Reparieren von Radios.
- Bo hat blondes Haar ein niedliches Gesicht er liebt Scipio und er ist der Jüngste der Bande.
- Sein Bruder Prosper beschützt Bo er fühlt sich verantwortlich für ihn und er hasst das Stehlen.

5 In dem folgenden Text fehlen die Kommas zwischen den Teilen einer Aufzählung. Du kannst sie bestimmt setzen. Es sind insgesamt 18 Kommas.

Auf der Flucht vor Tante Esther

Nachdem die Brüder Prosper und Bo ihre Eltern verloren haben, kommen sie in ein Kinderheim. Ihre Tante Esther erklärt sich bereit, den jüngeren aufzunehmen. Da die beiden aber nicht getrennt werden möchten, fliehen sie von ihrer Heimatstadt Hamburg nach Venedig. Venedig war die Lieblingsstadt ihrer Mutter. Aber ihre Tante verfolgt sie ...

Prosper und Bo sind auf der Flucht sie fliehen vor ihrer Tante Esther sie wollte die Brüder nicht gemeinsam aufnehmen. Sie möchte den kleinen Bo adoptieren Prosper aber soll nicht bei ihr bleiben er soll in einem Kinderheim aufwachsen. Tante Esther ist unfreundlich humorlos herzlos und spitznasig.
Tante Esther und ihr Mann Max Hartlieb reisen nach Venedig suchen ihre beiden Neffen eigenständig bitten auch die Polizei um Hilfe und finden Bo und Prosper trotzdem nicht. Deshalb engagieren sie einen Privatdetektiv er heißt Victor und Tante Esther findet ihn seltsam. In seinem Büro herrscht große Unordnung. Dort stehen Kakteen eine Sammlung von Bärten ein Garderobenständer mit Mützen Hüten und Perücken ein Stadtplan von Venedig ein geflügelter Löwe als Briefbeschwerer sowie zwei Schildkröten. Victor spürt Bo und Prosper tatsächlich auf er bringt sie aber nicht zur ihrer Tante zurück er gerät in die Gefangenschaft der Kinderbande. Diese behandeln ihn freundlich höflich und zuvorkommend. Der kleine Bo schließt sogar Freundschaft mit Victor. Victor schließt die Bande in sein Herz er möchte den Kindern helfen und er verrät Tante Esther und ihrem Mann nichts von seinen Ermittlungen.

Kommas bei Anreden und Ausrufen setzen

Wenn du in einem Satz jemanden mit seinem Namen anredest, musst du ein Komma setzen. Ein Ausruf wird ebenfalls durch Komma abgetrennt.

Huch, was machen denn Schildkröten in einem Detektivbüro?
Herr Detektiv, nehmen Sie den Auftrag an?

Zeichensetzung

 Setze die fehlenden Kommas.

- Herr und Frau Hartlieb was kann ich für Sie tun?
- Achtung treten Sie nicht auf meine Schildkröten!
- Lando und Paula verzieht euch in eure Panzer zurück und belästigt die Hartliebs nicht.
- Du meine Güte wie kann ein Detektiv nur so unordentlich sein?
- Was hat dich der unbekannte Mann gefragt Bo?
- Oh je hast du ihm von unserem Versteck erzählt?
- Wespe und Mosca passt gut auf, ob Fremde in der Nähe unseres Verstecks auftauchen.
- Lass das Prosper ich kann alleine auf mich aufpassen.
- Tu doch nicht immer so geheimnisvoll Scipio!
- Wir müssen unser Versteck für einige Zeit verlassen leider.

Die wörtliche Rede durch Anführungszeichen kennzeichnen

Am Anfang und am Ende der wörtlichen Rede musst du Anführungszeichen setzen.

„Uns ist etwas verloren gegangen."

Du kannst die wörtliche Rede auch mit einem Redebegleitsatz einleiten. Dieser Satz beschreibt, wer etwas sagt. Du musst dann nach dem Redebegleitsatz einen Doppelpunkt setzen.

Victor sagte erstaunt: „Ich habe ja schon einiges aufspüren müssen: Koffer, Ehemänner, Hunde, entlaufene Eidechsen, aber Sie sind die Ersten, die zu mir kommen, weil Sie Ihre Kinder verloren haben."

 Unterstreiche die wörtliche Rede mit einem farbigen Stift.

Der Detektiv in der Gefangenschaft

Der Detektiv Victor macht sich wirklich auf die Suche nach Prosper und Bo. Aber die Verhältnisse kehren sich um. Er macht zwar das Versteck von Prosper und Bo ausfindig, aber es gelingt der Kinderbande, Victor samt seiner Schildkröte Paula zu überwältigen. Victor und Bo unterhalten sich viel und freunden sich an.

Zeichensetzung

- „Darf ich vorstellen?", sagte Victor. „Das ist Paula."
- „Hallo Paula", murmelte Bo und hockte sich zwischen Prosper und Victor auf die Decke. Nachdenklich bohrte er den Finger in die Nase und starrte Victor an. „Du bist ein ziemlich guter Lügner, was?", sagte er. „Willst du uns wirklich für Esther fangen? Wir gehören ihr aber gar nicht."
- Victor starrte verlegen seine Schuhspitzen an. „Na ja, Kinder müssen nun mal irgendwo hingehören", brummte er.
- „Gehörst du jemandem?"
- „Das ist was anderes."
- „Weil du erwachsen bist, was?" Bo lugte neugierig in die Schildkrötenschachtel, aber von Paula war nur der Panzer zu sehen.
- „Prosper passt schon auf mich auf", sagte Bo. „Und Wespe. Und Scipio."
- „So, so, Scipio", brummte Victor. „Ist der noch hier, dieser Scipio?"
- „Nein, der schläft nicht hier." Bo schüttelte so verächtlich den Kopf, als müsste Victor das wissen. „Scipio hat viel zu tun. Er ist sooo schlau. Deshalb hat er auch ...", Bo beugte sich verschwörerisch zu Victor herüber und senkte die Stimme zu einem Flüstern, „... den Auftrag vom Conte gekriegt. Prosper will ja nicht mitmachen, aber ich ..."

Zeichensetzung

Der Redebegleitsatz kann aber auch hinter der wörtlichen Rede stehen. Er wird dann durch ein Komma von der wörtlichen Rede getrennt. Wenn die wörtliche Rede ein Aussagesatz ist, wird kein Schlusspunkt gesetzt.

„Prosper und Bonifazius sind die Söhne meiner verstorbenen Schwester", erklärte die spitznasige Frau namens Esther Hartlieb.

Handelt es sich bei der wörtlichen Rede aber um einen Frage-, Aufforderungs- oder Ausrufesatz, steht am Ende der wörtlichen Rede ein Frage- oder Ausrufezeichen.

„Prosper und Bonifazius sind ungewöhnliche Namen. Bedeutet Prosper nicht der Glückliche?", fragte Victor.

Die wörtliche Rede kann auch durch den Redebegleitsatz unterbrochen werden. Du setzt dann vor und nach dem Redebegleitsatz ein Komma.

Die spitznasige Frau runzelte die Stirn. „Tatsächlich", entgegnete sie, „ich finde, es sind seltsame Namen, um es nett auszudrücken. Meine Schwester hatte eine Vorliebe für alles Seltsame."

 Füge die fehlenden Anführungszeichen für die wörtliche Rede ein und unterstreiche die Redebegleitsätze mit einem farbigen Stift.

Der Auftrag des Conte

Die Bande trifft sich in einer alten Kirche, genauer gesagt, in dem Beichtstuhl dieser Kirche mit ihrem Auftraggeber, den sie Conte nennen. Sie müssen einige Zeit auf ihn warten, bevor er ihnen mitteilt, welchen Auftrag er für sie hat.

- Scipio zog seine Maske zurecht, die er immer vor dem Gesicht trug, damit ihn keiner erkennen konnte, dann sprach er leise zu seiner Bande: Ich gehe jetzt in den Beichtstuhl und höre mir an, was der Conte von uns möchte.

Herr-der-Diebe-Darsteller Rollo Weeks

Zeichensetzung

- Vielleicht ist er noch gar nicht da. Sollen wir mal nachsehen?, flüsterte Mosca unsicher.
- Aber da zog auch schon jemand den Vorhang vor dem Fensterchen zurück und eine raue, alte Stimme sagte: In einer Kirche sollte man ebenso wenig eine Maske tragen wie einen Hut.
- In einem Beichtstuhl sollte man auch nicht über einen Diebstahl sprechen, antwortete Scipio. Und das wollen wir doch, oder?
- Du bist also wirklich der Herr der Diebe, sagte der Fremde leise. Nun gut, behalte die Maske auf, wenn du dein Gesicht nicht zeigen möchtest. Ich sehe auch so, dass du sehr jung bist.
- Kerzengerade kniete sich Scipio hin und erwiderte: Allerdings. Und sie sind sehr alt, nach ihrer Stimme zu urteilen. Spielt das Alter bei unserem Geschäft eine Rolle?
- Keineswegs, antwortete der alte Mann leise. Du musst mir mein Erstaunen über dein Alter verzeihen. Als man mir von dir und deiner Bande erzählte, stellte ich mir, zugegeben, keinen Jungen von zwölf oder dreizehn Jahren vor.
- Dann sprach der Conte weiter: Aber nun hör gut zu, welchen Auftrag du und deine Bande für mich ausführen sollt. Ihr sollt in das Haus von Ida Spavento einbrechen und dort einen hölzernen Flügel stehlen, der zu einem hölzernen Löwen gehört. In diesem Briefumschlag stehen alle weiteren Informationen.
- Scipio nickte und sagte zufrieden: Sehr gut. Dann sollten wir jetzt über die Bezahlung sprechen.

9 Füge neben den Anführungszeichen für die wörtliche Rede und den fehlenden Kommas auch die Satzschlusszeichen der wörtlichen Rede ein.

Der missglückte Einbruch (Teil I)

Die Kinder brechen wie geplant in das Haus von Ida Spavento ein, um den hölzernen Flügel zu stehlen, der zu einem hölzernen Löwen gehört. Dabei werden sie jedoch von der Hausbesitzerin ertappt. Sie reagiert sehr gelassen auf den Einbruchsversuch der Kinderbande und sie erzählt ihnen die Geschichten, die sich um den hölzernen Löwenflügel ranken.

- Was ist das nun für eine Geschichte fragte Mosca und goss sich ein Glas Saft ein.
- Geduldet euch noch einen Augenblick, es geht sofort los erwiderte Ida Spavento und setzte sich bequem hin.
- Dann fuhr sie fort: Habt ihr schon einmal die Geschichte vom Karussell der Barmherzigen Schwestern gehört
- Das Waisenhaus für Mädchen im Süden der Stadt sagte Riccio das gehört auch irgendwelchen Barmherzigen Schwestern.
- Genau sagte Ida vor mehr als einhundertfünfzig Jahren machte ein reicher Kaufmann diesem Waisenhaus ein sehr wertvolles Geschenk. Er ließ auf dem Hof ein Karussell aufbauen, mit fünf wunderschönen Holzfiguren. Aber schnell verbreitete sich das Gerücht, dass durch dieses Karussell rätselhafte Dinge geschähen.
- Riccio blickte Ida Spavento erstaunt an und fragte: Was für rätselhafte Dinge passierten denn

Zeichensetzung

Teste dein Wissen 15

1 Du hast erfahren, dass das Karussell geheimnisvolle Dinge kann. Welche das sind, erfährst du in dem folgenden Textauszug. Setze die fehlenden Satzzeichen.

Der missglückte Einbruch (Teil II)

- Ida nickte und sagte: Ja. Rätselhafte Dinge. Man erzählte sich überall in der Stadt, dass ein paar Runden auf dem Karussell der Barmherzigen Schwestern aus Kindern Erwachsene machten und aus Erwachsenen wieder Kinder.
- Ein paar Augenblicke blieb es ganz still. Dann lachte Mosca ungläubig auf: Wie soll denn das vor sich gehen
- Mit den Achseln zuckend erwiderte Ida: Davon weiß ich nichts. Ich erzähle nur, was ich gehört habe.
- Scipio löste sich vom Türrahmen, an dem er gelehnt hatte, und setzte sich auf die Tischkante neben Prosper und Bo. Was hat der Flügel mit dem Karussell zu tun fragte er.
- Dazu komme ich jetzt sagte Ida sie goss Bo noch etwas Saft ein und erzählte dann weiter: Die Schwestern und die Waisenkinder hatten nicht lange Freude an ihrem Geschenk. Das Karussell wurde geraubt. Schon nach wenigen Wochen. Es ist nie wieder aufgetaucht. Aber die Diebe hatten in ihrer Eile etwas verloren.
- Den Flügel des Löwen flüsterte Bo.
- Scipio trat vor das Küchenfenster. Draußen war es immer noch dunkel. Man wird erwachsen, wenn man auf diesem Karussell fährt fragte er.
- Nach ein paar Runden bestätigte Ida wird man erwachsen.
- Wahrscheinlich solltet ihr den hölzernen Flügel stehlen, weil das Karussell sich nicht dreht, solange dem Löwen der zweite Flügel fehlt fügte sie noch hinzu.
- Unser Auftraggeber, der Conte, ist schon sehr alt sagte Prosper. Es bleibt ihm nicht mehr viel Zeit, das Karussell zum Laufen zu bringen.

2 Schreibe den Text ab und setze die fehlenden Kommas.

Scipio, Prosper und das Karussell

- Scipio wollte möglichst rasch groß stark und erwachsen werden.
- Ihm gefiel das Kindsein nicht er wollte lieber das Leben eines Erwachsenen führen und seine Kleidung seine Schlafenszeiten seinen Süßigkeitenkonsum und seine Freunde selber bestimmen.

- Gemeinsam mit Prosper machte er sich auf die Suche nach dem geheimnisvollen verschollenen Karussell.
- Sie hatten erfahren, dass es auf einer kleinen verlassenen und düsteren Insel vor Venedig stehen könnte.
- Und wirklich: Nach einer mühevollen Fahrt fanden Scipio und Prosper das Karussel. Es sah trotz seines Alters noch prachtvoll aus es bestand aus einem Einhorn einer Meerjungfrau einem Wassermann einem Seepferd und dem geflügelten Löwen.

 3 Schreibe den Text ab und setze die fehlenden Kommas.

Scipio wird erwachsen

Scipio betrachtet das Karussell andächtig das Karussell sollte ihm seinen größten Wunsch erfüllen es sollte ihn zu einem Erwachsenen machen. Ohne Furcht setzte sich Scipio auf das Seepferd das Karussell begann sich zu drehen es wurde schneller und schneller. Scipio wurde ein bisschen schwindelig er konnte sich nicht mehr halten und schließlich sprang er von dem Seepferd ab. Er fiel ins Gras er war zunächst etwas benommen dann wurde er neugierig. Hatte es geklappt? War er nun erwachsen? Er blickte an seinem Körper herunter.

Seine Arme waren länger die Beine waren auch gewachsen im Gesicht hatte er Bartstoppeln und er fühlte sich viel stärker als sonst. Das Karussell hatte ihm seinen Traum erfüllt er fühlte sich glücklich und frei.

Haltestelle

Zeichensetzung

1 Es gibt drei unterschiedliche Satzarten und Satzschlusszeichen.

Einen Aussagesatz beendet man mit einem Punkt.

Der Roman beginnt mit der Ankunft Esthers in Venedig.

Einen Fragesatz beendet man mit einem Fragezeichen.

Wird sie ihre Neffen finden?

Einen Ausrufesatz beendet man mit einem Ausrufezeichen.

Nein, Prosper wird sich nie von seinem Bruder Bo trennen!

2 Aufzählungen werden durch Kommas voneinander getrennt. Eine Aufzählung kann aus einzelnen Wörtern, aus Wortgruppen oder aus Sätzen bestehen.

Der Herr der Diebe ist großzügig, mitfühlend und mutig.

Er wohnt in Venedig. Das ist eine alte Stadt mit vielen kleinen Gassen, mit wunderschönen Kirchen, mit vielen Kanälen und mit schönen Geschäften.

Der Herr der Diebe hasst seinen Vater, er ist so wenig wie möglich zu Hause, er beklaut seine Eltern und er versorgt mit den gestohlenen Gegenständen seine Kinderbande.

Du musst aber kein Komma setzen, wenn die einzelnen Teile durch und, sowie bzw. oder miteinander verbunden sind.

Prosper ist mit seinem kleinen Bruder aus Hamburg geflohen und versteckt sich mit ihm in Venedig.

3 Wenn du in einem Satz jemanden mit seinem Namen anredest, musst du ein Komma setzen. Du setzt auch ein Komma, wenn du einen Ausruf formulierst.

Bo, du musst jetzt tapfer sein.
Vorsicht, wir werden beobachtet!

4 Die wörtliche Rede kennzeichnest du am Anfang und am Ende durch Anführungszeichen.

„Bo, nicht so schnell!"

Haltestelle

Zeichensetzung

5 Du kannst die wörtliche Rede auch mit einem Redebegleitsatz einleiten. Dieser Satz beschreibt, wer etwas sagt. Du musst dann nach dem Redebegleitsatz einen Doppelpunkt setzen.

Prosper rief: „Bo, nicht so schnell!"

6 Schreibst du den Redebegleitsatz nach der wörtlichen Rede, wird er durch ein Komma von der wörtlichen Rede getrennt. Wenn die wörtliche Rede ein Aussagesatz ist, setzt du keinen Schlusspunkt.

Riccio blickte auf seine alten Turnschuhe. „Och, die sind doch noch gut", sagte er.

7 Handelt es sich bei der wörtlichen Rede aber um einen Frage-, Aufforderungs- oder Ausrufesatz, steht am Ende der wörtlichen Rede ein Frage- oder Ausrufezeichen.

„Bist du verrückt geworden, Junge?", polterte er los.

8 Die wörtliche Rede kann auch durch den Redebegleitsatz unterbrochen werden. Du setzt dann vor und hinter den Redebegleitsatz ein Komma.

„Mal ganz unter Freunden", schnurrte er und senkte vertraulich die Stimme, „verratet mir, was ihr für den Conte stehlen solltet."

Textquellenverzeichnis

(Die Ziffern in Klammern beziehen sich auf die Lösungen.)

S. 79 f. (28 f.): Der blinde Passagier, Küchenjunge auf der Endurance. Aus: Christa-Maria Zimmermann: Gefangen im Packeis. Die abenteuerliche Fahrt der Endurance. Würzburg: Arena Verlag 2000, S. 6 f. und S. 11 ff.; **S. 89 f. (31):** In Seenot. Aus: Nina Rauprich: Die sanften Riesen der Meere. München: dtv 2005, S. 20 f.; **S. 106 (36 f.):** Wenn Riesen niesen. Aus: Josef Guggenmos: Oh, Verzeihung, sagte die Ameise. Kinderbuch mit Bildern. Weinheim und Basel: Beltz & Gelberg 1990, S. 49; **S. 118 (41 f.):** unbekannter Verfasser; **S. 121:** Mausewind. Aus: Margaret Klare: In Wolle wickelt sich das Schaf. Lauter Gedichte. Wuppertal: Peter Hammer Verlag 2003, S. 36; **S. 137 (48 f.):** Peeves, der Poltergeist. Leicht gekürzt und verändert nach: Joanne K. Rowling: Harry Potter und der Stein der Weisen. Hamburg: Carlsen Verlag 2005, S. 145 f.; **S. 179 f. (61), 183 f. (63), 185 f. (63 f.) 187 f. (64 f.):** Herr der Diebe, Der Detektiv in der Gefangenschaft, Der Auftrag des Conte, Der missglückte Einbruch (Teil 1 und 2). Nach: Cornelia Funke: Herr der Diebe. Hamburg: Dressler Verlag 2000, S. 7 f., 145, 82 ff., 197 ff.

Bildnachweis

S. 16: © Hans Jürgen Press; **S. 19:** picture-alliance/dpa; **S. 22:** T. Davis & W. Bildenduke/Getty Images, Tony Stone; **S. 23:** Hans Reinhard; **S. 28:** Schülderduden. Rechtschreibung und Wortkunde. 8., aktualisierte Auflage. Mannheim u. a.: Dudenverlag 2006, S. 256; **S. 39:** Landschaftsverband Westfalen; **S. 47:** Illustration von Amelie Glienke aus: Hans-Joachim Schädlich, Der Sprachabschneider, © 1980 by Rowohlt Verlag GmbH, Reinbek bei Hamburg; **S. 64:** Dietrich Dettmann, Rainer Fröbel; **S. 71:** ullstein bild; **S. 74:** Royal Geographical Society, London; **S. 77:** Antarctica art Wolfe/Getty Images/Tony Stone; **S. 79:** Scott Polar Research Institute; **S. 89:** Nina Rauprich: Die sanften Riesen der Meere. Illustriert von Irmtraut Teltau. © 2003 Deutscher Taschenbuch Verlag, München; **S. 93:** Kingfisher Publications, London; **S. 109:** Kingfisher Publications, London; **S. 122:** © akg-images; **S. 127:** dpa-Bildarchiv; **S. 136:** Umschlagillustration von Sabine Wilharm, © Carlsen Verlag GmbH, Hamburg 1998; **S. 168:** Bieniek/mediacolors, Mainz; **S. 179:** Cornelia Funke: Herr der Diebe. Hamburg: Cecilie Dressler Verlag 2000; **S. 185:** Warner Bros. Pictures; **alle weiteren Abbildungen:** Verlagsarchiv Schöningh

Sollte trotz aller Bemühungen um korrekte Urheberangaben ein Irrtum unterlaufen sein, bitten wir darum, sich mit dem Verlag in Verbindung zu setzen, damit wir eventuell erforderliche Korrekturen vornehmen können.

Lösungen

Tipps zur Rechtschreibung

S. 8, Ü 1

ⓐ	q	c	ⓞ̈	B	s	g
ⓔ	n	ⓘ	b	v	l	
	h	Ⓞ	j	m		
	ⓞ	Ⓤ		z	t	l
Ⓔ	p	r	x	d	ⓤ̈	f
k	ⓤ	w	ⓤ̈	y	Ⓐ	ⓐ̈

S. 8, Ü 2 **Beispiele:**
- der Zaun, das Haus, die Maus, die Laus, die Brause, sauber, die Traube, der Traum, sauer, die Mauer
- die Träume, die Häuser, die Mäuse, die Läuse, säuerlich, die Blumensträuße, die Schläuche, träumen, die Räume, gläubig
- die Meise, leise, die Reise, reisen, reimen, weinen, die Steine, die Leine, kein, neidisch
- die Reue, treu, der Freund, neu, Neuigkeit, neugierig, das Zeugnis, das Feuer, freundlich, seufzen

S. 8, Ü 3 Mainz, Hai, Waise, Main, Mai, Kai, Saite, Laich, Mais, Kaiser, Laie, Laib

S. 9, Ü 4
- Die Stadt Mainz liegt am Rhein.
- Vor einem Hai fürchten sich viele Menschen.
- Ein Kind, das keine Eltern mehr hat, nennt man eine Waise.
- Der Main fließt durch Frankfurt.
- Der Mai ist der fünfte Monat im Jahr.
- Kai ist ein Jungenname.
- Die Saite ist ein Faden zum Bespannen von Musikinstrumenten.
- Laich nennt man die Eier, die Tiere im Wasser ablegen.
- Aus Mais kann man Popcorn machen.
- Wilhelm II. war kein König, sondern ein Kaiser.
- Der Fachbegriff für einen Nichtfachmann lautet Laie.
- Die Bezeichnung für ein Brot- oder ein Käsestück lautet Laib.

S. 10, Ü 5 aber, das Buch, lachen, die Tür, das Tal, die Maus, saugen, reifen, fast

Zu den Seiten 10–12

S. 10, Ü 6 **Haie**

Schon seit über 400 Millionen Jahren schwimmen Haie durch die Meere der Welt. Viele Menschen haben Angst vor Haien, besonders der weiße Hai jagt ihnen Furcht und Schrecken ein. Das Risiko, von einem Hai gefressen zu werden, ist aber sehr gering. Der Mensch ist keine gute Beute für den Hai; an ihm ist zu wenig dran. Haie lieben fette Beute wie Robben und Seehunde.
Angriffe auf Menschen sind eine Verwechslung. Meist bemerkt der Hai den Irrtum nach dem ersten Biss und lässt von seinem Opfer ab.
Der weiße Hai muss viel mehr Angst vor den Menschen haben. Er wird erbarmungslos von ihnen gejagt. Seine Flossen gelten in manchen Ländern als Delikatesse und seine Leber enthält Öle, die für Salben und Cremes verwendet werden.
Jedes Jahr werden etwa 100 Millionen Haie von Menschen getötet. Aber nur etwa sieben Menschen werden von Haien getötet. Der Mensch ist also für den Hai viel gefährlicher als der Hai für den Menschen. Seit fünf Jahren steht der weiße Hai auf der Roten Liste der bedrohten Arten.

S. 12, Ü 7 die Sonne, rufen, die Katze, rennen, der Zucker, die Stunde, die Haare, die Sahne, die Tage, loben, gefährlich, das Leben, der Lehm, die Wohnung, der Junge, leise, der Onkel, der Mund, die Lupe, die Welt

S. 12, Ü 8

Kurz ausgesprochener, betonter Vokal (Selbstlaut)	Lang ausgesprochener, betonter Vokal (Selbstlaut)
die Sonne, die Katze, rennen, der Zucker, die Stunde, der Junge, der Onkel, der Mund, die Welt	rufen, die Haare, die Sahne, die Tage, loben, gefährlich, das Leben, der Lehm, die Wohnung, leise, die Lupe

S. 12, Ü 9

Wort mit kurzem Vokal (Selbstlaut)	Wort mit langem Vokal (Selbstlaut)
bitten	bieten
Schall	Schal
Kelle	Kehle
Füllen	fühlen
Mitte	Miete
Schiff	schief
Wolle	Wohl
Stall	Stahl

Zu den Seiten 13–16

Robbe	Robe
spucken	spuken
Pollen	Polen
Komma	Koma
hacken	Haken
satt	Saat
Tonne	Ton

S. 13, Ü 10
- Die Richterin trägt eine schwarze Robbe. (Robe)
- Ich bekomme eine Erkältung und fülle mich nicht gut. (fühle)
- In manchen Schlössern soll es auch heute noch spucken. (spuken)
- Die masurischen Seen liegen in Pollen. (Polen)
- Er erwachte nach zwei Tagen aus dem Komma. (Koma)
- Ich fahre schrecklich gerne schief. (Ski)
- Beim Singen treffen viele die Tonne nicht genau. (Töne)
- Trotzdem singen sie aus voller Kelle. (Kehle)

S. 14, Ü 11
das Bild, die Bilder
die Wand, die Wände
der Urlaub, die Urlaube
der Strand, die Strände
das Zelt, die Zelte
der Zug, die Züge
das Geschenk, die Geschenke
die Laus, die Läuse
der Korb, die Körbe
der Freund, die Freunde

S. 15, Ü 12
er, sie, es liest	lesen	er, sie, es fragt	fragen
er, sie, es verreist	verreisen	er, sie, es hinkt	hinken
er, sie, es tobt	toben	er, sie, es liegt	liegen
er, sie, es fliegt	fliegen	er, sie, es glaubt	glauben
er, sie, es grinst	grinsen	er, sie, es steigt	steigen
es staubt	stauben		

S. 15, Ü 13
lustig	lustiger	lieb	lieber
mutig	mutiger		
wild	wilder	gesund	gesunder, gesünder
durstig	durstiger	kalt	kälter
wichtig	wichtiger	klug	klüger
spät	später	fleißig	fleißiger

S. 16, Ü 14
die Fahrbahn, fahren, fahrlässig, die Fahrkarte, die Fahrschule, das Fahrrad, der Fahrplan, wegfahren, der Fahrgast, der Fahrstuhl, abfahren

Zu den Seiten 16–18

S. 16, Ü 15
- der Bauch, die Bauchlandung, der Bauchnabel, bauchreden, der Bauchredner, die Bauchschmerzen, der Bauchtanz
- spielen, der Spieler, spielerisch, das Spielfeld, der Spielfilm, die Spielkonsole, der Spielplatz, die Spielregel, die Spielsachen, die Spielstraße, der Spielverderber, das Spielwarengeschäft, das Spielzeug, das Spielzimmer
- wohnen, das Wohnhaus, wohnlich, der Wohnort, die Wohnung, der Wohnwagen, das Wohnzimmer
- sportlich, der Sport, der Sportler, die Sportart, die Sportlehrerin, der Sportplatz, der Sportunfall, der Sportverein
- die Hand, die Handarbeit, der Handball, handbreit, die Handbremse, handfest, die Handfläche, handgeschrieben, handgreiflich, der Handgriff, handhaben, die Handschrift, der Handschuh, das Handtuch, das Handwerk, Handschlag, der Handstand, der Handball, der Handkuss, handlich

S. 17, Ü 16

Nomen/Substantive	Verben	Adjektive
Ferien, Meer, Berge, Seen, Spaß, Ausflüge, Zoo, Freunde	lachen, ausruhen, schwimmen, klettern, reiten, lesen, laufen	ruhig, blau, schön, hoch, niedlich, lustig, spannend

S. 18, Ü 17

Gegenstände, Lebewesen, Pflanzen	Gefühle, Empfindungen, Vorstellungen	Namen und Wissenschaften
der Tisch, das Mädchen, das Buch, das Regal, das Klassenzimmer, die Leserin, die Rose, der Schriftsteller, der Garten, das Geld, die Zeitung, das Wasser, das Schloss, der Bär, das Tier, das Fahrrad, die Schule, das Schwimmbad, das Meer, das Pferd, der Stift	die Fantasie, die Freude, der Glaube, die Spannung, das Glück, der Preis, die Nervosität, die Unruhe, die Hoffnung	die Mathematik, Friedrich Schiller, die Biologie, Julian, die Physik, die Musik, Albert Einstein, Theresa

Zu den Seiten 19–21

S. 19, Ü 18 **BRUNO, DER BÄR**

IM SOMMER 2006 ENTDECKTE MAN IN BAYERN DEN ERSTEN BRAUNBÄREN SEIT 170 JAHREN. WAHRSCHEINLICH WAR ER AUS ÖSTERREICH GEKOMMEN. DORT LEBEN NOCH ETWA 20 BRAUNBÄREN. MAN GAB IHM DEN NAMEN BRUNO. AUF NAHRUNGSSUCHE RISS ER EINIGE SCHAFE, HÜHNER UND TAUBEN. ER KAM SEHR NAHE AN BEWOHNTE GEBIETE HERAN, SODASS SICH VIELE MENSCHEN BEDROHT FÜHLTEN. DENN EIGENTLICH SIND BÄREN SEHR SCHEUE TIERE, DIE KONTAKT MIT MENSCHEN MEIDEN. DESHALB SETZTEN SICH JÄGER UND FÖRSTER AUF DIE SPUR VON BRUNO. ALS ER IHNEN ABER IMMER WIEDER ENTWISCHTE, VERSUCHTE MAN IHN MIT FINNISCHEN SPÜRHUNDEN ZU FINDEN. WEIL MAN BRUNO AUCH NACH MEHREREN WOCHEN NICHT LEBEND GEFANGEN HATTE, WURDE DER BÄR ZUM ABSCHUSS FREIGEGEBEN. VIELE TIERSCHÜTZER PROTESTIERTEN, ABER BRUNO WURDE VON EINEM JÄGER ERLEGT.

Bruno, der Bär, der Sommer, Bayern, der Braunbär, die Jahre, Österreich, die Braunbären, der Name Bruno, die Nahrungssuche, die Schafe, die Hühner, die Tauben, die Gebiete, die Menschen, die Bären, die Tiere, der Kontakt, die Menschen, die Jäger, die Förster, die Spur, Bruno, die Spürhunde, Bruno, die Wochen, der Bär, der Abschuss, die Tierschützer, Bruno, der Jäger

S. 20, Ü 19
- Bären <u>bewohnen</u> die unterschiedlichsten Lebensräume.
- Sie <u>leben</u> in der kalten Arktis, aber auch im tropischen Regenwald.
- Überwiegend <u>sind</u> diese großen Raubtiere auf der nördlichen Halbkugel zu Hause.
- Bären <u>sind</u> Einzelgänger.
- Sie <u>führen</u> ein nachtaktives Leben.
- Bären <u>klettern</u> und <u>schwimmen</u> sehr gut.
- Sie <u>laufen</u> bis zu 50 km/h schnell.
- Meist aber <u>streifen</u> sie gemächlich durch die Wälder.
- Etliche Arten <u>halten</u> während der kalten Monate eine Winterruhe.
- Deshalb <u>fressen</u> sie im Spätsommer und im Herbst so viel, dass sie während der Winterruhe keine Nahrung mehr <u>brauchen</u>.
- Bären <u>sind</u> Allesfresser.
- Alle ein bis vier Jahre <u>bringt</u> ein Weibchen ein Junges zur Welt.
- Sie <u>werden</u> in freier Natur etwa 20 bis 30 Jahre alt.

S. 21, Ü 20

hell	dunkel	groß	klein	warm	kalt
fleißig	faul	schwer	leicht	stark	schwach

neu	alt	mutig	feige	nass	trocken
traurig	glücklich	hart	weich	schön	hässlich
klug	dumm	fern	nah	weiß	schwarz
hoch	tief	süß	sauer	gut	böse
dick	dünn	kurz	lang	arm	reich

S. 22, Ü 21 **Bären**

Obwohl es ganz <u>unterschiedliche</u> Bärenarten gibt, haben sie doch <u>viele gemeinsame</u> Merkmale: Bären haben einen <u>großen</u>, <u>kräftigen</u> Körper, <u>dichtes</u> Fell, eine <u>lange</u> Schnauze und einen <u>kurzen</u> Schwanz. Ihre <u>stämmigen</u> Beine enden in <u>breiten</u> Tatzen, die <u>lange, gebogene</u> Krallen haben. Obwohl Bären <u>große</u> Tiere sind, wirken sie <u>niedlich</u>. Das kommt wahrscheinlich durch ihre <u>kurzen</u> und <u>dicken</u> Gliedmaßen und durch ihren <u>großen</u>, <u>runden</u> Kopf. Auch ihre <u>tollpatschigen</u> Bewegungen wirken <u>kindlich</u>. Ein Bär wirkt wie ein <u>riesiges</u> Tierkind. Er ist aber ein <u>aggressives</u> Raubtier, er kann seine Beute mit seinem <u>massigen</u> und <u>muskulösen</u> Körper <u>leicht</u> erlegen.
Bären sind <u>scheue</u> Einzelgänger. Sie leben für sich <u>alleine</u>. Die Bärenmütter bleiben nur so lange bei ihren Jungen, bis diese <u>selbstständig</u> sind, dann verlassen sie sie. Die Jungtiere sind <u>leicht</u> und <u>klein</u>. Ein Eisbärenbaby wiegt nur 800 Gramm, während seine Mutter etwa 200 Kilogramm auf die Waage bringt.

Mit dem Wörterbuch arbeiten

S. 23, Ü 1 **Beispiele:**

- Adler, Affe, Alligator, Ameise, Amsel, Antilope, Assel
- Bär, Biene, Boa, Buckelwal, Bussard, Biber, Blindschleiche
- Chamäleon, Clownfisch
- Dachs, Dackel, Delfin, Dromedar, Damhirsch
- Elefant, Esel, Ente, Eber, Eidechse, Eichhörnchen, Elch
- Faultier, Flughund, Fischotter, Fuchs, Flusspferd, Flamingo, Feldmaus
- Gans, Grauwal, Gecko, Gepard, Gemse, Giraffe, Goldhamster
- Habicht, Hai, Hase, Hecht, Heuschrecke, Hirsch, Hund

- Igel, Iltis
- Jaguar
- Känguru, Kanarienvogel, Krake, Kröte, Krokodil, Kiebitz, Katze
- Libelle, Löwe, Luchs, Leopard, Laubfrosch, Lachmöwe
- Maikäfer, Mäusebussard, Miesmuschel, Murmeltier, Meerschweinchen
- Nilpferd, Nachtigall, Nashorn, Nasenbär
- Otter, Orca, Orang-Utan
- Pferd, Pfau, Pinguin, Pottwal, Panda
- Qualle
- Reh, Ratte, Rennmaus, Rind, Rotkehlchen, Regenwurm
- Schaf, Schwalbe, Seehund, Seepferdchen, Skorpion, Storch, Steinadler
- Tausendfüßer, Tiger, Tintenfisch
- Uhu
- Vampirfledermaus, Viper, Vielfraß
- Wal, Wolf, Wellensittich, Waschbär, Wildschwein, Walross
- Xylofon-Zebra, XXL-Maus
- Yak, Yorkshireterrier
- Zebra, Ziege, Zaunkönig, Zauneidechse, Zitronenfalter, Zwergwal

S. 24, Ü 2   Alma, Berta, Cäcilie, Dora, Emma, Florentin, Gina, Herta, Inge, Jutta, Karin, Lisa, Margaret, Nelly, Olga, Paulinchen, Quirina, Ruth, Suse, Thea, Ute, Vera, Walburga, Xenia, Yvonne, Zilla

S. 25, Ü 3   Individuelle Lösung

S. 25, Ü 4
4	D
7	G
9	I
14	N
15	O
19	S
20	T
23	W
26	Z

S. 25, Ü 5   Ich kann das Alphabet auswendig.

S. 25, Ü 6   die Anmeldung
die Banane
das Camping
der Direktor
die Entscheidung
die Furcht
das Gedicht
die Hängematte

Zu den Seiten 25–27

    der Indianer
    der Jubel
    der Kopfball
    der Löffel
    der Mut
    die Nummer
    der Opa
    das Papier
    die Qualität
    das Reh
    die Stimme
    das Tor
    das Ufer
    der Vogel
    der Wind
    Xaver
    der Yeti
    der Zeh

S. 26, Ü 7 Tablett, Tachometer, Tafel, Tag, Taifun, Takt, Talent, Tanz, Taschentuch, Tätowierung, Taucher, Taxi

S. 26, Ü 8

B	A	C	K	O	B	S	T	A	B	C	E	F	M	N
D	T	X	B	A	C	K	P	U	L	V	E	R	M	Z
B	A	S	D	F	G	H	J	I	M	A	U	T	V	B
M	Ä	D	C	X	B	M	I	O	P	Ä	N	Z	Y	A
B	A	C	L	B	N	A	E	R	T	Z	U	O	Q	C
A	M	N	K	B	B	A	C	K	O	F	E	N	W	K
C	A	S	F	E	G	I	H	K	K	U	N	U	E	E
K	A	M	M	B	R	E	I	N	E	T	M	I	R	N
S	M	L	H	O	K	E	S	A	C	N	I	P	S	Z
T	B	E	R	M	B	N	I	A	H	O	T	A	T	A
E	I	Ä	M	N	B	Ä	C	K	E	R	I	N	I	H
I	W	E	C	R	T	Z	U	J	K	L	L	T	M	N
N	T	R	S	K	M	K	L	I	R	T	Ä	B	O	S
E	M	D	A	B	E	U	B	A	C	K	H	E	F	E
R	A	S	D	F	O	R	T	U	M	N	U	E	L	T

backen, Backenzahn, Bäcker, Bäckerei, Bäckerin, Backhefe, Backofen, Backobst, Backpulver, Backstein

S. 27, Ü 9

die Städte	*die Stadt*
die Bälle	der Ball
die Klassen	die Klasse

8

Zu den Seiten 27–30

die Kinder	das Kind
höher	hoch
(er hat) geschlafen	schlafen
(sie ist) geritten	reiten
(du) lernst	lernen
(sie) lacht	lachen
(er) rief	rufen
am nettesten	nett
leiser	leise
besser	gut
größer	groß
am fleißigsten	fleißig

S. 28, Ü 10 Seitenzahlen sind hier nicht angegeben. Sie variieren je nach verwendetem Wörterbuch.

am schönsten	Grundstufe: schön
(er, sie, es) hat gespielt	Infinitiv: spielen
die Züge	Singular: der Zug
die Wellen	Singular: die Welle
höher	Grundstufe: hoch
(er) sprang	Infinitiv: springen
(sie) tanzte	Infinitiv: tanzen
die Computerspiele	Singular: das Computerspiel
jünger	Grundstufe: jung
(er, sie, es) hat gewonnen	Infinitiv: gewinnen
(sie) verreisten	Infinitiv: verreisen
am lautesten	Grundstufe: laut
die Pferde	Singular: das Pferd
freundlicher	Grundstufe: freundlich
die Weltmeere	Singular: das Weltmeer
die Bücher	Singular: das Buch

S. 28, Ü 11

Minneralöl	Milsbrand	Minnimum
Mineralöl	Milßbrand	Minimumm
Minerahlöl	**Milzbrand**	**Minimum**

S. 29, Ü 12 Folgende Wörter stehen nicht zwischen den Leitwörtern Militär und Minus:
mildtätig, missachten, Mitbewohner, minutenlang

S. 29, Ü 13 Je nach verwendetem Wörterbuch individuelle Lösung.

S. 29, Ü 14 Individuelle Lösung

S. 30, Ü 15

das Fahrrad	Fahr-rad
die Jungen	Jun-gen

Zu den Seiten 30–32

        der Lehrer   Leh-rer
        toben   to-ben
        neugierig   neu-gie-rig
        der Zucker   Zu-cker
        die Klassenarbeit   Klas-sen-ar-beit

S. 31, Ü 16   der Kaktus   die Kakteen
                     das Geld   die Gelder
                     das Datum   die Daten
                     das Gut   die Güter
                     der Globus   die Globen oder die Globusse
                     der Ski   die Skier
                     das Knie   die Knie

S. 31, Ü 17   die Saline, die Bagatelle, die Transfusion, das Firmament, der Effekt, die Substanz, der Mohikaner, das Immunsystem

S. 31, Ü 18   die Saline, ein Salzwerk
                die Bagatelle, eine unbedeutende Kleinigkeit
                die Transfusion, Blutübertragung
                das Firmament, Himmelsgewölbe
                der Effekt, Wirkung
                die Substanz, Stoff, Wesen
                der Mohikaner, Angehöriger eines ausgestorbenen nordamerikanischen Indianerstammes
                das Immunsystem, körpereigenes Immunsystem gegen Krankheitserreger

S. 32, Ü 19

Nomen/ Substantiv	Silbentrennung	grammatisches Geschlecht/ Artikel	Pluralform (Mehrzahl)	Wortbedeutung
Antiquität	An-ti-qui-tät	weiblich, die	Antiquitäten	altes Möbelstück
Fosburyflop	Fos-bu-ry-flop	männlich, der	Fosburyflops	Hochsprung, bei dem man die Latte in Rückenlage überquert
Haarspalterei	Haar-spal-te-rei	weiblich, die	Haarspaltereien	Spitzfindigkeit
Barke	Bar-ke	weiblich, die	Barken	kleines Boot

Zu der Seite 32

Nomen/ Substantiv	Silbentrennung	grammatisches Geschlecht/ Artikel	Pluralform (Mehrzahl)	Wortbedeutung
E-Mail	–	weiblich, die oder auch sächlich, das	E-Mails	elektronische Post
Gecko	Ge-cko	männlich, der	Geckos	tropische Eidechse
Intercity	In-ter-ci-ty	männlich, der	Intercitys	schneller, zwischen Städten verkehrender Personenzug
Jubiläum	Ju-bi-lä-um	sächlich, das	Jubiläen	Jahrestag, Gedenkfeier
Taunus	Tau-nus	männlich, der	–	Gebirge in Hessen
Vatikan	Va-ti-kan	männlich, der	–	Residenz des Papstes in Rom, oberste Behörde der katholischen Kirche
Winzer	Win-zer	männlich, der	Winzer	jemand, der Wein anbaut, herstellt und verkauft
Zisterne	Zis-ter-ne	weiblich, die	Zisternen	unterirdischer Behälter für Regenwasser

Zu den Seiten 33–35

Teste dein Wissen 1

S. 33, Ü 1 Das erste gesuchte Wort heißt: die Ferien
Das zweite gesuchte Wort heißt: die Zugvögel

S. 33, Ü 2
a) nehmlich
b) nähmlich
c) **nämlich**

a) **widerwillig**
b) wiederwillig
c) wider willig

a) Internett
b) **Internet**
c) Innternet

S. 34, Ü 3

Gladiator
- X Schaukämpfer (im alten Rom)
- Heizkörper
- Blumensorte

Meerkatze
- Katze
- X Affe
- Fisch

Lemming
- X Wühlmaus
- Vogel
- Insekt

Kürschner
- X Pelzverarbeiter
- Kutscher
- Gärtner

S. 34, Ü 4 **Die Erforschung von Haien**

große, faszinierende, Errungenschaften, Satellitensendern, Geräte, ihrem, weißen, Meer, Tier, Wassertiefen, Nahrung, Sinnesorgane, erkennen, Geschmackssinn, ausgezeichnet

Gleich klingende Vokale (Selbstlaute) und Doppellaute

S. 35, Ü 1
die Schnauze — sich schnäuzen
das Abenteuer — abenteuerlich
die Gefahr — gefährlich
die Angst — ängstlich
der Lenker — lenken
der Freund — sich anfreunden
die Rettung — retten
die Verkäuferin — verkaufen
der Herbst — herbstlich
der Raum — aufräumen
das Geräusch — rauschen

Zu den Seiten 35–36

die Neuigkeit	neu
die Wärme	warm
das Ende	endlich
die Heulsuse	heulen
der Verstand	verständlich

S. 36, Ü 2

Plural (Mehrzahl)	Singular (Einzahl)
die Ärzte	der Arzt
die Gäste	der Gast
die Schweineställe	der Schweinestall
die Männer	der Mann
die Wände	die Wand
die Dächer	das Dach
die Großstädte	die Großstadt
die Parkplätze	der Parkplatz
die Unfälle	der Unfall
die Hände	die Hand
die Träume	der Traum
die Blumensträuße	der Blumenstrauß
die Zäune	der Zaun
die Schlangenhäute	die Schlangenhaut
die Heilkräuter	das Heilkraut
die Fahrradschläuche	der Fahrradschlauch
die Bäume	der Baum
die Wildsäue	die Wildsau

Zu den Seiten 37–39

S. 37, Ü 3

ä/e? äu/eu?	Wortfamilienprobe	richtige Schreibweise
h?fig	der Haufen	häufig
gef?hrlich	die Gefahr	gefährlich
die Fr?ndschaft	sich anfreunden, freundlich	die Freundschaft
das Ger?sch	rauschen	das Geräusch
das Abent?er	abenteuerlich	das Abenteuer
bl?lich	blau	bläulich
die H?ktik	hektisch	die Hektik
tats?chlich	die Tatsache	tatsächlich
s?erlich	sauer	säuerlich
?ndlich	das Ende	endlich
?ngstlich	die Angst	ängstlich
der L?fer	laufen	der Läufer
n?gierig	die Neugierde, neu	neugierig
tr?	die Treue, treuherzig	treu

S. 38, Ü 4   grässlich, sich sträuben, das Knäuel, die Säule, sich räuspern, versäumen, enttäuschen, die Träne, das Geländer, der Lärm, der März, ständig, der Bär, ähnlich, die Säge, der Ärger, das Mädchen, vorwärts, krächzen, verhätscheln

Teste dein Wissen 2

S. 39, Ü 1   Ein Ausflug in den Kletterpark

Heute ist es **endlich** soweit: Die **letzte Deutscharbeit** ist geschrieben und die Klasse 6c macht mit ihrer Klassenlehrerin einen Ausflug in den **Klettergarten**. Der **Klettergarten** liegt inmitten von **Bäumen** am Fuße des Hermannsdenkmals. Es ist ein **teurer** Ausflug, aber da die Klassenkasse gut gefüllt ist, ist das kein Problem. Keines der **neunundzwanzig** Kinder hat es **versäumt, regelmäßig** einzuzahlen.
In diesem **neu** eröffneten **Kletterpark** gibt es mehr als sechzig **Kletterstationen**, die in fünf verschiedenen Parcours **aufgestellt** sind. Das **Klettern** ist aber dennoch nicht **gefährlich**, da man einen **Helm aufsetzen** muss und während des **Kletterns** mit einem **Klettergurt** in ein Führungsseil eingeklinkt ist.

Schwierige Konsonanten (Mitlaute)

S. 43, Ü 1

d oder t?	Verlängerungsprobe	richtige Schreibweise
das Klei?	die Kleider	das Kleid
das Schwimmba?	die Schwimmbäder	das Schwimmbad
der Kontinen?	die Kontinente	der Kontinent
das Zel?	die Zelte	das Zelt
das Konzer?	die Konzerte	das Konzert
der Hun?	die Hunde	der Hund
das Gummiban?	die Gummibänder	das Gummiband
der Wohnungsbran?	die Wohnungsbrände	der Wohnungsbrand
der Magne?	die Magneten	der Magnet
das Hem?	die Hemden	das Hemd

g oder k?	Verlängerungsprobe	richtige Schreibweise
das Geträn?	die Getränke	das Getränk
der Vertra?	die Verträge	der Vertrag
der Anzu?	die Anzüge	der Anzug
der Krie?	die Kriege	der Krieg
das Geschen?	die Geschenke	das Geschenk
die Klini?	die Kliniken	die Klinik
der Erfol?	die Erfolge	der Erfolg
der Geburtsta?	die Geburtstage	der Geburtstag
das Flugzeu?	die Flugzeuge	das Flugzeug
der Wanderwe?	die Wanderwege	der Wanderweg
der Kleiderschran?	die Kleiderschränke	der Kleiderschrank

Zu den Seiten 44–45

b oder p?	Verlängerungsprobe	richtige Schreibweise
der Antrie?	die Antriebe	der Antrieb
der Bankrau?	die Bankräuber	der Bankraub
der Strandkor?	die Strandkörbe	der Strandkorb
das Horosko?	die Horoskope	das Horoskop
der Ty?	die Typen	der Typ
der Sommerurlau?	die Sommerurlaube	der Sommerurlaub
das Stethosko?	die Stethoskope	das Stethoskop
das Kal?	die Kälber	das Kalb
der Die?	die Diebe	der Dieb
das Mikrosko?	die Mikroskope	das Mikroskop

S. 44, Ü 2 **b oder p?**

Er glaubte ihr.   glauben
Du bliebst lange.   bleiben/blieben
Ihr habt Recht.   haben
Sie hupt ungeduldig.   hupen
Er liebt Schokolade.   lieben
Die Grille zirpt.   zirpen
Ihr erlaubt nichts.   erlauben

d oder t?

Sie entschied sich schnell.   sich entscheiden
Sie hielt durch.   durchhalten/durchhielten
Er bat um Entschuldigung.   bitten/baten
Sie fand ihn nett.   finden/fanden
Er verband ihm die Hand.   verbinden/verbanden
Die Hose stand ihr gut.   standen
Du rätst ihr, Vokabeln zu lernen.   raten
Er trat heftig auf die Bremse.   treten/traten

g oder k?

Sie trank Tee.   trinken/tranken
Er trägt den Koffer.   tragen
Sie denkt nach.   nachdenken
Er log sie an.   lügen/logen
Er bog rechts ein.   einbiegen/bogen ... (ein)

Zu den Seiten 45–47

              Das Schiff sank sofort.   sinken/sanken
              Sie sang schief.   singen/sangen

S. 46, Ü 3   ehrlich, unruhig, täglich, zerbrechlich, gemütlich, hoffentlich, hässlich, merkwürdig, niedlich, trotzig, neugierig, vorsichtig, ähnlich, riesig, ständig

S. 46, Ü 4

-ig oder -lich?	Verlängerungsprobe	richtige Schreibweise
freundlich	freundlicher – der freundliche Busfahrer	freundlich
schwindel?	schwindeliger – schwindelige Höhen	schwindelig
nebl?	nebliger – neblige Novembertage	neblig
schreckl?	schrecklicher – schreckliche Ereignisse	schrecklich
zufäll?	zufällige Treffen	zufällig
heiml?	heimliche Verabredungen	heimlich
fröhl?	fröhlicher – fröhliche Kinder	fröhlich
ekl?	ekliger – eklige Müllberge	eklig
bedrohl?	bedrohlicher – bedrohliche Situationen	bedrohlich
herzl?	herzlicher – herzliche Grüße	herzlich

Teste dein Wissen 3

S. 47, Ü 1   **Paul und der Sprachabschneider (Teil I)**

Der elfjährige Paul ist meist fröh**lich** und hat viel Fantasie. Auf seinem We**g** zur Schule, die er nicht so gern ma**g**, stellt er sich manchmal vor, dass der Win**d** aus den Wolken einen Elefanten macht. Auf diesem Wolkenelefanten könnte er dann gemüt**lich** zur Schule reiten. Am lie**b**sten würde er natürlich ins Schwimmba**d** reiten. Aber das ist leider am Vormitta**g** nicht erlau**b**t.
Paul erscheint häuf**ig** unpünkt**lich** zum Unterricht und dies bring**t** ihm viel Ärger ein. Er ü**b**t wenig für Klassenarbeiten und schrei**b**t deshalb ständ**ig** schlechte Noten. Auch findet er es anstrengen**d**, Hausaufgaben zu machen; da bekommt er schnell das Faulfieber. So lieg**t** er auch heute faul im Garten, als ihm ein mer**k**würdiger Ty**p** zuwin**k**t. Der Mann träg**t**

ein He**md** – ge**lb** und drec**kig** – und hin**kt** ein wenig. Er spannt seinen grünen Regenschirm auf, stei**gt** auf den Holzkasten und macht Paul folgendes Angebot: „Deine Hausaufgaben werden von mir drei Wochen lang erledi**gt**, wenn du mir all deine Artikel und deine Verbformen gi**bst**. Die Grundform der Verben blei**bt** dir. Auch möchte ich von Wörtern, die mit zwei Mitlauten beginnen, den ersten haben." Paul den**kt** nicht lange nach und willi**gt** begeistert in den Vorschla**g** ein.

S. 48, Ü 2 **Paul und der Sprachabschneider (Teil II)**

- Pauls Sprache **klingt** jetzt seltsam. So **fragt** er seinen **Freund** Bruno: *„Kommen du mit mir zum Luglatz?" („Kommst du mit mir zum Flugplatz?")*
- Bruno **überlegt**, was Paul meinen könnte, sagt nichts und begleitet ihn dann zum Flugplatz.
- Auf dem Flugplatz bekommt Paul Hunger und **fragt** seinen **Freund**: *„Haben du Lust, mit mir Ratwurst zu essen?" („Hast du Lust, mit mir Bratwurst zu essen?")*
- Bruno **schweigt** und Paul kauft zwei Bratwürste. Nach diesem Nachmittag hat Bruno keine Lust mehr, sich mit Paul zu verabreden.
- Auch die anderen nehmen Paul bald nicht mehr ernst und so **verbringt** er viel Zeit allein.
- **Traurig bleibt** er in seinem Zimmer und **denkt** über sein Problem nach.
- Dann beschließt er, seine Sprache vom **Sprachdieb** zurückzuverlangen.
- Obwohl Paul einen Vertrag mit dem Sprachabschneider hat, sagt dieser: *„Du bekommst deine Sprache wieder, wenn du herausfindest, was auf diesem Blatt steht."*
- Nachdem Paul **mühselig** Satz für Satz entschlüsselt hat, hat er die deutsche Grammatik neu erlernt und seine Sprache zurückgewonnen.

S. 49, Ü 5 endlos, endgültig, der Endspurt, die Endrunde, die Endstation, die Endhaltestelle, beenden, endlich, der Endbetrag, unendlich, die Endung, das Endergebnis, die Endgeschwindigkeit, enden

S. 50, Ü 6

Nomen/Substantive	Verben (Tätigkeitswörter)	Adjektive (Eigenschaftswörter)
der Endspurt, die Endrunde, die Endstation, die Endhaltestelle, der Endbetrag, die Endung, das Endergebnis, die Endgeschwindigkeit	beenden, enden	endlich, unendlich, endlos, endgültig

S. 51, Ü 7   entlassen, entwerfen, entwischen, entlüften, entstehen

enttäuschen, entlaufen, enthalten, entwickeln, entfärben

S. 51, Ü 8   entweder, entlang, entgegen, entzwei, entsprechend

die Entführung, die Entdeckung, die Entscheidung, die Entspannung, die Entzündung

Teste dein Wissen 4

S. 52, Ü 1   **Entdeckungsreisen (Teil I)**

Die ersten **Ent**decker, die Reisen in fremde Länder unternahmen, waren **ent**weder Kaufleute, die neue Wege für den Handel suchten oder Seefahrer, die häufig im Dienste ihrer Herrscher un**ent**deckte Länder erforschten. Abenteuerlustig und wild **ent**schlossen waren sie aufgebrochen, die un**end**liche Weite der Meere und die Geheimnisse der Welt zu **ent**schlüsseln.
Ihre Leidenschaft, Neues zu **ent**decken und ihr Forschergeist waren **ent**fesselt. Aber ihre Reisen waren oftmals voller **Ent**behrungen und **Ent**täuschungen: Viele Seeleute und Matrosen waren nach schier **end**loser Zeit auf See völlig **ent**mutigt, einige auch völlig **ent**kräftet. Auf den Weltmeeren tobte die Piraterie. Es gab häufig Schiffs**ent**führungen und gruselige **Ent**hauptungen.
Doch die Geschichte der **Ent**deckungen **ent**hält nicht nur **Ent**setzliches, sondern auch großartige Erfolge.

S. 53, Ü 9   **Unsere Deutschlehrerin**

Frau <u>Alexandra Maxima Knox</u> ist eine Frau von großem <u>schlaksigen</u> Wuchs. Sie <u>stakst</u> auf hohen Absätzen <u>schnurstracks</u> über die Schulflure, ist <u>extrem</u> cool gekleidet und <u>wechselt</u> häufig ihre Haarfarbe. Sie ist in <u>Sachsen aufgewachsen</u>. Ihr <u>Lehrerexamen</u> hat sie nach <u>sechsjährigem</u> Studium mit einer hervorragenden Note bestanden.
Sie mag es, in den Bergen <u>herumzukraxeln</u>, angelt aber auch gerne <u>Lachse</u>.
Als Deutschlehrerin mag sie keine Rechtschreibfehler in den <u>Texten</u> ihrer Schüler. Für sie ist die Rechtschreibung ein <u>Klacks</u>; <u>strengstens</u> korrigiert sie all die Fehler ihrer Schüler.
Diktiert sie einen Text, so passt sie auf wie ein <u>Luchs</u>, dass niemand abschreibt. Auch mag sie es gar nicht, wenn es in Deutscharbeiten <u>Tintenkleckse</u> gibt. Dafür darf man bei ihr in Aufsätzen ein <u>Lexikon</u> benutzen.
Schüler mag sie zum Glück gerne: Sie liebt ihre <u>Faxen</u> und Streiche und bringt ihnen <u>montags</u> häufig leckere <u>Schokokekse</u> mit.

Zu den Seiten 54–56

ks-Laut als chs geschrieben	ks-Laut als cks geschrieben	ks-Laut als ks geschrieben	ks-Laut als gs geschrieben	ks-Laut als x geschrieben
der Wuchs, sie wechselt, Sachsen, aufgewachsen, sechsjährig, die Lachse, der Luchs	schnurstracks, der Klacks, die Tintenkleckse	schlaksig, sie stakst, die Schokokekse	strengstens, montags	Alexandra Maxima Knox, extrem, herumkraxeln, das Lehrerexamen, die Texte, das Lexikon, die Faxen

S. 54, Ü 10

P	R	A	X	I	S
N	I	X	E
F	A	X	E	N
B	O	X	E	R
E	X	P	E	R	T	E
E	X	P	E	R	I	M	E	N	T	E
T	A	X	I
L	U	X	U	S
M	I	X	E	R
H	E	X	E

S. 56, Ü 11

ks, gs oder cks?	Wortfamilienprobe	richtige Schreibweise
vormitta?	der Vormittag	vormittags
lin?	auf der linken Straßenseite	links
der Glü?tag	das Glück	der Glückstag
än?tlich	die Angst	ängstlich

Zu den Seiten 56–58

ks, gs oder cks?	Wortfamilienprobe	richtige Schreibweise
mu?mäuschenstill	der Mucks	mucksmäuschenstill
ta?über	der Tag	tagsüber
unterwe?	der Weg	unterwegs
der Tintenkle?	der Klecks	der Tintenklecks
die Wer?schließung	das Werk	die Werksschließung
am schwieri?ten	schwierig	am schwierigsten
zwe?	der Zweck	zwecks

S. 57, Ü 12

Du lügst.	lügen	Du denkst viel nach.	nachdenken
Du winkst am Bahnsteig.	winken	Du weckst mich morgen rechtzeitig.	wecken
Du strengst dich an.	sich anstrengen	Du merkst alles.	merken
Du lenkst den Drachen geschickt.	lenken	Du schmeckst nichts mehr.	schmecken
Du fängst den Ball.	fangen	Du fliegst gerne.	fliegen
Du versteckst dich.	sich verstecken	Du schminkst dich selten.	sich schminken
Du klingst erkältet.	klingen	Du singst ein Lied.	singen

S. 58, Ü 13   der Fuchs, der Dachs, die Eidechse, der Luchs, der Ochse, der Lachs

S. 58, Ü 14
echsA   die Achse
wenchsa   wachsen
eschs   sechs
zenKerchswa   der Kerzenwachs
elAchs   die Achsel
fenReichselwe   der Reifenwechsel
revwechsln   verwechseln
umtWachs   das Wachstum
Gehauswächs   das Gewächshaus

Zu den Seiten 58–61

    enSachs   Sachsen
    Fachsl   der Flachs
    chsuW   der Wuchs
    neröffchsBüen   der Büchsenöffner

Teste dein Wissen 5

S. 59, Ü 1   **Lehrer und Lehrerinnen**

- Die in Sachsen **aufgewachsene** Deutschlehrerin Alexandra Maxima Knox korrigiert **strengstens Schülertexte**.
- Der Mathematiklehrer möchte, dass alle seine Schüler **Experten** auf dem Gebiet der Geometrie werden.
- Der **schlaksige** Englischlehrer ist ein lebendes **Lexikon: Fragst** du ihn eine schwierige Vokabel, so weiß er **flugs** die richtige Antwort. Manchmal **mixt** er die Sprachen Englisch und Deutsch. Er spricht dann Denglisch.
- Die Französischlehrerin hat Augen wie ein **Luchs**. Alle Schüler haben **Angst**, während der Französischarbeiten zu mogeln.
- Die Biologielehrerin mag gerne alle Arten von **Echsen**; zu ihren **Lieblingstieren** gehören auch die **Füchse**.

S. 60, Ü 15

linVieo	die Violine
laVil	die Villa
vierlaK	das Klavier
rampiV	der Vampir
kanVul	der Vulkan
neVe	die Vene
tVienl	das Ventil
Devtitek	der Detektiv
bel**V**oka	die Vokabel
usri**V**	der Virus
Persti**v**epek	die Perspektive
va**p**rit	privat
valne**K**ra	der Karneval
le**V**anil	die Vanille
min**V**atie	die Vitamine
va**L**a	die Lava
verlo**P**ul	der Pullover

S. 61, Ü 16   der Vegetarier, der Vatikan, der Veterinär, provozieren, die Vitrine, das Video, der November, die Viper, das Visum, der Advent, Silvester, die Kurve, das Pulver

Zu den Seiten 62–64

S. 62, Ü 17   **Beispiele:**

- Vegetarier essen kein Fleisch.
- Ein Veterinär ist ein Tierarzt.
- Der Vatikan ist der Amtssitz des Papstes in Rom.
- Die Vorweihnachtszeit heißt Advent.
- Reist man in ferne Länder, so braucht man manchmal eine Eintrittserlaubnis: das Visum.
- Eine Giftschlange ist eine Viper.
- Viele Menschen mögen den dunklen und trüben November nicht.
- In der Kurve verlor er die Kontrolle über sein Fahrzeug.
- Einige Schüler mögen es, ihre Lehrer durch freche Antworten zu provozieren.
- Videofilme sind durch DVDs ersetzt worden.
- In Omas Vitrine gibt es kostbares Porzellan.
- Viele Kinder lieben den Pulverschnee und das Feuerwerk in der Silvesternacht.

S. 62, Ü 18   **Beispiele:**

die Nerven	nerven, nervig, nervtötend, die Nervosität, der Nervenzusammenbruch, die Nervensache, nervend, die Nervenkrankheit
der Vater	väterlich, der Großvater, der Vatertag, vaterlos, die Vaterschaft
viel	vielmals, vielseitig, vielsprachig, vielstimmig, vielleicht, die Vielzahl
voll	der Vollmond, das Vollkornbrot, vollkommen, das Vollbad, der Vollbart, Vollgas, volljährig, vollzählig
vier	der Vierbeiner, vierblättrig, vierfach, das Viereck, der Viermaster, die Vierlinge, der Viertaktmotor, das Viertel, das Viertelfinale, die Viertelstunde, viertürig

S. 63, Ü 19   versprechen/vorsprechen, verschreiben/vorschreiben, verlieben, verpetzen, verbrennen, verändern, verdienen, verkaufen, verleihen, verpassen, verprügeln, verschließen, verwechseln, vordrängeln, vorlesen/verlesen, vorschicken/verschicken, verschieben/vorschieben, vorsagen/versagen, vorziehen/verziehen

S. 64, Ü 20

Wörter mit der Vorsilbe Ver-	Wörter mit der Vorsilbe Vor-	Wörter mit den Vorsilben Ver-/Vor-
der Verzicht, der Verein, die Verabredung, die Veränderung,	der Vorteil, das Vorurteil, die Vorfahrt, der Vorgarten,	der Verrat/der Vorrat, der Vorstand/der Verstand, der Vertrag/der Vortrag,

23

Zu den Seiten 64–69

Wörter mit der Vorsilbe Ver-	Wörter mit der Vorsilbe Vor-	Wörter mit den Vorsilben Ver-/Vor-
der Verband, das Verbot, der Verkauf, der Verschluss, der Verbrauch, der Verdienst, das Vergnügen, das Verhör, die Vernunft	der Vorhang, der Vormittag, die Vorsicht, der Vorname, die Vorwahl, die Vorfreude, der Vorgang	der Verfall/ der Vorfall, der Vorschlag/der Verschlag, die Verwarnung/die Vorwarnung

S. 64, Ü 21   **Wissenswertes über Vampire**

Vielleicht weißt du ja, dass sich Geschichten über Vampire zunächst auf dem **fernen** Balkan **verbreiteten**. In der **verschwiegenen** Landschaft des heutigen Transsilvaniens entstanden Geschichten über **Vampire**, die mit **Vernunft** und **Verstand** nicht **fassbar** sind. Sie sind ein **fester** Bestandteil des slawischen **Volksglaubens**.
Der Legende nach sind **Vampire** unsterbliche Geschöpfe in Menschengestalt. Da sie nicht immer ausreichend mit Blut **versorgt** sind, ist ihr Gesicht ganz weiß.
Sie **verfügen** über spitze, **furchterregende** Eckzähne, um ihre Opfer zunächst durch scharfe Bisse zu **verletzen**. Dann saugen sie ihr Blut aus. Sind Menschen ihre Opfer, so **versuchen** sie, die Hauptschlagader am Hals zu treffen. **Von Vampiren** Gebissene **verwandeln** sich selbst in **Vampire**. Um sich **vor Vampiren** zu schützen, trafen die Menschen **verschiedene Vorsichtsmaßnahmen**.
Einige **verriegelten** ihre Häuser. Da sich **Vampire** angeblich **vor** Knoblauch, Kruzifixen und geweihtem Wasser **fürchten**, **fand** man früher in **vielen** Häusern Schalen **voll** geweihten Wassers und Kruzifixe neben **Vorhängen** und **Fenstern**. Überall waren Knoblauchzehen **verteilt**, selbst in den **Vasen** der alten **Vitrinen**. Die Menschen glaubten, dass man **Vampire vernichten** könne, indem man sie köpft oder ihnen einen Holzpflock mitten ins Herz schlägt.

Konsonanten (Mitlaute) nach kurz ausgesprochenen, betonten Vokalen (Selbstlauten)

S. 69, Ü 1
- Latte, Matte, Ratte, Watte
- Tanne, Wanne, Kanne, Panne
- Klippe, Wippe, Rippe, Lippe
- trennen, kennen, rennen, nennen
- fassen, lassen, hassen, Tassen

Zu den Seiten 69–71

S. 69, Ü 2
- schwimmen, du schwimmst, das Schwimmbad, die Schwimmerin, das Schwimmbecken
- stimmlos, es stimmt, der Stimmbruch, die Stimme, das Stimmrecht, abstimmen
- der Treffpunkt, treffsicher, der Treffer, treffen
- hoffnungslos, hoffen, er hofft, hoffentlich, die Hoffnung
- du rennst, die Rennbahn, der Rennwagen, rennen, der Rennfahrer, das Rennrad
- essen, das Esszimmer, das Essbesteck, der Esstisch, essbar

S. 70, Ü 3
bitten, du bittest, er, sie, es bittet
wollen, du willst, er, sie, es will
tippen, du tippst, er, sie, es tippt
kommen, du kommst, er, sie, es kommt
kennen, du kennst, er, sie, es kennt

S. 70, Ü 4 **Wettlauf zum Südpol (Teil I)**
Wettlauf, Beginn, geschafft, kommt, spannenden Duell, Scott, will, Schiff, Terra, nimmt, bekommt, Telegramm, Wettlauf, beginnt, erreichen, Mannschaft, Konkurrenten, Sommermonate, Schlittenhunde, Wetterdaten, Lebensmitteldepot, will, unbekanntes

S. 71, Ü 5 **Wettlauf zum Südpol (Teil II)**
Am 19. Oktober ist es dann soweit: Amundsen, fünf seiner Männer und 52 Schlittenhunde beginnen den 1500 km langen Marsch zur südlichen Polkappe. Sie kommen gut voran, denn als Norweger sind sie die extremen Wetterlagen gewöhnt. Auch sind die Schlittenhunde zähe und schnelle Zugtiere. Scott und seine Gefährten kommen erst einen Monat später los. Ihre Ausstattung ist sehr viel aufwendiger als die von Amundsen. So haben sie drei Motorschlitten mitgebracht und statt der Schlittenhunde verlassen sie sich auf sibirische Ponys als Zugtiere. Aber ihr Marsch zum Südpol ist voller Hindernisse. Die Motoren streiken bei den eisigen Temperaturen. Ebenso verkraften die Ponys die extremen Witterungsbedingungen nicht. Ihre Hufe brechen zu tief in den Schnee ein, ihr Fell ist zu dünn, sie werden schließlich erschossen. Als die Mannschaft am 18. Januar völlig erschöpft am Südpol ankommt, weht dort bereits die norwegische Flagge. Ihr Rückweg endet tragisch: Nur etwa 20 Kilometer vor einem rettenden Lebensmitteldepot werden ihre Leichen im folgenden Polarsommer von einem Suchtrupp gefunden.

Zu den Seiten 72–73

S. 72, Ü 6 **Beispiele:**

bb	dd	ff	gg	ll	mm
Robbe, Ebbe, wibbeln, schubbern, sabbern, Lobby, aufribbeln, Schrubber	Paddel, Buddha, Teddy, schmuddelig, Pudding, Widder, verheddern	treffen, schaffen, hoffen, Affe, klaffen, Begriff, öffnen, Stoff	Roggen, Bagger, Egge, Flagge, aggressiv, Waggon, schmuggeln, Jogger	hell, Knall, Fall, Teller, Keller, alle, wollen, Dollar, Rolle, Schelle	Telegramm, Sommer, jammern, Klammer, immer, Schimmer, Lamm

nn	pp	rr	ss	tt
Mannschaft, Tanne, rennen, gewinnen, brennen, Rinne, können, nennen	knapp, doppelt, Treppe, Truppe, üppig, Sternschnuppe, stoppen, entpuppen, schleppen	Konkurrenz, herrschen, knurren, Terrasse, irren, starren, arrogant, sperren, Dürre	verlassen, russisch, müssen, besser, Presse, Wissenschaft, Biss, Interesse, Beschluss	hatte, Kitt, wetten, Mittwoch, Schatten, ermitteln, bitte, retten, komplett

S. 73, Ü 7 der Schmuck, dreckig, der Blick, der Fleck, drucken, der Wecker, flicken, packen, die Schnecke, gucken, zurück, der Zucker

blitzen, das Netz, der Satz, die Mütze, nützlich, schmutzig, trotzig, schützen, die Pfütze, der Schatz, plötzlich, der Klotz

S. 73, Ü 8
- wecken, schmecken, entdecken, recken, stecken, erschrecken, necken
- zwicken, nicken, knicken, ticken, stricken, sticken
- schmücken, rücken, Lücken, drücken, glücken, Mücken, pflücken
- Brocken, Socken, Flocken, Glocken, locken, trocken, hocken
- petzen, vernetzen, hetzen, setzen, Fetzen
- Hitze, Ritze, Sitze, Spritze, Witze, Spitze
- blitzen, flitzen, sitzen, spitzen, schwitzen, schnitzen
- Fratze, Glatze, Katze, Tatze, Matratze

Zu den Seiten 74–77

S. 74, Ü 9 **Die abenteuerliche Fahrt der Endurance**
besitzt, Nutzen, versteckt, stickigen, schmutzigen, entdeckt, Glück, eingesetzt, putzige, Schiffskatze, entwickelt, stecken, Packeis, kratzt, Druck, Packeis, zerdrückt, glitzernde, Eisdecke, spitzen, Hacken, dick, sitzen, Besatzung, zurückbringen, letztendlich, Besatzungsmitglieder, zurück

S. 75, Ü 10

Wörter mit ck	Wörter mit tz
der Schmuck, dreckig, der Blick, der Fleck, drucken, der Wecker, flicken, packen, die Schnecke, gucken, zurück, der Zucker, wecken, schmecken, entdecken, recken, stecken, erschrecken, necken, zwicken, nicken, knicken, ticken, stricken, sticken, Wicken, schmücken, rücken, Lücken, drücken, glücken, Mücken, pflücken, Brocken, Socken, Flocken, Glocken, locken, trocken, hocken, verstecken, stickig, entdecken, Glück, entwickeln, stecken, Packeis, Druck, zerdrücken, Eisdecke, Hacken, dick, zurückbringen, zurück	blitzen, das Netz, der Satz, die Mütze, nützlich, schmutzig, trotzig, schützen, die Pfütze, der Schatz, plötzlich, der Klotz, petzen, vernetzen, hetzen, setzen, Fetzen, Hitze, Ritze, Sitze, Spritze, Witze, Spitze, blitzen, flitzen, sitzen, spitzen, schwitzen, schnitzen, Fratze, Glatze, Katze, Tatze, Matratze, besitzen, Nutzen, schmutzig, einsetzen, putzig, Schiffskatze, kratzen, glitzernd, letztendlich, Besatzungsmitglieder

S. 76, Ü 11 der Mantel, die Angel, das Kind, das Fenster, bunt, hüpfen, der Elefant, die Wolke, winzig, die Tulpe, tanzen, der Markt, lustig, der Dank

S. 76, Ü 12 Wunde, Hunde, Stunde, Runde, Kunde
Nest, Fest, Rest, Test, Pest
denken, lenken, schenken, senken
Ast, Mast, Last, Gast, Hast, Rast,
danken, tanken, wanken, ranken
winken, schminken, sinken, hinken, stinken

S. 77, Ü 13 die **A**n**g**st, die **B**a**nk**, **bl**i**nk**en, der **F**e**ls**en, das **F**e**ns**ter, das **G**eld, das Ge**sp**enst, ge**s**u**nd**, das **H**e**ft**, das **H**e**md**, der **H**e**rbst**, **h**i**nt**en, das **H**olz, die **K**arte, der **K**o**pf**, **kr**a**nk**, die **L**am**p**e, die **M**a**sk**e, **r**u**tsch**en, **t**u**rn**en, u**nt**en, der **W**a**ld**, die **W**e**lt**, die **W**e**sp**e, der **W**i**nt**er, das **W**u**nd**er, das **Z**elt

S. 77, Ü 14 • Die Antarktis ist der letzte <u>Kontinent</u>, der <u>entdeckt</u> wurde. 1820 wurde sie zum ersten Mal gesichtet.
• Die Antarktis ist der südlichste, der <u>kälteste</u>, der <u>trockenste</u> und der höchste Kontinent der Erde.

Zu den Seiten 77–79

- Die Antarktis ist keine riesige Eisscholle. Unter der dicken Eisschicht von ca. 2200 Metern liegt Festland.
- Der höchste Punkt der Antarktis ist der Mount Vinson (5140 m).
- In der Antarktis ist ein halbes Jahr dunkle Nacht, im Sommer allerdings geht die Sonne nie unter.
- In der Antarktis können nur wenige Tier- und Pflanzenarten überleben.
- Einige Moose und Flechten haben sich den extremen Wetterverhältnissen angepasst.
- Auch Robben und Pinguine haben sich mit einer dicken Speckschicht und dichtem Fell auf die Kälte eingestellt.
- Weit von den Küsten entfernt nisten Albatrosse, Möwen und Sturmvögel.
- Um Energie zu sparen, drängen sich die Tiere dicht zusammen.
- Das Polarmeer ist eisig kalt, aber nahrungsreich. Hier leben viele Fische, Krebse und Krill.
- Sie sind beliebtes Futter für Wale und Robben.
- Im Polarmeer tummeln sich aber auch viele Seesterne, Seeigel und Quallen.

Teste dein Wissen 7

S. 79, Ü 2 **Küchenjunge auf der Endurance**

Ich schwankte auf die Reling zu und tat, was ich schon seit einer halben Stunde tun wollte: Ich spuckte in hohem Bogen den verflixten Tee aus. Endlich! Das tat gut. Ich legte den Kopf auf das Holz, atmete tief ein und aus und fühlte, wie die Übelkeit nachließ und verschwand. Unter mir hob und senkte sich die Dünung des Atlantiks. Über mir knatterten die Segel im Wind. Ich ließ die Finger über die glatte Reling gleiten. Davon hatte ich immer geträumt, so lange ich denken konnte. Ich wollte Abenteuer in fremden Ländern erleben. (...)
Ich richtete mich auf und machte mich auf den Weg in die Kombüse. Ich hatte es geschafft! Ich gehörte zur Mannschaft der Endurance. Und die war auf dem Weg zu einem der letzten großen Abenteuer, die auf der Erde noch möglich waren: Zur Durchquerung der Antarktis. (...)
Nach zehn Tagen ging das Schiff im Hafen der Cumberland-Bucht auf Südgeorgien vor Anker. Die Fenster der kleinen Walfangstation Grytviken blinkten in der Sonne, es gab sogar Geranien hinter den Scheiben. Kinder spielten auf der Straße und rannten zum Kai, als die *Endurance* anlegte. Das Wasser der Bucht war rot gefärbt, der Strand überschwemmt von öligen Innereien, in der Luft hing der Gestank verwesender Walkadaver. Als ich am Abend in der Messe bediente, machte Sir Ernest ein unzufriedenes Gesicht und stocherte geistesabwesend in seinem Essen herum. (...)
„Die Eisbedingungen in diesem Jahr sind so schlecht wie seit Menschengedenken nicht mehr. Das Packeis erstreckt sich jetzt schon so

weit nach Norden wie sonst nicht einmal im tiefsten Winter." Er schob seinen Teller zur Seite. „Ich habe beschlossen, dass wir noch bleiben, es hat keinen Sinn, bald abzufahren. Es kommen noch ein paar Walfänger zurück in den nächsten Wochen, die wollen wir abwarten, dann haben wir den neuesten Überblick über die Lage."

Lang ausgesprochene, betonte Vokale (Selbstlaute)

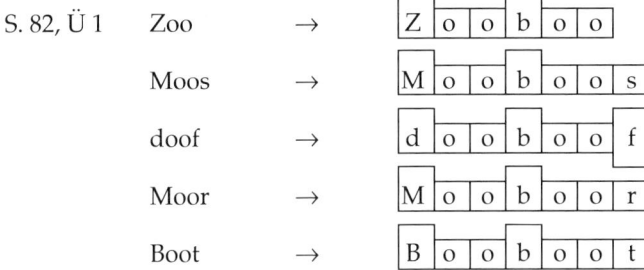

S. 82, Ü 1   Zoo → Z o o b o o

Moos → M o o b o o s

doof → d o o b o o f

Moor → M o o b o o r

Boot → B o o b o o t

S. 83, Ü 2   Schwimmbecken: Du findest es häufig in Hotelanlagen.
Pool

Dick gefütterte Winterstiefel (aus Kunststoff):
Moonboots

Sorgt für den Nervenkitzel in der Achterbahn:
Looping

Adjektiv (Eigenschaftswort), das beschreibt, wie viele Jugendliche sein möchten:
cool

Teil einer Kamera: Holt das, was du fotografieren möchtest, nah heran.
Zoom

Anderes Wort für Haarwaschmittel:
Shampoo

S. 83, Ü 3   teBe   das Beet
leSee   die Seele
leKe   der Klee
ereLe   die Leere
eTre   der Teer
eFe   die Fee
rettMeerich   der Meerrettich
rebeeHim   die Himbeere

Zu den Seiten 84–86

neeSch — der Schnee
eSe — der See
reHe — das Heer
eTe — der Tee
chenschwMeerein — das Meerschweinchen
reeSp — der Speer
seroeSe — die Seerose

das Beet, die Fee, das Heer, die Himbeere, der Klee, die Leere, der Meerrettich, das Meerschweinchen, der Schnee, der See, die Seele, die Seerose, der Speer, der Tee, der Teer

S. 85, Ü 4

P	O	R	T	M	O	N	E	E
O	M	M	O	O	R	I	E	F
R	U	B	U	S	C	H	I	R
I	N	A	R	C	H	E	U	I
A	D	E	N	H	I	R	O	K
C	H	E	E	E	D	U	L	A
O	H	U	E	E	E	K	K	S
F	L	A	T	R	E	A	O	S
B	R	A	U	S	O	F	M	E
P	I	L	I	S	N	F	I	E
D	Ü	N	K	O	S	E	T	A
V	A	R	S	T	R	E	E	L
A	R	M	E	E	G	P	E	L
G	E	L	E	E	Q	U	L	E
V	A	R	I	E	T	E	E	E

waagerecht: das Portmonee, die Armee, das Gelee, das Varietee
senkrecht: die Tournee, die Moschee, die Orchidee, der Kaffee, das Komitee, das Frikassee, die Allee
diagonal: die Idee, die Chaussee, das Püree

S. 86, Ü 5
Paar/Haare
Zoo/doof
Beet/Teer
waagerecht/Waage
Boot/Moos
Fee/Klee

S. 86, Ü 6 das Kartoffelpüree, das Meerschweinchen, das Ehepaar, der Allwetterzoo, das Segelboot, die Seerose, das Blumenbeet, die Haarspange, die Moorleiche, die Wasserwaage

S. 87, Ü 7

Doppelvokale (Doppelselbstlaute)	Umlaut
das Paar/die Paare	das Pärchen/die Pärchen
das Haar/die Haare	das/die Härchen
das Boot/die Boote	das Bötchen/die Bötchen
der Saal	die Säle

Teste dein Wissen 8

S. 88, Ü 1
- Kennst du einen **Schneesee**, um den herum **Klee** wächst?
- Ein **cooles Shampoo** für Teenager riecht nach **Himbeeren**.
- Er hat sein **Portmonee** auf einer Berliner **Allee** verloren.
- Hast du eine **Idee**, woher das **Meerschweinchen** seinen seltsamen Namen hat? Es kam über das **Meer** und quiekte wie ein Schwein.
- Das alte **Ehepaar** tanzt gern im großen **Festtagssaal**.

S. 89, Ü 8 **In Seenot**

Die See **brodelt** jetzt. **Regen** klatscht in die Gischt. (...) Eine Wasserwand türmt sich **vor** ihm auf, rollt heran und **schlägt schäumend über** ihm zusammen. Als er wieder Luft **holen** kann, ist das Boot verschwunden. Manuel schwimmt. (...) Beine und Arme **werden schwer**, die **Bewegungen langsamer**. Manuel merkt es nicht **einmal**.
(...) Er sieht nicht, wie eine kleine dreieckige Rückenflosse **neben** ihm **auftaucht** und gleich wieder verschwindet.
Auch **den grauen** Kopf bemerkt er nicht, den geöffneten Rachen, die spitzen Zähne. Da streift etwas an seinem **Bauch** entlang, seine **Füße stoßen** auf Festes.
(...) Das Meer **tobt** und **schäumt** und trotzdem geht er nicht unter. (...) Direkt **vor** seinem Gesicht ist **so** ein **grauer** dicker Kopf. Manuel **spürt** es jetzt **deutlich**. Er wird **getragen**. Er liegt auf **dem** Rücken eines Delfins. Wie ein Gummistiefel fühlt der sich an, wie ein riesiger nasser Gummistiefel. (...)
Der Delfin, der Manuel **trägt**, springt nicht. Ruhig **gleitet** er durch das Wasser, dicht unter der Oberfläche. Manuel hält sich an der Finne fest. In dem aufgewühlten Wasser kann er keinen Blas erkennen, **aber jedes Mal**, wenn der Delfin die Luft **ausstößt**, **hört** sich das an wie das **Pusten** einer Fahrradpumpe. (...) Trotz seiner Angst klammert er sich an die Finne wie an einen Haltegriff.

Zu den Seiten 90–92

S. 90, Ü 9 böse, gemütlich, fragen, schlagen, mutig, reden, die Aufregung, die Blüte, legen, die Lösung, die Lüge, mogeln, rufen, die Flöte, der Streber, gerade, die Rose, das Gerät, nötig

S. 91, Ü 10 Eine Schiffsküche nennt man auch
Kombüse

Sie jagt nachts und orientiert sich aufgrund von Schallwellen:
Fledermaus

An der Nordsee gibt es Ebbe und
Flut

Wenn du gut Englisch sprechen möchtest, musst du sie lernen:
Vokabeln

Vor einer Operation bekommt man eine
Narkose

Ohne sie wäre eine Wohnung leer:
Möbel

Ein männlicher Hund heißt
Rüde

Regnet es und scheint zugleich die Sonne, entsteht ein
Regenbogen

Erst ihr Bau machte die Weltraumfahrt möglich:
Rakete

Das Gegenteil von früh heißt
spät

Auf dem Markt kaufen viele Menschen gerne Obst und
Gemüse

Umweltfreundliches Verkehrsmittel:
Zug

S. 92, Ü 11 **Delfine**

Delfine **gehören zu** der Familie der **Wale**. Der **größte** Delfin ist der Orca, der bis zu **neun Meter** lang wird. Es sind **Säugetiere**, obwohl ihre Jungen nicht **saugen** können: Die Milch wird ihnen ins Maul gespritzt. Ihr **schö-**

ner grauer Körper ist stromlinienförmig: Deswegen sind Delfine schnelle Schwimmer, die Durchschnittsgeschwindigkeiten von 80–90 Stundenkilometern erreichen.

Delfine können sehr **gut hören**, sie **haben** aber keine richtigen Ohren: Alle **Geräusche** gelangen über ihren Unterkiefer zum Innenohr.
Delfine können auch sehr **gut** sehen. **Schaut** dich ein Delfin an, **so legt** er **den** Kopf auf die Seite und benutzt dabei **nur** ein **Auge**, das andere **bleibt** unter Wasser. Ein Delfin kann **nämlich** mit einem **Auge** mehr sehen als wir mit beiden. Beim **Schlafen bleibt** ein Auge immer geöffnet, damit Angreifer nicht zu **spät** erkannt werden.

Da Delfine durch die Lunge atmen, müssen sie **regelmäßig auftauchen**. Sie atmen drei- bis **fünfmal** in der Minute; wir **hingegen fünfzehnmal**. Damit sie das Atmen nicht vergessen, lassen sie nur eine Gehirnhälfte **einschlafen**.

Delfine **verfügen über** ein **Organ**, mit dem sie Schallwellen aussenden und empfangen. Über dieses Echoortungssystem **jagen** die schnellen **Raubtiere** auch ihre **Beute**. Fische, **Schalentiere** und Tintenfische **werden** in einem Stück gefressen.

S. 94, Ü 12

F	R	Ü	H	L	I	N	G	A	V	L	A	I	F	F	Ä
O	M	T	E	R	I	S	E	N	O	M	N	I	R	E	H
H	A	U	O	T	R	A	F	U	R	G	E	R	Ö	B	N
L	S	A	H	N	E	K	Ü	N	N	E	U	V	H	Ü	L
E	Ö	B	N	B	K	Ü	H	L	E	B	R	E	L	H	I
N	H	L	E	I	M	M	L	E	H	R	E	R	I	N	C
D	N	E	K	L	A	T	E	R	M	I	R	W	C	E	H
S	E	H	N	S	U	C	H	T	R	E	Z	Ö	H	I	K
B	L	N	U	R	T	E	S	T	U	M	Ä	H	O	S	E
W	I	E	L	W	A	H	R	L	I	C	H	N	U	T	I
A	M	N	E	O	R	U	L	L	A	R	L	T	A	U	T
B	E	R	Ü	H	M	T	R	E	S	T	E	N	E	H	A
I	H	B	I	N	K	L	A	V	G	O	N	A	L	L	E
O	R	T	R	E	H	R	L	I	C	H	E	A	R	T	O
M	A	P	R	N	E	G	E	F	Ä	H	R	L	I	C	H
E	R	M	A	H	N	U	N	G	E	R	Z	A	M	G	I

waagerecht: Frühling, Sahne, Kühle, Lehrerin, Sehnsucht, wahrlich, berühmt, ehrlich, gefährlich, Ermahnung

senkrecht: Fohlen, Söhne, mehr, ablehnen, ohne, wohnen, Gefühle, vornehm, erzählen, verwöhnt, fröhlich, Bühne, Stuhl, Ähnlichkeit

Zu den Seiten 95–97

Wörter mit einem *hl*	Wörter mit einem *hr*	Wörter mit einem *hm*	Wörter mit einem *hn*
das Fohlen, zählen/erzählen, kühl, die Gefühle, der Stuhl, fröhlich, der Frühling	gefährlich, wahr/wahrlich, die Lehrerin, ehrlich, mehr	vornehm, berühmt	ohne, verwöhnt, wohnen, die Söhne, die Ähnlichkeit, die Sahne, die Ermahnung, die Sehnsucht, ablehnen, die Bühne

S. 95, Ü 13   **ah-Wortstern**
die Gefahr, der Bahnhof, die Fahndung, das Fahrrad, die Wahrheit, wahrsagen

äh-Wortstern
die Fähre, die Mähne, gelähmt, während, gähnen, erwähnen

eh-Wortstern
der Fehler, nehmen, sehr, der Lehm, zehn, die Sehne

oh-Wortstern
der Bohrer, der Sohn, das Wohl, hohl, die Bohne, der Hohn

öh-Wortstern
die Höhle, föhnen, die Möhre, versöhnen, das Nadelöhr, stöhnen

uh-Wortstern
die Ruhr, die Kuhle, der Stuhl, der Ruhm, das Huhn

üh-Wortstern
kühn, die Mühle, wühlen, die Gebühr, abkühlen, fühlen

S. 97, Ü 14   zähmen, jährlich,
ungefähr, stehlen, empfehlen, sich wehren,
belohnen, die Mohnblume, wohlhabend,
das Rührei, berühren, prahlen, die Schuhsohle, nachahmen, die Kohle, die Strahlen

S. 97, Ü 15   **In Seenot**
Der zwölfjährige Manuel wohnt mit seiner Familie auf der portugiesischen Insel Madeira. Madeira ist eine Frühlingsinsel, die berühmt ist für ihre Blumenpracht. Immer mehr Touristen verbringen hier jedes Jahr ihre Ferien und lassen sich in schönen Hotels verwöhnen. Manuel liebt das Meer, wahrscheinlich wird er später wie fast alle Bewohner der Insel Walfänger.

34

Er liebt es, in seinem kleinen Schlauchboot aufs Meer hinauszufahren, sich gemütlich am Schlauchbootrand anzul(ehn)en und Comics zu lesen. Die Sonnenstr(ah)len sind ang(ehm) auf seiner Haut. Er f(ühl)t sich s(ehr) w(ohl) und denkt nicht an die düsteren Vor(ahn)ungen seiner Mutter. Sie hat nämlich ständig Angst, dass sich das Meer von seiner gef(ähr)lichen Seite zeigen könnte, w(ähr)end Manuel mit seinem Schlauchboot unterwegs ist. W(ohl)ig träumt er in seinem Boot, als plötzlich Wasser ins Boot schwappt. (Ohn)e dass er es w(ahr)genommen hat, ist ein Sturm aufgekommen. K(ühl)er Wind peitscht das Wasser auf. Das aufgew(ühl)te Meer tobt und tost unheimlich. Auf einmal bricht eine riesige Wasserwand schäumend über Manuel zusammen und sein Boot ist verschwunden.

S. 98, Ü 16 **Die Rettung**

Wahnsinnige Angst **lähmt** seine Gedanken. Ganz mechanisch **führt** sein Körper die Schwimmbewegungen aus, als er plötzlich das **Gefühl** hat, getragen zu werden. Manuel **fühlt**, dass er unter sich etwas Festes **berührt**. Er sieht einen dicken grauen Kopf auftauchen, dessen spitze **Zähne gefährlich** aussehen. Das Schnarren und Pfeifen klingt aber nicht bedrohlich. Er liegt auf dem Rücken eines Delfins, der sich wie ein Gummistiefel **anfühlt**.
Fest umklammert Manuel die Finne des Delfins; bei den **unwahrscheinlich** hohen Wellen hat er Angst, etwas **verkehrt** zu machen: Er hat Angst abzurutschen. Doch der Delfin **bahnt sich** sicher seinen Weg und schwimmt schnell auf die Küste zu. Allmählich wird Manuel ruhiger und reitet fast **kühn** auf dem Rücken des Delfins.
Als er das Tuckern eines Bootes hört, weiß er, dass die **ersehnte** Rettung naht. In **ungefähr** 20 Metern Entfernung sieht er das Boot der Küstenwache. Manuel lässt den Delfin los und macht mit seinen **lahmen** Armen noch einige Schwimmzüge, bevor er ins Boot gezogen wird. Er ist gerettet.

S. 99, Ü 17 einmal, nämlich, tun, dämlich, getan, holen, die Ware, malen, der Bär, die Dame, die Düne, gar, geboren, her, hören, der Honig, komisch, der König, die Krone, der Name, das Öl, der Südpol, wenig, nur, wer, spülen, sparen, grün, die Blume, der Plan, spüren, der Flur, stören, klar, der Kram, einsam, bevor, jemand, die Person, das Problem

Satzbildung: individuelle Lösung

S. 100, Ü 18 hören/Krone, bevor, nämlich, nur/wer, holen, sparen/spüren

S. 100, Ü 19

Wörter, die mit Sch/sch beginnen	Wörter, die mit T/t beginnen	Wörter, die mit Qu/qu oder einer Vorsilbe beginnen
die Schale, schälen, sich schämen, der Schwan, schwer, schwören, schwül,	das Tal, der Thunfisch, das Tor, die Träne, der Ton, der Thron, tun	die Qual, überqueren, querfeldein, der Quarz, bequem, quälen

Zu den Seiten 101–106

Wörter, die mit Sch/sch beginnen	Wörter, die mit T/t beginnen	Wörter, die mit Qu/qu oder einer Vorsilbe beginnen
der Schwur, die Schule, schmal, schälen, die Schnur, schonen, die Schere, schön, schon, der Schal, schnüren		

Teste dein Wissen 9

S. 103, Ü 3
- Delfine gehören zu der Familie der Wale: Es sind Zahnwale, die trotz scharfer Zähne niemals Menschen angreifen würden.
- Delfine sind schöne Tiere: Ihr stromlinienförmiger Körper lässt sie sehr schnell schwimmen.
- Delfine sind verspielt: Sie springen oft aus dem Wasser und führen akrobatische Sprünge aus.
- Delfine zählen zu den intelligentesten Säugetieren.
- Sie gebären ein Junges, das ein Jahr lang ausgetragen wird.
- Delfine können sehr gut hören, obwohl sie keine richtigen Ohren haben. Alle Geräusche gelangen über ihren Unterkiefer zum Innenohr.
- Delfine können auch sehr gut sehen. Sie können nämlich mit einem Auge mehr sehen als wir mit beiden.
- Da Delfine durch die Lunge atmen, müssen sie regelmäßig auftauchen. Damit sie das Atmen nicht vergessen, lassen sie nur eine Gehirnhälfte einschlafen.
- Delfine verfügen über ein Organ, mit dem sie Schallwellen aussenden und empfangen: Dieses runde Organ nennt man Melone.

S. 105, Ü 21 hier, riechen, niemand, der Diesel, liegen, niesen, niedrig, geschieden, niedlich, hierhin, niemals, das Spiel, die Liebe, entschließen, der Niederschlag, genießen, die Niederlage, die Erziehung, die Gliederung, gierig, Griechenland, dienstags, schief, frieren

S. 106, Ü 22 **Wenn Riesen niesen** (Joseph Guggenmos)

Sieben Riesen, die
mit bloßen Füßen
über nasse **Wiesen**
liefen,
niesten mit ihren
Riesennasen so laut,
dass von **diesem**

Zu den Seiten 106–108

Riesenniesen
sieben Wieselkinder,
die im **dunklen** Zimmer
schliefen,
aufwachten und „Gesundheit"
riefen.

S. 106, Ü 23
schreiben	er schr**ie**b
scheinen	es sch**ie**n
steigen	wir st**ie**gen
halten	ihr h**ie**ltet
bleiben	du bl**ie**bst
laufen	ich l**ie**f
schlafen	du schl**ie**fst
fallen	sie f**ie**l/f**ie**len
heißen	er h**ie**ß
verlassen	wir verl**ie**ßen
beweisen	sie bew**ie**s/bew**ie**sen
rufen	ihr r**ie**ft

S. 107, Ü 24
du siehst
er sieht
du liest
sie liest

du stiehlst
er stiehlt
du empfiehlst
sie empfiehlt
du befiehlst
er befiehlt
es geschieht

S. 107, Ü 25 die Fantas**ie**, das Klav**ier**, die Astronom**ie**, die Garant**ie**, der Juwel**ier**, die Mag**ie**, die Biolog**ie**, die Chem**ie**, die Theor**ie**, die Strateg**ie**, die Philosoph**ie**, das Turn**ier**, das Gen**ie**, die Batter**ie**, das Pap**ier**, die Lotter**ie**, der Offiz**ier**, die Galax**ie**

die Astronomie, die Batterie, die Biologie, die Chemie, die Fantasie, die Galaxie, die Garantie, dass Genie, der Juwelier, das Klavier, die Lotterie, die Magie, der Offizier, das Papier, die Philosophie, die Strategie, die Theorie, das Turnier

S. 108, Ü 26

Tätigkeitswörter (Verben)	Nomen/Substantive
diskutieren	die Diskussion
informieren	die Information

37

Tätigkeitswörter (Verben)	Nomen/Substantive
trainieren	das Training
konzentrieren	die Konzentration
nummerieren	die Nummer
tapezieren	die Tapete
experimentieren	das Experiment
rasieren	die Rasur
probieren	die Probe
dirigieren	der Dirigent
musizieren	die Musik
operieren	die Operation
reparieren	die Reparatur
frisieren	die Frisur
motivieren	die Motivation
buchstabieren	der Buchstabe

S. 109, Ü 27 **Riesenkrake im Nordpazifik fotografiert**

Riesenkraken leben in den Tiefen der Tiefsee; in einem Unterwasserparadies, das uns so fremd geblieben ist wie ein weit entfernt liegender Planet. Die meisten von uns werden dieses Paradies wohl niemals zu sehen bekommen.

Riesenkraken leben in einer Wassertiefe von 500–1 000 Metern, wiegen bis zu einer Tonne und werden bis zu 18 Meter lang.

Früher fürchteten sich viele Seefahrer vor ihnen, da sie Angst hatten, dass diese sie attackierten. Sie nannten sie Bestien, denn diese Seeungeheuer zogen angeblich immer wieder Schiffe mit ihren Fangarmen in die dunkle Tiefe. Die Seefahrer wussten, dass niemand diese Tiere besiegen konnte.

Wissenschaftler hingegen waren seit jeher fasziniert von diesen riesigen Weichtieren und versuchten, sie mit ferngesteuerten Tauchrobotern zu fotografieren. Sie interessierten sich so sehr für diese Meeresbewohner, dass sie Pottwale mit Unterwasserkameras ausrüsteten. Lange hielten die Forscher es aber für unmöglich, das Verhalten der Riesenkraken unter Wasser zu dokumentieren.

Erstmalig gelang dieses schwierige Unterfangen jetzt zwei japanischen Forschern.

Zu den Seiten 110–111

Vor einer Insel im Nordpazifik fotografierten diese eine Riesenkrake. Zwei Jahre lang hatten sie diesem Augenblick entgegengefiebert.

Die Krake blieb an einer beköderten Langleine hängen, an der eine Unterwasserkamera befestigt war. Nach vierstündigem Todeskampf konnte sich die auf acht Meter Länge geschätzte Riesenkrake wieder befreien. Den Forschern blieb schließlich nur ein fünfeinhalb Meter langes Stück ihres Fangarmes.

S. 110, Ü 28   das Krokodil, das Klima, die Bibel, die Klinik, der Tiger, das Kino, der Biber, das Kilo, die Brise, die Prise, der Liter, das Risiko, die Mimik, lila, der Igel, die Krise

S. 111, Ü 29

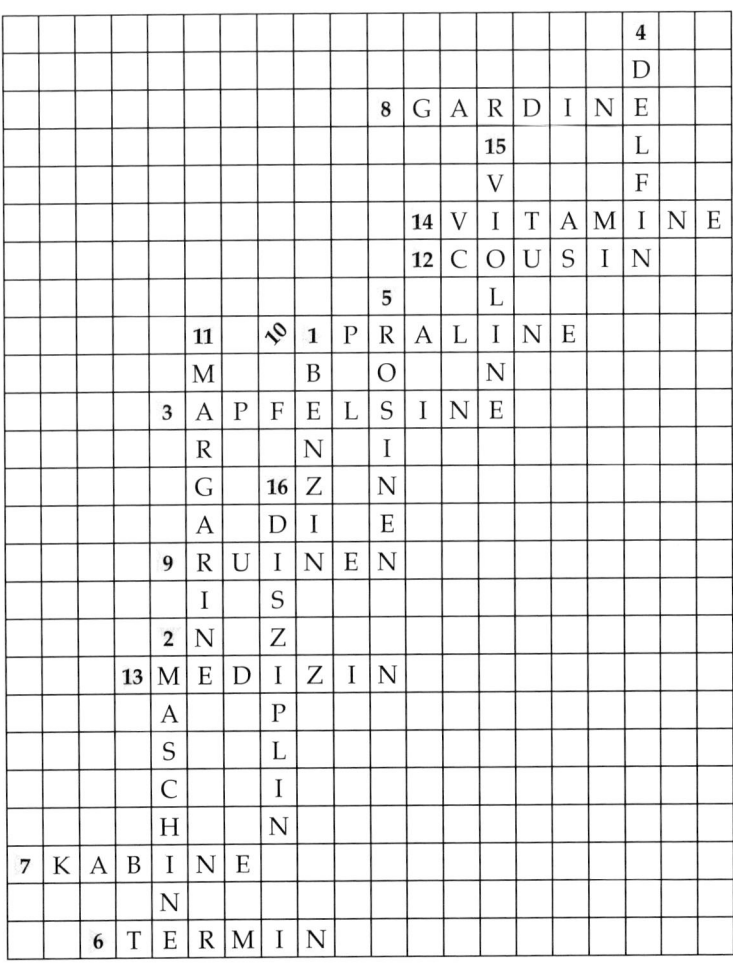

S. 113, Ü 30 **Wissenswertes über Riesenkraken**

- Riesenkraken, die **ihren** Lebensraum in 500–1 000 Metern Meerestiefe haben, gehören zu den Kopffüßern.
- **Ihr** Körpergewicht kann bis zu einer Tonne betragen; **ihre** Körpergröße 18 Meter erreichen.
- Von **ihren** zehn Armen sind zwei besonders lange Fangarme mit Saugnäpfen ausgestattet. **Ihre** Aufgabe ist es, die Beute zu fangen. Die acht kurzen Arme, die sich rund um die Mundöffnung befinden, dienen **ihnen** dazu, die Beute in den Mund zu schieben.
- Riesenkraken verströmen oft einen stechend-beißenden Geruch, da sie Gase in **ihre** Muskulatur einlagern: Dies gibt **ihnen** einen starken Auftrieb. Sie schwimmen also nicht, sondern schweben im Wasser.
- Riesenkraken haben die größten Augen des Tierreichs. Der Durchmesser **ihrer** Augen entspricht ungefähr dem eines Suppentellers.
- **Ihr** größter Feind ist der Pottwal.

S. 114, Ü 31 widerfahren, die W**ie**derholung, widerborstig, w**ie**derbekommen, sich widersetzen, w**ie**derwählen, w**ie**dererkennen, widerspiegeln, der Widerspruch, widerwillig, die W**ie**derbelebung, die Widerrede, w**ie**derkommen, widerlich, widerstreben

S. 114, Ü 32 **Im Aquarium**

- Janna freut sich, das am Wochenende **wiedereröffnete** Aquarium zu besuchen. Die Besuche des Aquariums haben ihr in den letzten beiden Monaten gefehlt.
- Sie ist sich sicher, dass die Besucher in Scharen **wiederkommen** werden, um die faszinierende Unterwasserwelt zu bestaunen.
- Es macht ihr Spaß, im großen Korallenriffbecken inmitten echter Korallen die Korallenfische, Seesterne, Krebse und Mördermuscheln **wiederzusehen**.
- Einige der Buntbarsche schwimmen gegen den Strom. Gibt es etwa **widerspenstige** Fische?
- Besonders spannend findet Janna es, die Fütterung der Piranhas im südamerikanischen Panoramabecken zu beobachten: Zum Glück wird das Spektakel mehrmals am Tag **wiederholt**.
- Es **widerstrebt** ihr aber, sich das Haifischbecken anzuschauen.
- Mit **Widerwillen** denkt sie daran, dass das Haifischbecken für die meisten Besucher die größte Attraktion ist.
- Heftig **widerspricht** sie allen, die die Haifischbecken als artgerecht empfinden.

Zu den Seiten 116–118

Teste dein Wissen 10

S. 116, Ü 1 Die Tiefsee (Teil I)

Die Tiefsee, die über die Hälfte des Lebensraumes dieses Planeten ausmacht, ist den Forschern viel fremder geblieben als der Mond, obwohl bereits 1870 die erste Tiefsee-Expedition unternommen wurde. Vielleicht interessiert es dich ja, die Tiefsee ein wenig zu studieren.

Unter der spiegelnden Wasseroberfläche ist der Ozean noch 200 Meter hell.

Hier sieht man die faszinierend bunte Unterwasserwelt, die wir in den Aquarien so lieben: Fische, Krebse, Korallen und Algen in all ihrer Vielfalt. In dieser Tiefe gibt es auch riesige Gebirge.

Ab 300 Metern beginnt die Tiefsee: Hier verliert das Licht seine Kraft. Es ist so schwach, dass keine Pflanzen mehr existieren können. Nur wenige Meeresbewohner besiegen die kalte Finsternis der Tiefsee. Der Beilfisch, der sehr leistungsstarke Augen hat, zieht hier seine Kreise.

S. 116, Ü 2 Die Tiefsee (Teil II)

- In 1 000–4 000 Metern **Tiefe gibt** es nur noch das Licht, das die **Tiefseebewohner** selbst **produzieren**.
- **Hier sieht niemand** mehr etwas.
- Manche **Tiefseebewohner**, wie zum Beispiel der **Tiefsee**-Anglerfisch oder der Vipernzahnfisch, halten sich Bakterien, die Licht erzeugen.
- Durch **diese** Bakterien **ziehen** sie **ihre** Beute an.
- Die **Riesenkrake** kann in **dieser Tiefe** noch **existieren**.
- Sie **liefert** sich Kämpfe mit **gierigen** Pottwalen, **ihrem** ärgsten Feind.
- Je **tiefer** es hinuntergeht, desto **schwieriger** wird es für die Forschung mit all **ihren** Robotern und **Maschinen**.
- Denn in 11 000 Metern **Tiefe** ist der Druck 400-mal höher als an der Erdoberfläche und die Temperatur nahe am **Gefrierpunkt**.

Die s-Laute

S. 118, Ü 1 **Hasen**fußball

22 flinke **Hasen**
rannten kreuz und quer auf tiefgefrornem **Rasen**.
Voller Mut und voller Fleiß
schlitterten **sie** auf Eis.
Und obwohl beim Fußball streng verboten
fassten sie sich manchmal an den Pfoten.
Sie schossen Kohlköpfe nach hinten und nach vorn

41

und nahmen dabei das Tor aufs Korn.
Ein Eichhörnchen voll Genuss
trällerte als Schiedsrichter auf einer Nuss.
Nur der Jäger ganz weit draußen
sah das Spiel mit Grausen.
Schießen konnte er nun nimmer mehr,
dafür gefielen ihm die fröhlichen Gesellen viel zu sehr.

S. 119, Ü 2

summender s-Laut	zischender s-Laut
singen, diese, lesen, Ameise, Sahne, Gemüse, besuchen, Amsel, beweisen, sieben, sagen, Hose, bremsen, Reise, leise	Klassenzimmer, Test, Messer, draußen, Fest, Straße, Küste, Fuß, hastig, stoßen, Tasse, groß, Gast, grüßen

S. 119, Ü 3

summender s-Laut		zischender s-Laut	
geschrieben: s	geschrieben: s	geschrieben: ss	geschrieben: ß
setzte, der Franzose, Joseph, gemeinsam, seinem, diese, sie, selbst, das Risiko, gesund, französische, sie, unversehrt	die Kunst, des, Fliegens, die Erkenntnis, als, ist, erst, die Schaulustigen, allerdings, aus	der Wissenschaftler, müsste, die Testfahrt, die Insassen	heißer, ließen, groß, schließlich, der Heißluftballon

S. 121, Ü 4   Mausewind, Brausewind, Zausewind, Sausewind, Mausekind, Lausewind

S. 121, Ü 5   leise, weise, Meise, Reise, Schneise, Preise, Kreise, Gleise
Hase, Nase, Vase, Blase, Phase, Gase
Dose, Hose, Lose, Rose, Matrose
Fliese, Wiese, diese, Riese

S. 121, Ü 6   Esel, dieser, bremsen, also, Besen, lösen, Käse, Gemüse, Bluse, dösen, gesund, besonders, Haselnuss, heiser, Mosel, mühselig, musikalisch, nieseln, Nordsee, Pause, zusagen, böse, gruseln, Zensuren

S. 122, Ü 7   **Der Flugpionier Otto Lilienthal**

Bereits mit 14 Jahren begann Otto Lilienthal gemeinsam mit seinem Bruder die ersten flugtechnischen Versuche. Die beiden lasen viel über

Ballonfahrten und beobachteten <u>in</u>ten<u>siv</u> den Flug der Störche. <u>Besonders</u>
Otto war begeistert von der Idee, wie ein Vogel durch die Lüfte zu <u>segeln</u>.
20 Jahre forschte er und verstand schließlich die Art und <u>Weise</u> des
Storchenflugs: Die leichte Wölbung auf der <u>Oberseite</u> der Storchenflügel
<u>sorgt</u> für den Auftrieb. Mit <u>diesem</u> Wissen baute er <u>selbst</u> Flugapparate,
mit denen er <u>segelte</u>. Er rannte <u>samt</u> Flugapparat einen Hügel herunter,
<u>segelte</u> mehrere 100 Meter weit und hielt sich dabei ungefähr 30 <u>Sekunden</u>
in der Luft. <u>Seine Versuche</u> waren der Anstoß für die <u>rasante</u> Entwicklung
der Flugtechnik nach der Jahrhundertwende. Die <u>Sehnsucht</u> zu fliegen
bezahlte er jedoch mit dem Leben. Am 9. August 1896 packte eine Windböe
seinen Flugapparat wie eine <u>Riesenfaust</u> und stürzte ihn in den Tod.

S. 123, Ü 8
er niest	niesen
der Preis	die Preise
das Haus	die Häuser
er bläst	blasen
das Los	die Lose
sie saust	sausen
er rast	rasen
das Gras	die Gräser
das Gleis	die Gleise
das Glas	die Gläser
der Beweis	die Beweise
er braust	brausen
der Fels	die Felsen
der Hals	die Hälse
die Gans	die Gänse
die Laus	die Läuse

S. 123, Ü 9 **Beispiele:**

er verreist	reisen, die Reise, der Reisepass, das Reisefieber, reiselustig
er liest	lesen, die Leseratte, das Lesebuch
die Maus	die Mäuse, die Mausefalle, das Mauseloch
sie verspeist	verspeisen, der Speisewagen, die Speisekarte, die Götterspeise

S. 123, Ü 10   das Flo<u>ß</u>, schlie<u>ß</u>en, sprie<u>ß</u>en, der Klo<u>ß</u>, genie<u>ß</u>en, der Sto<u>ß</u>, flie<u>ß</u>en, schie<u>ß</u>en, beschlie<u>ß</u>en

bei<u>ß</u>en, sche<u>uß</u>lich, zerrei<u>ß</u>en, das Stra<u>uß</u>enei, hei<u>ß</u>en, dra<u>uß</u>en, grü<u>ß</u>en

S. 124, Ü 11   Maß, maßvoll, Maßeinheit
reißen, ausreißen, Reißwolf
Fuß, Fußboden, Fußball, Fußgänger
spaßig, Spaß, Spaßvogel, Spaßmacher

Zu den Seiten 124–126

fleißig, Fleiß, Fleißarbeit
groß, großzügig, großartig, Großstadt
weiß, weißhaarig, Weißbrot
Stoß, Stoßstange, stoßen
Gießkanne, sie gießt, gießen
Grußkarte, grüßen, Gruß
Süßigkeit, süß, süßlich

S. 124, Ü 12 Spießbraten, Klöße, Soße, Straße, draußen, beißen, heiß, genießen, fließen, Floß, außer, bloß, scheußlich, Schweiß, stoßen, Blumenstrauß, schließen, weiß, barfuß, Äußerung, Furcht einflößend, dreißig, Gefäß, Grießbrei

S. 125, Ü 13 **Segler im Aufwind**

In Europa, besonders in Polen, ist der Weißstorch sehr bekannt. Er scheint die Nähe der Menschen zu genießen und diese erfreuen sich an seiner Anwesenheit. Schließlich sind die Störche einer alten Sage zufolge für den Kindersegen verantwortlich. Es sind gesellige Tiere; sie bauen ihre Nester häufig in der Nähe menschlicher Siedlungen auf Häusern, in Bäumen oder auch auf Felsen.
Außerhalb der Brutzeit leben Störche in größeren Verbänden, zur Zugzeit im Spätsommer leben sie sogar zu Tausenden zusammen. Dann sieht man sie in riesigen Schwärmen durch die Lüfte segeln.
Im Herbst machen sich Störche auf die weite Reise in den Süden, in ihre heißen afrikanischen Winterquartiere. Sie haben eine Flugweise, die viel Energie spart. Mit warmen Aufwinden steigen sie nach oben und segeln instinktiv in die gewünschte Richtung.
Störche brüten erst regelmäßig, wenn sie 3–4 Jahre alt sind. Sie legen dann jedes Jahr etwa 3–5 Eier, die weiß gesprenkelt sind. Männchen und Weibchen ziehen den Nachwuchs gemeinsam auf.
Störche geben keine Laute von sich, sondern klappern mit ihrem langen Schnabel. So begrüßen sie ihre Partner oder verjagen fremde Störche von ihrem Nest.
Auf Nahrungssuche schreiten Störche Äcker oder Wiesen ab und stoßen dann außergewöhnlich schnell mit dem Schnabel in ihre Beute. Ihr Speiseplan kommt dem Menschen scheußlich vor. Er reicht von Fröschen über Schlangen und Insekten bis hin zu Mäusen.

S. 126, Ü 14 der Schlüssel, die Tasse, das Kissen, der Fluss, die Kasse, das Messer, die Flossen, das Schloss, der Sessel, das Fass, die Klasse, die Nuss

S. 126, Ü 15 **Beispiele:**

Schlüssel	Rüssel
Tasse	Kasse
Kissen	Wissen
Fluss	Kuss

Kasse	Masse
Messer	besser
Flossen	Sprossen
Schloss	Ross
Sessel	Kessel
Fass	nass
Klasse	Tasse
Nuss	Fluss

S. 127, Ü 16 **Vom Motorflug zur Mondlandung**

Die Wright-Brüder studieren die <u>Forschungsergebnisse</u> des verunglückten Otto Lilienthal und beschließen, ein sicheres Fluggerät zu bauen. Dank weiterer <u>wissenschaftlicher</u> Forschungen gelingen ihnen entscheidende <u>Verbesserungen</u>. So entwickeln sie eine Flugzeugsteuerung und <u>lassen</u> sich einen <u>passenden</u> Antrieb, einen Motor, liefern. Bei ihrem ersten Flug im Dezember 1903 fliegen sie ungefähr 70 Meter weit und bleiben zwölf Sekunden in der Luft. Es ist kaum zu <u>fassen</u>: Nur 66 Jahre später <u>lassen</u> sich die Menschen auch von 384 000 Kilometer Entfernung nicht abschrecken: Am 20. Juli 1969 betritt der Amerikaner Neil Armstrong den Mond.

Die Rakete, die ihn und zwei weitere <u>Insassen</u> zum Mond bringt, wird am 16. Juli ins All <u>geschossen</u>. Obwohl die <u>Mission</u> bis ins Kleinste geplant und nichts dem Zufall <u>überlassen</u> wird, <u>passiert</u> unmittelbar vor der Landung ein Fehler. <u>Messinstrumente</u> fallen aus und der Astronaut Armstrong <u>muss</u> die Landung mit der Hand steuern.

Glücklich gelandet führen die Astronauten <u>Messungen</u> und weitere <u>wissenschaftliche</u> Experimente durch und sammeln Bodenproben, die <u>Aufschluss</u> über den Mond geben. Natürlich <u>hissen</u> sie auch die amerikanische Flagge.

S. 128, Ü 17 der Gast, die Post, die Maske, durstig, die Wespe, die Angst, das Pflaster, der Pfosten, die Knospe, finster, der Muskel, lustig, rosten, die Raspel

S. 128, Ü 18 basteln, Durst, fasten, Fenster, Geschwister, Gespenster, Kastanie, Kasten, Kiste, knuspern, Kosten, Liste, Mast, Minister, Osten, Palast, Post, Rast, räuspern, tasten, trösten, überlisten, Westen, Western

S. 129, Ü 19

Nomen/ Substantiv	Verb im Infinitiv	1. Person Präsens	1. Person Präteritum
der Riss	reißen	ich reiße	ich riss
der Biss	beißen	ich beiße	ich biss
das Essen	essen	ich esse	ich aß
der Schluss	schließen	ich schließe	ich schloss
der Schuss	schießen	ich schieße	ich schoss

Zu den Seiten 129–130

Nomen/ Substantiv	Verb im Infinitiv	1. Person Präsens	1. Person Präteritum
die Vergesslichkeit	vergessen	ich vergesse	ich vergaß
der Genuss	genießen	ich genieße	ich genoss
der Regenguss	gießen	ich gieße	ich goss
der Beschluss	beschließen	ich beschließe	ich beschloss
das Wissen	wissen	ich weiß	ich wusste

S. 130, Ü 20

A	E	R	E	I	G	N	I	S	B	C	D	E	F	Z
F	A	B	C	K	F	N	B	V	N	I	S	A	G	E
I	V	E	R	S	T	Ä	N	D	N	I	S	G	H	R
N	W	E	R	T	Z	U	I	O	P	A	P	E	I	W
S	G	H	W	A	M	F	O	P	K	R	A	H	J	Ü
T	F	G	H	A	L	Ö	F	I	N	S	T	E	K	R
E	A	A	V	K	G	E	E	R	A	K	A	I	L	F
R	L	Z	E	U	G	N	I	S	A	L	B	M	M	N
N	L	E	R	L	F	L	I	M	R	E	C	N	E	I
I	E	I	H	Z	G	S	F	S	I	R	D	I	R	S
S	N	S	Ä	B	E	K	L	M	T	K	E	S	S	N
T	B	O	L	A	I	D	P	W	T	E	F	D	P	O
U	A	G	T	U	M	M	K	I	E	N	G	K	A	P
U	M	T	N	I	E	R	G	E	B	N	I	S	R	N
I	A	B	I	S	T	T	R	P	I	T	J	A	N	I
M	I	S	S	V	E	R	S	T	Ä	N	D	N	I	S
J	K	L	U	H	S	N	M	R	O	I	P	M	S	T
T	K	W	I	L	D	N	I	S	I	S	R	E	M	U
M	N	L	A	B	O	H	I	N	D	E	R	N	I	S
G	E	F	Ä	N	G	N	I	S	A	T	U	B	R	W
K	L	M	O	G	A	U	E	R	L	E	B	N	I	S
A	B	C	E	R	L	A	U	B	N	I	S	T	G	M

waagerecht: das Ereignis, das Verständnis, das Zeugnis, das Ergebnis, das Missverständnis, die Wildnis, das Hindernis, das Gefängnis, das Erlebnis, die Erlaubnis

senkrecht: die Finsternis, das Verhältnis, die Erkenntnis, das Geheimnis, die Ersparnis, das Zerwürfnis

diagonal: das Wagnis

Zu den Seiten 131–135

S. 131, Ü 21 Individuelle Lösung

S. 131, Ü 22
das Ereignis	die Ereignisse
das Ergebnis	die Ergebnisse
die Erkenntnis	die Erkenntnisse
das Erlebnis	die Erlebnisse
die Ersparnis	die Ersparnisse
das Gefängnis	die Gefängnisse
das Geheimnis	die Geheimnisse
das Hindernis	die Hindernisse
das Missverständnis	die Missverständnisse
das Zeugnis	die Zeugnisse

Teste dein Wissen 11

S. 132, Ü 2
- Man weiß sehr viel über die Lebensweise von Fledermäusen.
- Sie sind – außer in den Polargebieten und in extremen Wüsten – auf der ganzen Welt anzutreffen.
- Unter günstigen Umständen können Fledermäuse bis zu 25 Jahren alt werden.
- Fledermäuse besitzen ein dichtes, oft seidiges Fell, das meistens grau bis braun oder schwärzlich gefärbt ist, es gibt aber auch weiße und gemusterte Arten.
- Ihr Gebiss besteht normalerweise aus 32 bis 38 Zähnen.
- Zwischen den Fingern und den hinteren Gliedmaßen haben sie eine Flughaut.
- Die meisten Fledermausarten ernähren sich von Insekten.
- Ihr Schlafverhalten hat die Fledermaus an die menschliche Umgebung angepasst. Im Sommer wohnen sie in Dachstühlen, in Rolladenkästen oder auch in Felsspalten.
- Im Winter suchen sie frostfreie Höhlen auf.
- Fledermäuse, die in Europa leben, halten einen Winterschlaf. In dieser Zeit leben sie von dem Fettdepot, das sie sich im Sommer angefressen haben.
- In Deutschland dürfen Kirchtürme nicht ganz verschlossen werden, damit Fledermäuse noch ungestörte Plätze zum Nisten haben.
- Doch trotz dieser Schutzmaßnahme sind Fledermäuse vom Aussterben bedroht.
- Alle Arten, die in Deutschland leben, stehen bereits auf der Roten Liste.

Groß- und Kleinschreibung

S. 135, Ü 1 **Harry Potters Vergangenheit**

Lily und James, die früh verstorbenen Eltern Harry Potters, waren bedeutende Zauberer.

Zu den Seiten 135–137

Lily Potter hatte eine außerordentliche Begabung für die Zaubertrankbrauerei. Von ihr hat Harry seine grünen Augen. James Potter, der wie Harry „Sucher" im Quidditchteam war, liebte die Verwandlung. Er konnte sich in einen Hirsch verwandeln. Die herausragendsten Eigenschaften der Potters aber waren ihr Mut und ihr Glaube an das Gute im Menschen. Da sie den Kampf gegen den größten schwarzen Magier aller Zeiten, Lord Voldemort, wagten, wurde ihnen viel Bewunderung entgegengebracht. Zum Entsetzen der Zauberwelt verloren sie diesen Kampf und wurden von Lord Voldemort ermordet. Sie starben, weil sie ihren einjährigen Sohn Harry beschützten. Harry hätte aufgrund einer geheimnisvollen Prophezeiung sterben sollen. Beim missglückten Angriff auf Harry Potter verliert Lord Voldemort all seine Macht. Seit jener Nacht hat Harry eine blitzförmige Narbe auf seiner Stirn. Sie ist ein Zeichen dafür, dass er unter dem Fluch Lord Voldemorts steht. Um Harry vor der Rache Lord Voldemorts zu schützen, trifft Albus Dumbledore, der Schulleiter von Hogwarts, am Ende die Entscheidung, Harry nicht bei den Zauberern aufwachsen zu lassen. Er wird im Haus Petunia Dursleys, der Schwester Lily Potters, groß. Da Petunia und Vernon Dursley die Zauberei verachten, erlebt Harry in dieser Muggelfamilie viele Gemeinheiten und manche Grausamkeit. Erst an seinem elften Geburtstag erfährt er die Wahrheit über seine Vergangenheit und besucht fortan Schloss Hogwarts: Auch für Harry wird es jedoch ein weiter Weg vom kleinen Zauberlehrling zum großen Zaubermeister.

S. 136, Ü 2 **Lord Voldemort**

Der wahre Name des unheimlichen Lord Voldemort ist Tom Vorlost Riddle. Er ist der Sohn des Muggels Tom Riddle und der schönen Hexe Merope Gaunt. Als Tom Riddle erfährt, dass seine schwangere Frau eine Hexe ist, verlässt er sie.
Lord Voldemort wächst in einem Waisenhaus auf, da seine Mutter bei seiner Geburt stirbt. Er erlebt eine unglückliche Kindheit mit vielen Kränkungen und Enttäuschungen und tötet den verhassten Vater.
Lord Voldemort besucht die berühmte Internatsschule Schloss Hogwarts. Wie seine Mutter wird er Schüler des Hauses Slytherin. Er legt eine hervorragende Abschlussprüfung ab und wird zum mächtigsten dunklen Magier aller Zeiten. Sein Ziel ist die absolute Weltherrschaft. Seine getreuen Anhänger, die Todesser, unterstützen ihn dabei.
Harry Potter wird zu seinem Gegenspieler.

S. 137, Ü 3 **Peeves, der Poltergeist**

- Harry war noch viel zu sehr damit beschäftigt, den Weg ins Klassenzimmer zu finden.
- Auch die Geister waren nicht besonders hilfreich.
- Man bekam einen fürchterlichen Schreck, wenn einer von ihnen durch eine Tür schwebte.

Zu den Seiten 137–139

- Der <u>Fast</u> Kopflose Nick freute sich immer, wenn er den <u>neuen</u> <u>Gryffindors</u> den Weg zeigen konnte,
- doch Peeves, der <u>Poltergeist</u>, bot mindestens zwei <u>verschlossene</u> Türen und eine <u>Geistertreppe</u> auf, wenn man zu spät dran war und ihn auf dem Weg zum <u>Klassenzimmer</u> traf.
- Er leerte den <u>Schülern</u> Papierkörbe über dem Kopf aus, zog ihnen die <u>Teppiche</u> unter den <u>Füßen</u> <u>weg</u>,
- bewarf sie mit <u>Kreidestückchen</u> oder schlich sich unsichtbar von hinten an, griff sie an die Nase und schrie: „Hab deinen <u>Zinken</u>!"

S. 138, Ü 4
- Beim <u>Fliegen</u> auf seinem Feuerblitz, dem besten Besen der Welt, ist Harry glücklich.
- Harry Potter erhält wichtige Informationen durch das <u>Betrachten</u> des Denkariums. Ein Denkarium ist ein Behältnis, das menschliche Gedankengänge aufbewahrt.
- Nur ein volljähriger Hogwarts-Schüler darf die Prüfung im <u>Apparieren</u> ablegen. In dieser Prüfung lernen die Schüler zu verschwinden.
- Seit dem <u>Auftauchen</u> der Todesser herrscht große Aufregung im Zaubereiministerium.
- Erfolgreiches <u>Anwenden</u> des Patronus-Zaubers ist nur wenigen Zauberern vergönnt. Der Patronus-Zauber ist ein Schutzzauber.
- Das <u>Öffnen</u> von Türen und Fenstern gelingt mithilfe des Alohomora-Zaubers.
- Der Incacerus-Fluch bewirkt das <u>Fesseln</u> eines unliebsamen Gegners.
- Starkes <u>Konzentrieren</u> hilft, dem Imperius-Fluch zu entkommen. Der Imperius-Fluch ermöglicht die Kontrolle über seine Opfer.
- Ein <u>Aussprechen</u> der drei unverzeihlichen Flüche wird vom Zaubereiministerium mit lebenslanger Haftstrafe in Askaban geahndet.
- Ein <u>Verfärben</u> der Erinnermich-Kugel zeigt an, dass man etwas vergessen hat.
- Tägliches <u>Einüben</u> der wichtigsten Zaubersprüche ist Bestandteil der Hausaufgaben auf Schloss Hogwarts.

S. 139, Ü 5
- **Das Verlassen** des Hauses ist alleine am Tage nicht erlaubt.
- **Das Verlassen** des Hauses nach 19.00 Uhr ist streng verboten.
- **Das Beherrschen** des Anti-Eindringlings-Fluches wird allen erwachsenen Zauberern empfohlen.
- **Das seltsame Verhalten** von Familienmitgliedern, Freunden oder Bekannten ist unverzüglich zu melden.
- **Das Auftauchen** von Inferi ist dem Zaubereiministerium sofort zu melden.
- **Das Betreten** von Gebäuden ist streng verboten, sobald das Dunkle Mal über ihnen erscheint.

Zu den Seiten 140–143

S. 140, Ü 6
- Professor Flitwick, der kleine Lehrer für die Zauberkunst, lacht gerne. <u>Dieses</u> Lachen ist sehr ansteckend.
- Der hochbetagte Professor Binns unterrichtet die Geschichte der Zauberei. Für die Schüler ist <u>sein</u> Vorlesen endloser Geschichtsdaten äußerst langweilig.
- Frau Professor McGonagall lehrt die hohe Kunst der Verwandlung. Sie ist streng; <u>ihr</u> Schimpfen und ihre Strafarbeiten sind aber fast immer gerecht.
- „<u>Dein</u> stundenlanges Lernen für die Prüfung in Verwandlungskunst finde ich aber übertrieben", sagt Ron zu der fleißigen Hermine.

S. 141, Ü 7
- Manchmal gibt es kleinere Missgeschicke <u>beim</u> Herstellen der Zaubertränke.
- Gestern sollten die Schüler zum Beispiel ein Gebräu <u>zum</u> Behandeln von Masern und juckenden Mückenstichen anrühren.
- <u>Beim</u> Rösten der Schnecken und Schlangenhäute, <u>beim</u> Abwiegen der Brennnesseln und <u>beim</u> Zerkleinern der Giftzähne verschiedener Schlangen waren die Schüler sehr konzentriert.
- Professor Slughorn lobte seine Schüler <u>im</u> Vorbeigehen an den Schülertischen. Als das Gebräu jedoch in großen Kesseln köchelte, gab es viele kleine grüne Blitze und Rauchwolken.
- Es ist eben doch für jeden Zauberer ein weiter Weg <u>vom</u> Lesen bis <u>zum</u> richtigen Zusammenmischen der Zaubertrankrezepturen.

S. 142, Ü 8
- Wenn man die Prüfung zum unheimlich tollen Zauberer in einem bestimmten Fach machen will, muss man vorher eine Zaubergradprüfung mit einem „Ohnegleichen" bestehen. <u>Alles</u> Jammern und Fluchen hilft da nicht weiter.
- <u>Viel</u> Trainieren ist erforderlich, wenn man ein erfolgreicher Quidditch-Spieler sein möchte.
- Hinter der strengen Fassade Minerva McGonagalls verbirgt sich so <u>manches</u> Schmunzeln.
- Eine Regel ist auf Schloss Hogwarts Gesetz: Es gibt <u>kein</u> Petzen.

S. 143, Ü 9
- Konzentriert<u>es</u> Lernen ist erforderlich, wenn man die Prüfung zum unheimlich tollen Zauberer in einem Fach bestehen möchte.
- Professor Snape fordert von seinen Schülern stundenlang<u>es</u> Einüben der wichtigsten Zaubersprüche.
- Frau Professor McGonagall verlangt eine saubere Heftführung und diszipliniert<u>es</u> Verhalten im Unterricht und auf dem Schulhof.
- Frau Professor Sprout setzt ein genau<u>es</u> Beobachten und korrekt<u>es</u> Benennen der Pflanzen in ihrem Gewächshaus voraus, wenn Schüler eine gute Note im Fach Kräuterkunde haben möchten.
- Alle Hogwarts-Lehrer erwarten von ihren Schülern pünktlich<u>es</u> Erscheinen zum Unterricht.

S. 144, Ü 10 **Die Sommerferien Harry Potters (Teil I)**

Um vor dem gefährlichen Magier Lord Voldemort geschützt zu sein, ist **das** jährliche **Verbringen** der Sommerferien bei den Dursleys für Harry notwendig.
Ein von Albus Dumbledore einst heraufbeschworener Schutzzauber verhindert **das** langsame **Eindringen** der dunklen Kräfte in Harrys Gedanken.
Für Harry ist **das lange Verweilen** im Haus der Dursleys schrecklich, da sich **das** ewige **Schimpfen** und **laute Zetern** Petunia Dursleys ausschließlich gegen ihn richtet. Freude bereitet ihr hingegen **ein unglaubliches Verhätscheln** und **Verwöhnen** ihres eigenen Sohnes, des dicken und dummen Dudley.
Der Grund für Petunia Dursleys gemeines Verhalten gegenüber Harry ist **ihr** energisches **Ablehnen** der Zauberei sowie der gesamten Zauberwelt.

S. 145, Ü 11 **Die Sommerferien Harry Potters (Teil II)**

Nach dem Eintreffen eines Briefes aus der Welt der Zauberer bessert sich Harrys Stimmung deutlich. **Beim Lesen** des von Albus Dumbledore geschriebenen Briefes fühlt Harry sich glücklich, denn dort steht geschrieben, dass er den Rest der Sommerferien im Hause der Weaslys **verbringen** solle und dass Dumbledore ihn dorthin begleiten werde. **Das** persönliche **Erscheinen** des Schulleiters bei den Dursleys verwundert Harry ein wenig, hindert ihn aber nicht **am** hektischen **Zusammenpacken** seiner Sachen.
Da Harry seine Prüfung **im Apparieren** noch nicht abgelegt hat, muss er sich gut an Dumbledores Arm **festhalten**. Ihm wird schwarz vor Augen, **das Atmen** ist nun unmöglich und er gerät **ins Schwitzen**. Er hat das Gefühl, durch einen sehr engen Gummischlauch gezwängt zu werden. **Beim Aufwachen** findet er sich vor dem Haus der Weaslys, einem gemütlichen Fuchsbau, wieder. Um den Fuchsbau **vor einem Angreifen** der Todesser zu schützen, musste das Zaubereiministerium die höchsten Sicherheitsvorkehrungen **ergreifen**. Harry verbringt mit seinen Freunden Ron und Hermine glückliche Ferien, die allerdings **durch das** tägliche **Auftauchen** von Berichten im *Tagespropheten* über seltsame Überfälle, Entführungen und Morde getrübt werden.

S. 146, Ü 12 **Die Rückkehr nach Hogwarts**

- Nach den Sommerferien **treffen** Ron, Hermine und Harry gut gelaunt in Hogwarts **ein**. (Ihr) **Eintreffen** in Hogwarts wird von den anderen Schülern von Gryffindor bereits freudig erwartet.

- Die Fahrt im Hogwarts-Express ist wie im Fluge vergangen, da die drei ständig **kichern** mussten und den anderen Schülern aufgeregt ihre Ferienabenteuer **erzählen** konnten. (Dieses) aufgeregte **Erzählen**

Zu den Seiten 146–148

- der Ferienabenteuer und (das) viele **Kichern** haben die Fahrt im Hogwarts-Express wie im Fluge vergehen lassen.
- Hermine, die klügste und strebsamste der drei Freunde, hat richtig Lust (zum) **Lernen**. Hermine liebt es, zu **lernen**; ihre Lieblingsfächer sind *Zauberkunst, Verteidigung gegen die dunklen Künste* und *Verwandlung*.
- (Mit dem) **Bestehen** einer Zaubergradprüfung (ZAG-Prüfung) mit einem *Ohnegleichen* darf man einen UTZ-Abschluss (Prüfung zum *unheimlich tollen Zauberer*) in diesem Fach machen. Um einen UTZ-Abschluss in einem Fach machen zu dürfen, muss man die ZAG-Prüfung mit einem *Ohnegleichen* **bestehen**.
- Hat ein Schüler nur ein *Annehmbar* erreicht, so hilft (kein) **Jammern** und (kein) **Fluchen**. Er darf den UTZ-Kurs nicht besuchen. Hat ein Schüler nur ein *Annehmbar* erreicht, so kann er **jammern** und **fluchen**, bis er schwarz wird: Er darf den UTZ-Kurs nicht besuchen.
- Zur ersten Stunde in *Verteidigung gegen die dunklen Künste* **gehen** die Schüler in ein düsteres Klassenzimmer **hinein**, an dessen Wänden grausige Bilder hängen. (Beim) **Hineingehen** in ein düsteres Klassenzimmer sehen die Schüler grausige Bilder an den Wänden hängen.
- Professor Snape fordert von seinen Schülern (intensives) **Einüben** nur gedachter Zaubersprüche. Professor Snape fordert, dass seine Schüler nur gedachte Zaubersprüche intensiv **einüben**.
- Danach haben die Schüler eine Doppelstunde *Zaubertränke* bei Professor Horace Slughorn. Da Harry kein Lehrbuch hat, muss Professor Slughorn kurz in einem alten Schrank **stöbern**. Er gibt Harry ein stark beschädigtes Buch mit dem Titel *Zaubertränke für Fortgeschrittene*. (Nach einem) kurzen **Stöbern** gibt Professor Slughorn Harry ein stark beschädigtes Buch mit dem Titel *Zaubertränke für Fortgeschrittene*.

S. 148, Ü 13
- In den Sommerferien, die Harry Potter im Haus der Weaslys verbringt, geschieht fast täglich etwas Bedrohliches: Es gibt Überfälle, Entführungen und sogar Morde in der Welt der Muggel und der Zauberer.
- Da inzwischen viel Schreckliches passiert ist, hat das Zaubereiministerium allerlei Neues und Sinnvolles beschlossen, um weitere Katastrophen zu verhindern: So gibt es zum Beispiel nach 19 Uhr Ausgangssperren für alle Zauberer.
- Alles Furchtbare geschieht, da Lord Voldemort, der gefährlichste schwarze Magier, zurückgekehrt ist.
- In der Geschichte des dunklen Lord gibt es manches Rätselhafte. Albus Dumbledore und Harry Potter versuchen, sein Geheimnis zu lüften.

S. 149, Ü 14
- Die Vergangenheit Lord Voldemorts bleibt lange <u>im</u> Unklaren.
- Die Hogwartsschüler lassen sich auch von Misserfolgen beim Zaubern nicht abschrecken: Sie probieren es immer wieder <u>aufs</u> Neue.
- Harry Potter ist ein kluger Kopf: Seine Vermutungen treffen fast immer <u>ins</u> Schwarze.
- <u>Im</u> Allgemeinen sind die Noten (ZAGs) der Hogwartsschüler zufriedenstellend.
- Manchmal haben die Hogwartsschüler schlechte Noten, aber meist wendet sich alles wieder <u>zum</u> Guten.

S. 150, Ü 15
- Hermine gibt in jedem Unterrichtsfach <u>ihr</u> Bestes.
- <u>Diese</u> Neugierigen, die Hermine, Ron und Harry belagerten, erfuhren nichts über Lord Voldemort.
- „<u>Unsere</u> Neuen haben in den ersten Wochen oft Heimweh", sagt Albus Dumbledore.

S. 150, Ü 16
- Auf Schloss Hogwarts gibt es am Ende jedes Schuljahres eine Ehrung <u>der</u> Besten eines jeden Jahrgangs:
- <u>Den</u> Klugen und Fleißigen wird eine große Zaubererkarriere vorausgesagt.
- Seitdem das Dunkle Mal einige Male in der Welt der Zauberer aufgetaucht ist, wissen alle, dass <u>der</u> Unheimliche, auch genannt *Du-weißt-schon-wer*, naht.
- Leider wird es auf Schloss Hogwarts in naher Zukunft <u>einen</u> Toten geben.

S. 151, Ü 17
im Dunkeln tappen
zum Guten wenden
im Trüben fischen
zum Besten geben
aufs Ganze gehen
das Weite suchen
ins Schwarze treffen
das Blaue vom Himmel herunterlügen

S. 151, Ü 18 **Die Lehrer auf Schloss Hogwarts**

Albus Dumbledore, der Direktor der Zauberschule Hogwarts, geht in seinem Kampf gegen Voldemort immer **aufs Ganze**.
Minerva McGonagall, die Lehrerin für die Kunst der Verwandlung, gibt gerne Kostproben ihres Könnens **zum Besten**: So kann sie sich zum Beispiel in eine Katze verwandeln.
Severus Snape, der Lehrer für Zaubertränke, ist schwer zu durchschauen und nutzt jede unklare Situation zu seinem Vorteil. Er fischt gerne **im Trüben**. Harry Potter tappt lange **im Dunkeln**, bevor er das Geheimnis um Snapes Person löst.

Professor Binns, der Lehrer für die Geschichte der Zauberei, trifft nicht immer **ins Schwarze**, wenn er über Geschichtsdaten spricht.

Frau Professor Sprout, die Lehrerin für Kräuterkunde, sucht nach dem Unterricht schnell **das Weite**, da sie sich am liebsten in den Gewächshäusern von Hogwarts aufhält.

Professor Flitwick, der Zauberkunstlehrer, ist ein winzig kleiner Zauberer, dem es manchmal Spaß macht, seinen Schülern **das Blaue** vom Himmel herunterzulügen.

Professor Quirell, der Lehrer für die Abwehr der dunklen Künste, trägt ein schweres Schicksal, da er seinen Körper mit Lord Voldemort teilt: In seinem Leben kann sich nie etwas **zum Guten** wenden.

S. 152, Ü 19   im Allgemeinen, im Folgenden, im Wesentlichen, im Großen und Ganzen

im Nachhinein, im Übrigen, im Einzelnen, im Unklaren, im Voraus

Satzbildung: Individuelle Lösung

S. 152, Ü 20   **In der Zaubertrankstunde (Teil I)**

Die Schüler freuen sich auf ihre erste Zaubertrankstunde im neuen Schuljahr, da es in diesem Fach immer <u>viel</u> **Neues** und **Spannendes** zu entdecken gibt.

Die Wissenschaft der Zaubertrankbrauerei hält <u>allerlei</u> **Schwieriges**, aber auch <u>manches</u> **Wunderbare** für die Schüler bereit.

Professor Horace Slughorn, der eigentlich bereits im Ruhestand ist, kehrt als Zaubertranklehrer nach Hogwarts zurück. Die Schüler merken sogleich, dass seine Person <u>etwas</u> **Geheimnisvolles** umgibt. Die Zaubertrankstunde beginnt. Auf den Tischen der Schüler stehen große Kessel, in denen es brodelt und dampft. Nun geht es darum, <u>das</u> **Einzigartige** der verschiedenen Zaubertränke zu erkennen und somit zu bestimmen, um welchen Trank es sich handelt.

Auf dem Tisch der Gryffindor-Schüler befindet sich ein seltsames Gebräu. Beugt man sich über den Kessel, sieht man in <u>etwas</u> **Farbloses**, das <u>nichts</u> **Auffälliges** aufweist. Die kluge Hermine macht den Riechtest. Als sie sich darüber <u>im</u> **Klaren** ist, dass der Trank wirklich geruchlos ist, weiß sie, dass es sich um *Veritaserum* handelt. Dies ist ein Trank, der zwingt, die Wahrheit zu sagen.

Teste dein Wissen 12

S. 155, Ü 1   **In der Zaubertrankstunde (Teil II)**

Veritaserum – der Trank <u>zum</u> **Enthüllen** der Wahrheit – ist von der **klugen** Hermine blitzschnell entschlüsselt worden. <u>Im</u> **Allgemeinen** reichen drei Tropfen aus, damit ein Mensch <u>das</u> **Geheimnisvollste** seiner Seele preisgibt. <u>Dieses</u> schnelle **Lösen** des Rätsels bringt dem Haus Gryffindor zwanzig Punkte ein. Und es gilt, einen weiteren Trank zu **benennen**. In einem mächtigen Kessel, aus dem man ein leises **Blubbern** hört, brodelt etwas **Außergewöhnliches**. Wunderschönes **Schimmern** und seidiges **Glänzen** dieses Trankes **begeistern** die Schüler sofort. Dämpfe, die für jeden anders riechen, steigen auf und **lassen** an allerlei **Schönes** denken. Etwas Besonderes liegt in der Luft, als Hermine mit ihrer Vermutung, dass es sich hier um Amortentia handelt, abermals ins **Schwarze** trifft. *Amortentia* ist der stärkste Liebestrank der Welt.

Durch das **Entschlüsseln** des Zaubertrankes holt Hermine noch einmal zwanzig Punkte für das Haus Gryffindor. Sollte Hermine auch den dritten Zaubertrank noch **benennen** können, erhält sie von Professor Slughorn ein Fläschchen *Felix Felicis*.

S. 155, Ü 3 **Das Buch des Halbblutprinzen (Teil II)**

- Die Schüler beginnen mit dem Zerhacken der Baldrianwurzeln, dem Zerkleinern der Drachenzähne und dem Andünsten der Schlafbohnen.
- Es folgt das Hinzufügen verschiedener Gewürze und das Umrühren des Gebräus auf niedriger Flamme.
- Beim Hineinschauen in die brodelnden Kessel ist Professor Slughorn unzufrieden mit den Ergebnissen seiner Schüler.
- Auf einmal ertönt jedoch ein freudiges Klatschen, als er in Harry Potters Kessel blickt.
- Hier sieht er in etwas Hellrotes, er sieht in den *Trank des Todes*.
- Harry genießt das anerkennende Nicken und aufmunternde Loben seines Lehrers, da er normalerweise nicht zu den Besten in diesem Fach gehört. Professor Slughorn ahnt allerdings nicht, dass Harrys Lehrbuch einst dem geheimnisvollen Halbblutprinzen gehörte.
- Nur durch das Entziffern der Anmerkungen, die an den Rand gekritzelt worden sind, ist Harry beim Zusammenmischen dieses schwierigen Zaubertrankes erfolgreich.

S. 157, Ü 21
- Die Hogwartsschüler wachen am Montagmorgen schlecht gelaunt auf.
- Der Mittwoch ist ein angenehmer Tag, da der Unterricht nur bis zum Mittag dauert.
- Am späten Nachmittag herrscht Ruhe auf den Fluren von Schloss Hogwarts, da die Schüler in der Bibliothek sitzen und arbeiten.
- Hermine erklärt jeden Dienstag zu ihrem Lieblingstag, da sie dann immer eine Doppelstunde Verwandlung bei Frau Professor McGonagall hat.
- In diesem Schuljahr verabscheut Ron insbesondere die Donnerstage, da er drei Doppelstunden hintereinander hat.
- Diese Donnerstage findet Ron sehr anstrengend.
- Sein Lieblingstag ist der Freitag, da er dann eine Doppelstunde Besenflug hat.

Zu den Seiten 158–160

- Es ist immer <u>ein</u> schöner Nachmittag, wenn die Eulen den Hogwartsschülern mittags Post von ihren Familien gebracht haben.
- <u>Vom</u> frühen Morgen bis <u>zum</u> späten Abend hat Ron sein Englischbuch überall gesucht, da man verbummelte Bücher vom Taschengeld ersetzen muss.
- <u>Eines</u> Morgens verschwand Professor Binns.

S. 159, Ü 22
- Die Schüler haben **dienstags** eine Stunde *Verteidigung gegen die dunklen Künste* bei Professor Snape. Eines **Dienstags** erschien er jedoch nicht zum Unterricht.
- Professor Snape hat **gestern** einen schwierigen Test zur Zaubertranklehre angekündigt.
- Der Unterricht bei Herrn Professor Binns fällt **morgen** aus, da er seit **vorgestern** erkrankt ist.
- Auf Schloss Hogwarts herrscht abends ab 22 Uhr Nachtruhe. Des **Abends** kennen die Lehrer keine Nachsicht mehr, da sie ihre Nachtruhe brauchen.
- „Ich freue mich auf **übermorgen**", sagt Ron, „da habe ich Geburtstag und wir feiern eine große Mitternachtsparty."

S. 159, Ü 23
- <u>Gestern</u> **Abend** hielten Ron, Hermine und Harry eine Sitzung ab, um Pläne gegen Lord Voldemort zu schmieden.
- Die drei Freunde sitzen <u>heute</u> **Morgen** völlig übermüdet im Unterricht.
- Bei Professor Flitwick wird <u>morgen</u> **Vormittag** eine zweistündige Arbeit im Fach Zauberkunst geschrieben.
- <u>Morgen</u> **Nachmittag/Abend** müssen die Schüler des Hauses Gryffindor bei Professor Snape ihre Hefte und Mappen abgeben: Er wird sie wieder strenger bewerten als die Mappen der Slytherin-Schüler.
- Albus Dumbledore glaubte <u>vorgestern</u> **Nacht**, das Dunkle Mal über Schloss Hogwarts gesehen zu haben.

S. 160, Ü 24 Die Schulwoche auf Schloss Hogwarts (Teil I)

Die Hogwartsschüler kommen <u>am</u> **Montagmorgen** sehr schlecht aus dem Bett; denn sie haben wenig Lust auf eine anstrengende Schulwoche.

<u>Der</u> **Montagmorgen** beginnt mit einer Doppelstunde *Verteidigung gegen die dunklen Künste* bei dem gefürchteten Professor Snape. Professor Snape verlangt, dass die Schüler bis <u>zum</u> nächsten **Morgen** mindestens zehn Schutzzauber auswendig können. Es folgen <u>am</u> **Vormittag** eine Doppelstunde *Pflege magischer Geschöpfe* sowie eine Doppelstunde *Wahrsagen* bei Professor Firenze.
Auch hier gibt es viele Hausaufgaben, sodass die Schüler <u>heute</u> **Abend** lange beschäftigt sind. Auf Schloss Hogwarts hat es <u>der</u> **Dienstag** besonders in sich: Zuerst haben die Schüler **dienstags** eine Doppelstunde

Zu den Seiten 160–162

Zaubertranklehre, dann eine Doppelstunde *Verteidigung gegen die dunklen Künste* und dann noch eine Doppelstunde *Verwandlung*. Die von Professor Snape <u>gestern</u> **Morgen** angekündigte Abfrage wird sehr streng zensiert. Nach der Mittagspause haben die Schüler **nachmittags** noch *Kräuterkunde* bei Professor Sprout.
Dann endlich ist unterrichtsfrei. Der Unterricht beginnt **mittwochs morgens** um neun Uhr. In der ersten Stunde lehrt Professor Binns die *Geschichte der Zauberei*. Er ist der einzige Lehrer, der ein Geist ist, da er <u>eines</u> **Morgens** zum Unterricht ging, obwohl er in der Nacht davor starb. Er hat **gestern** einen ausführlichen Test angekündigt, über dem die Schüler **heute** schwitzen. Bis <u>zum</u> **Mittag** haben die Schüler abermals Unterricht in *Verteidigung gegen die dunklen Künste*.
Die Schüler haben <u>am</u> **Nachmittag** unterrichtsfrei, da in <u>der</u> **Nacht** <u>vom</u> **Mittwoch** <u>zum</u> **Donnerstag** der Astronomieunterricht stattfindet. Professor Sinistra unterrichtet das beliebte Fach, in dem es um die Erforschung des Himmels und der Sterne geht.

Teste dein Wissen 13

S. 162, Ü 1 **Die Schulwoche auf Schloss Hogwarts (Teil II)**

Da die Schüler erst <u>am</u> frühen **Morgen** zu Bett gehen, beginnt der Unterricht <u>am</u> **Donnerstag** erst **vormittags**. <u>Jeder</u> **Donnerstag** beginnt mit einer Doppelstunde *Arithmantik*. Professor Vektor fragt <u>heute</u> **Morgen** das Wichtigste aus dem Bereich der Bruchrechnung ab. Hermine liebt dieses Fach, das bei uns Mathematik heißt, sehr.
Dann folgt an <u>jedem</u> ersten **Donnerstag** im Monat eine Doppelstunde *Zaubertranklehre* bei Professor Slughorn. Sonst wird **donnerstags** nach der *Arithmantik* eine Doppelstunde *Verwandlung* unterrichtet. <u>Der</u> **Donnerstag** endet <u>am</u> **späten Nachmittag** mit einer Doppelstunde *Besenflug*. Da es keine Mittagspause gibt, wird **abends** bereits um 17.30 Uhr gegessen.

S. 162, Ü 2 **Die Schulwoche auf Schloss Hogwarts (Teil III)**

- Nach dem Abendessen findet das Training der Quidditch-Mannschaften statt, das sich manchmal bis in den <u>späten Abend</u> hineinzieht.
- Da das Quidditch-Training <u>gestern Abend</u> sehr anstrengend war, sind die Schüler am <u>Freitagvormittag</u> noch sehr erschöpft.
- Der <u>Freitagmorgen</u> beginnt wieder mit einer Doppelstunde *Arithmantik*. Anschließend folgt eine Doppelstunde *Zauberkunst*.
- Dann schließt sich eine Doppelstunde *Verteidigung gegen die dunklen Künste* an und Professor Snape gibt ihnen zu <u>Montag</u> wieder viel zu viele Hausaufgaben auf.

S. 162, Ü 3 Individuelle Lösung

Zu den Seiten 165–168

Zusammenschreiben oder getrennt schreiben?

S. 165, Ü 1   die Autofahrt, der Vanillepudding, der Computerraum, die Sommerferien, die Sahnetorte, der Bücherwurm, der Bleistift, der Balletttänzer, das Schutzblech, der Nudelsalat, die Luftpumpe

S. 165, Ü 2   der Buntstift, die Geheimschrift, das Schwarzbrot, das Hochhaus, der Vollmond, das Glatteis, der Übeltäter, der Grünschnabel, der Faulpelz, der Rotwein

S. 166, Ü 3

B	A	Z	Ä	H	F	L	Ü	S	S	I	G	F	M	N
N	T	X	B	A	C	K	P	U	L	V	E	R	M	Z
E	A	S	H	O	C	H	B	E	G	A	B	T	V	F
U	Ä	D	C	X	B	M	I	O	P	Ä	N	Z	Y	E
G	A	N	A	S	S	K	A	L	T	Z	U	O	Q	U
I	M	N	K	B	B	A	C	K	O	F	E	N	W	C
E	A	S	F	A	L	T	M	O	D	I	S	C	H	H
R	A	M	M	B	R	E	I	N	E	T	M	I	R	T
I	M	L	H	O	K	E	S	A	C	N	I	P	S	W
G	B	P	G	R	O	ß	Z	Ü	G	I	G	A	T	A
E	I	Ä	M	N	B	Ä	C	K	E	R	I	N	I	R
I	W	E	C	R	T	Z	U	J	K	L	L	T	M	M
N	T	R	S	L	A	U	W	A	R	M	Ä	B	O	S
E	M	D	A	B	E	U	B	A	C	K	H	E	F	E
K	L	E	I	N	L	A	U	T	M	N	U	E	L	T

waagerecht: zähflüssig, nasskalt, altmodisch, großzügig, lauwarm, kleinlaut
senkrecht: neugierig, feuchtwarm

S. 167, Ü 4   kinderleicht, wasserscheu, spiegelglatt, bärenstark, butterweich, riesengroß, bildhübsch, steinhart, knöcheltief, schneeweiß, kerngesund, blitzschnell, rabenschwarz, eiskalt, messerscharf, zuckersüß

S. 168, Ü 5   Individuelle Lösung

S. 168, Ü 6   **Die Cheopspyramide**

- Die Cheopspyramide ist <u>riesengroß</u>. Sie ist die größte Pyramide, die wir kennen.
- Sie ist 137 Meter hoch und besteht aus 2,3 Millionen <u>Steinblöcken</u>.
- Jeder Stein wiegt etwa 2500 Kilogramm, so viel wie drei <u>Kleinwagen</u>.

Zu den Seiten 168–170

- Die Pyramide gilt als technische Meisterleistung. So sind insbesondere die zentnerschweren Steinquader auf 0,2 Millimeter genau geschlagen und ebenso genau sind die rechten Winkel der Ecken geschnitten.
- In dem feuchtwarmen Klima war die Arbeit für die Bauarbeiter sehr anstrengend und gefährlich.
- Auf der Baustelle gab es immer wieder Unfälle, Knochenbrüche kamen häufig vor.
- Der wichtigste Raum der Pyramide war die Grabkammer.
- Die Grabkammer durfte keiner sehen, obwohl alle sehr neugierig auf die letzte Ruhestätte der Pharaonen waren.
- Das Grab, das in der Pyramide lag, war sehr großzügig ausgestattet. Die Arbeiter hingegen wurden in ein einfaches Tuch gehüllt und in der Wüste beerdigt.

S. 169, Ü 7
- abmachen, abwaschen, abbiegen, abfragen, absagen, abstimmen, abliefern, abschließen
- zurückfahren, zurückkommen, zurückbringen, zurücklegen, zurückschrecken, zurückgeben, zurückgehen, zurückgucken
- hingehen, hinfallen, hinfahren, hinlegen, hinsetzen, hinstellen, hinlaufen, hingucken
- auslachen, ausfragen, auspacken, ausreden, aushelfen, ausführen, aushecken, aushandeln
- entgegenhalten, entgegenbringen, entgegenlaufen, entgegennehmen, entgegenstellen, entgegengehen, entgegenblicken, entgegenkommen
- übersetzen, überschwemmen, überstehen, übertreiben, überzeugen, übernehmen, überstürzen, überwiegen

S. 170, Ü 8   Individuelle Lösung

S. 170, Ü 9   Individuelle Lösung

S. 170, Ü 10 **Der Nil: der längste Fluss der Welt**

Der Nil ist mit 6671 km der längste Fluss der Welt, er durchfließt die Gebiete von sechs Staaten. Er ist der einzige Fluss, der die Sahara durchquert. Ohne ihn wäre ein Leben in Ägypten – damals wie heute – nicht denkbar, denn es regnet dort fast nie. Deshalb bezeichnet man den Nil auch als die Lebensader Ägyptens.
Der Nil überschwemmte die Felder Jahrtausende von Jahren mit einer gewaltigen Flut. Dabei überzog er die vertrockneten Felder mit seinem fruchtbaren Nilschlamm. Die Menschen am Nil passten sich diesen Überschwemmungen, die jährlich wiederkehrten, dankbar an. War das Wasser abgelaufen, wurde ausgesät und im Frühjahr geerntet. Der Nil war auch die Hauptverkehrsader Ägyptens. Vieh, Korn, Steine für Bauten sowie Personen überquerten auf Schiffen den Nil. Die alten

Zu den Seiten 171–174

Ägypter glaubten auch, dass man den Weg über den Nil nehmen muss, um in die Unterwelt <u>hineinzugelangen</u>. Den Verstorbenen wurden deshalb oft Boote <u>mitgegeben</u>.
Der Nil <u>überrascht</u> auch heute noch durch seine einmalige Tierwelt. Viele Tiere erhielten ihren Namen nach dem Fluss, so etwa das Nilkrokodil, der Nilhecht, die Nilgans oder auch das Nilpferd.

abgelaufen, ausgesät, durchfließt, durchquert, hineinzugelangen, mitgegeben, überquerten, überrascht, überschwemmt, überzog, wiederkehrten

S. 172, Ü 11   Schlange stehen, Schlittschuh laufen, Angst haben, Ballett tanzen, Musik hören, Rad fahren, Fernsehen gucken, Rat suchen, Ball spielen, Kaugummi kauen, Platz machen

S. 172, Ü 12   Individuelle Lösung

S. 173, Ü 13   Individuelle Lösung (vgl. Übung 12)

S. 174, Ü 14
- Aufgrund des heißen und trockenen Klimas konnten viele Gegenstände aus der Zeit der alten Ägypter erhalten bleiben.
- Die Kinder der alten Ägypter mussten früh arbeiten gehen.
- Es blieb auch noch Freizeit. Die Kinder stellten zum Beispiel gerne kleine Figuren aus Ton her. Sie konnten diese in der Sonne trocknen lassen; dann wurden sie so hart, dass sie zum Spielen geeignet waren.
- Der Beruf des Schreibers war in Ägypten sehr angesehen und die Ausbildung dauerte lange. Nur wenige durften lesen und schreiben lernen.
- Weniger angesehen war die Arbeit der Bauern. Während der Nilüberschwemmungen mussten sie ihre Arbeit auf dem Feld liegen lassen, um beim Pyramidenbau zu helfen.
- Heute kommt es zu keinen Überschwemmungen mehr, denn die ägyptische Regierung hat in den sechziger Jahren einen Staudamm, den Assuanstaudamm, bauen lassen, der diese verhindert.
- Dafür fehlt dem Boden aber auch der kostbare Dünger, der bei den Überflutungen im alten Ägypten liegen geblieben ist.
- Wenn du das Land Ägypten einmal besuchst, macht es dir bestimmt viel Spaß, am Nil spazieren zu gehen.
- Du wirst auch begeistert vor den Pyramiden stehen bleiben, denn sie sind sehr beeindruckend.
- Du hast aber bestimmt auch schon im Geschichtsunterricht einiges über die alten Ägypter erfahren und ihre Lebensweise kennengelernt.

S. 175, Ü 15 **Beispiele:**

dabei sein, sicher sein, zurück sein, vorbei sein, fertig sein, auf sein, da sein, vorüber sein, los sein, vorhanden sein, zusammen sein, glücklich sein, traurig sein, müde sein, hier sein, ...

Teste dein Wissen 14

S. 176, Ü 2 **Katzen im alten Ägypten**

herausgefunden, entgegenbrachten, Kornkammern, riesengroße, Wildkatzen, Sonnengott, einbalsamiert, Katzensarg, hineingelegt, beigesetzt

Zeichensetzung

S. 179, Ü 1 **Herr der Diebe**

Es war Herbst in der Stadt des Mondes, als Viktor zum ersten Mal von Prosper und Bo hörte. Die Sonne spiegelte sich in den Kanälen und überzog die alten Mauern mit Gold, aber der Wind blies eisig vom Meer herüber, als wollte er die Menschen daran erinnern, dass der Winter kam. In den Gassen schmeckte die Luft plötzlich nach Schnee und die Herbstsonne wärmte nur den Engeln und Drachen hoch oben auf den Dächern die steinernen Flügel. Das Haus, in dem Victor wohnte und arbeitete, stand dicht an einem Kanal, so dicht, dass das Wasser unten gegen die Mauern schwappte. Manchmal träumte Victor nachts, dass das Haus in den Wellen versank, mitsamt der ganzen Stadt (...). Aber noch stand alles auf seinen hölzernen Beinen, und Victor lehnte an seinem Fenster und blickte durch die staubige Scheibe nach draußen. Kein anderer Ort auf der Welt konnte so unverschämt mit seiner Schönheit prahlen wie die Stadt des Mondes. Das Sonnenlicht ließ die Spitzen und Bögen, Kuppeln und Türme um die Wette leuchten. Pfeifend kehrte Victor dem Fenster den Rücken zu und trat vor den Spiegel. Genau das richtige Wetter, um den neuen Bart auszuprobieren, dachte er, während die Sonne ihm den stämmigen Nacken wärmte. Erst gestern hatte er sich das Schmuckstück gekauft.

S. 180, Ü 2 **Beispiele:**

- In welcher Stadt spielt die Geschichte?
- Zu welcher Zeit spielt die Geschichte?
- Wer ist Victor?
- Welche Beziehung besteht zwischen Victor, Prosper und Bo?
- Wieso probiert Victor einen neuen Bart aus?
- Haben Prosper und Bo ein Verbrechen begangen?

Zu den Seiten 180–182

S. 180, Ü 3
- Den Roman „Herr der Diebe" hat die Schriftstellerin Cornelia Funke geschrieben.
- Sie ist eine der bekanntesten Kinder- und Jugendbuchautorinnen Deutschlands.
- Kennst du vielleicht weitere Bücher von ihr?
- Sehr bekannt sind ihre Romane „Tintenherz", „Tintenblut" oder auch ihre Bücher über die Mädchenclique „Die wilden Hühner".
- Lies doch auch einmal ein Buch von dieser Schriftstellerin!
- Der Roman „Der Herr der Diebe" ist auch verfilmt worden.
- Hast du den Film gesehen?
- Er ist sehr spannend.
- Schau ihn dir einmal an!

S. 181, Ü 4
- Vielleicht kennst du das Buch der Herr der Diebe, es spielt in Venedig und es erzählt die spannende Geschichte einer Kinderbande.
- Zu dieser Bande gehören der mutige Anführer Scipio, die gutmütige Wespe, der verrückte Riccio, der ehrgeizige Mosca, der kleine Bo sowie der verantwortungsbewusste Prosper.
- Scipio nennt sich der Herr der Diebe, er tut immer sehr geheimnisvoll, er bestiehlt reiche Menschen, er möchte schnell erwachsen werden und er kümmert sich liebevoll um seine Bande.
- Wespe ist braunhaarig, dünn, lesesüchtig und sie verwaltet das Geld der Bande.
- Riccio ist mager, klein, er liebt Stofftiere und Comics.
- Mosca hingegen ist groß, stark und er liebt das Reparieren von Radios.
- Bo hat blondes Haar, ein niedliches Gesicht, er liebt Scipio und er ist der Jüngste der Bande.
- Sein Bruder Prosper beschützt Bo, er fühlt sich verantwortlich für ihn und er hasst das Stehlen.

S. 182, Ü 5 **Auf der Flucht vor Tante Esther**

Prosper und Bo sind auf der Flucht, sie fliehen vor ihrer Tante Esther, sie wollte die Brüder nicht gemeinsam aufnehmen. Sie möchte den kleinen Bo adoptieren, Prosper aber soll nicht bei ihr bleiben, er soll in einem Kinderheim aufwachsen. Tante Esther ist unfreundlich, humorlos, herzlos und spitznasig.

Tante Esther und ihr Mann Max Hartlieb reisen nach Venedig, suchen ihre beiden Neffen eigenständig, bitten auch die Polizei um Hilfe und finden Bo und Prosper trotzdem nicht. Deshalb engagieren sie einen Privatdetektiv, er heißt Victor und Tante Esther findet ihn seltsam. In seinem Büro herrscht große Unordnung. Dort stehen Kakteen, eine Sammlung von Bärten, ein Garderobenständer mit Mützen, Hüten und Perücken, ein Stadtplan von Venedig, ein geflügelter Löwe als Briefbeschwerer sowie zwei Schildkröten. Victor spürt Bo und Prosper tatsächlich auf, er bringt sie aber nicht zu ihrer Tante zurück, er gerät in

Zu den Seiten 182–185

die Gefangenschaft der Kinderbande. Diese behandeln ihn freundlich, höflich und zuvorkommend. Der kleine Bo schließt sogar Freundschaft mit Victor. Victor schließt die Bande in sein Herz, er möchte den Kindern helfen und verrät Tante Esther und ihrem Mann nichts von seinen Ermittlungen.

S. 183, Ü 6
- Herr und Frau Hartlieb, was kann ich für Sie tun?
- Achtung, treten Sie nicht auf meine Schildkröten!
- Lando und Paula, verzieht euch in eure Panzer zurück und belästigt die Hartliebs nicht.
- Du meine Güte, wie kann ein Detektiv nur so unordentlich sein?
- Was hat dich der unbekannte Mann gefragt, Bo?
- Oh je, hast du ihm von unserem Versteck erzählt?
- Wespe und Mosca, passt gut auf, ob Fremde in der Nähe unseres Verstecks auftauchen.
- Lass das Prosper, ich kann alleine auf mich aufpassen.
- Tu doch nicht immer so geheimnisvoll, Scipio!
- Wir müssen unser Versteck für einige Zeit verlassen, leider.

S. 183, Ü 7 **Der Detektiv in der Gefangenschaft**
- „Darf ich vorstellen?", sagte Victor. „Das ist Paula."
- „Hallo Paula", murmelte Bo und hockte sich zwischen Prosper und Victor auf die Decke. Nachdenklich bohrte er den Finger in die Nase und starrte Victor an. „Du bist ein ziemlich guter Lügner, was?", sagte er. „Willst du uns wirklich für Esther fangen? Wir gehören ihr aber gar nicht."
- Victor starrte verlegen seine Schuhspitzen an. „Na ja, Kinder müssen nun mal irgendwo hingehören", brummte er.
- „Gehörst du jemandem?"
- „Das ist was anderes."
- „Weil du erwachsen bist, was?" Bo lugte neugierig in die Schildkrötenschachtel, aber von Paula war nur der Panzer zu sehen.
- „Prosper passt schon auf mich auf", sagte Bo. „Und Wespe. Und Scipio."
- „So, so, Scipio", brummte Victor. „Ist der noch hier, dieser Scipio?"
- „Nein, der schläft nicht hier." Bo schüttelte so verächtlich den Kopf, als müsste Victor das wissen. „Scipio hat viel zu tun. Er ist sooo schlau. Deshalb hat er auch ...", Bo beugte sich verschwörerisch zu Victor herüber und senkte die Stimme zu einem Flüstern, „... den Auftrag vom Conte gekriegt. Prosper will ja nicht mitmachen, aber ich ..."

S. 185, Ü 8 **Der Auftrag des Conte**
- Scipio zog seine Maske zurecht, die er immer vor dem Gesicht trug, damit ihn keiner erkennen konnte, dann sprach er leise zu seiner Bande: „Ich gehe jetzt in den Beichtstuhl und höre mir an, was der Conte von uns möchte."

63

- „Vielleicht ist er noch gar nicht da. Sollen wir mal nachsehen?", <u>flüsterte Mosca unsicher.</u>
- Aber da zog auch schon jemand den Vorhang vor dem Fensterchen zurück und <u>eine raue, alte Stimme sagte</u>: „In einer Kirche sollte man ebenso wenig eine Maske tragen wie einen Hut."
- „In einem Beichtstuhl sollte man auch nicht über einen Diebstahl sprechen", <u>antwortete Scipio</u>. „Und das wollen wir doch, oder?"
- „Du bist also wirklich der Herr der Diebe", <u>sagte der Fremde leise</u>. „Nun gut, behalte die Maske auf, wenn du dein Gesicht nicht zeigen möchtest. Ich sehe auch so, dass du sehr jung bist."
- <u>Kerzengerade kniete sich Scipio hin und erwiderte</u>: „Allerdings. Und Sie sind sehr alt, nach ihrer Stimme zu urteilen. Spielt das Alter bei unserem Geschäft eine Rolle?"
- „Keineswegs", <u>antwortete der alte Mann leise</u>. „Du musst mir mein Erstaunen über dein Alter verzeihen. Als man mir von dir und deiner Bande erzählte, stellte ich mir, zugegeben, keinen Jungen von zwölf oder dreizehn Jahren vor."
- <u>Dann sprach der Conte weiter</u>: „Aber nun hör gut zu, welchen Auftrag du und deine Bande für mich ausführen sollt. Ihr sollt in das Haus von Ida Spavento einbrechen und dort einen hölzernen Flügel stehlen, der zu einem hölzernen Löwen gehört. In diesem Briefumschlag stehen alle weiteren Informationen."
- <u>Scipio nickte und sagte zufrieden</u>: „Sehr gut. Dann sollten wir jetzt über die Bezahlung sprechen."

S. 187, Ü 9   **Der missglückte Einbruch (Teil I)**

- „Was ist das nun für eine Geschichte?", fragte Mosca und goss sich ein Glas Saft ein.
- „Geduldet euch noch einen Augenblick, es geht sofort los", erwiderte Ida Spavento und setzte sich bequem hin.
- Dann fuhr sie fort: „Habt ihr schon einmal die Geschichte vom Karussell der Barmherzigen Schwestern gehört?"
- „Das Waisenhaus für Mädchen im Süden der Stadt", sagte Riccio, „das gehört auch irgendwelchen Barmherzigen Schwestern."
- „Genau", sagte Ida, „vor mehr als einhundertfünfzig Jahren machte ein reicher Kaufmann diesem Waisenhaus ein sehr wertvolles Geschenk. Er ließ auf dem Hof ein Karussell aufbauen, mit fünf wunderschönen Holzfiguren. Aber schnell verbreitete sich das Gerücht, dass durch dieses Karussell rätselhafte Dinge geschähen."
- Riccio blickte Ida Spavento erstaunt an und fragte: „Was für rätselhafte Dinge passierten denn?"

Teste dein Wissen 15

S. 188, Ü 1 **Der missglückte Einbruch, Teil II**

- Ida nickte und sagte: „Ja. Rätselhafte Dinge. Man erzählte sich überall in der Stadt, dass ein paar Runden auf dem Karussell der Barmherzigen Schwestern aus Kindern Erwachsene machten und aus Erwachsenen wieder Kinder."
- Ein paar Augenblicke blieb es ganz still. Dann lachte Mosca ungläubig auf: „Wie soll denn das vor sich gehen?"
- Mit den Achseln zuckend erwiderte Ida: „Davon weiß ich nichts. Ich erzähle nur, was ich gehört habe."
- Scipio löste sich vom Türrahmen, an dem er gelehnt hatte, und setzte sich auf die Tischkante neben Prosper und Bo. „Was hat der Flügel mit dem Karussell zu tun?", fragte er.
- „Dazu komme ich jetzt", sagte Ida, sie goss Bo noch etwas Saft ein und erzählte dann weiter: „Die Schwestern und die Waisenkinder hatten nicht lange Freude an ihrem Geschenk. Das Karussell wurde geraubt. Schon nach wenigen Wochen. Es ist nie wieder aufgetaucht. Aber die Diebe hatten in ihrer Eile etwas verloren."
- „Den Flügel des Löwen", flüsterte Bo.
- Scipio trat vor das Küchenfenster. Draußen war es immer noch dunkel. „Man wird erwachsen, wenn man auf diesem Karussell fährt?", fragte er.
- „Nach ein paar Runden", bestätigte Ida, „wird man erwachsen."
- „Wahrscheinlich solltet ihr den hölzernen Flügel stehlen, weil das Karussell sich nicht dreht, solange dem Löwen der zweite Flügel fehlt", fügte sie noch hinzu.
- „Unser Auftraggeber, der Conte, ist schon sehr alt", sagte Prosper. „Es bleibt ihm nicht mehr viel Zeit, das Karussell zum Laufen zu bringen."

S. 188, Ü 2 **Scipio, Prosper und das Karussell**

- Scipio wollte möglichst rasch groß, stark und erwachsen werden.
- Ihm gefiel das Kindsein nicht, er wollte lieber das Leben eines Erwachsenen führen und seine Kleidung, seine Schlafenszeiten, seinen Süßigkeitenkonsum und seine Freunde selber bestimmen.
- Gemeinsam mit Prosper machte er sich auf die Suche nach dem geheimnisvollen, verschollenen Karussell.
- Sie hatten erfahren, dass es auf einer kleinen, verlassenen und düsteren Insel vor Venedig stehen könnte.
- Und wirklich: Nach einer mühevollen Fahrt fanden Scipio und Prosper das Karussell. Es sah trotz seines Alters noch prachtvoll aus, es bestand aus einem Einhorn, einer Meerjungfrau, einem Wassermann, einem Seepferd und dem geflügelten Löwen.

Zu der Seite 189

S. 189, Ü 3   **Scipio wird erwachsen**

Scipio betrachtet das Karussell andächtig, das Karussell sollte ihm seinen größten Wunsch erfüllen, es sollte ihn zu einem Erwachsenen machen. Ohne Furcht setzte sich Scipio auf das Seepferd, das Karussell begann sich zu drehen, es wurde schneller und schneller. Scipio wurde ein bisschen schwindelig, er konnte sich nicht mehr halten und schließlich sprang er von dem Seepferd ab. Er fiel ins Gras, er war zunächst etwas benommen, dann wurde er neugierig. Hatte es geklappt? War er nun erwachsen? Er blickte an seinem Körper herunter. Seine Arme waren länger, die Beine waren auch gewachsen, im Gesicht hatte er Bartstoppeln und er fühlte sich viel stärker als sonst. Das Karussell hatte ihm seinen Traum erfüllt, er fühlte sich glücklich und frei.